NATURHISTORISCHE GESELLSCHAFT NÜRNBERG E.V.
ABTEILUNG FÜR VORGESCHICHTE

BEITRÄGE ZUR VORGESCHICHTE NORDOSTBAYERNS

BAND I

1987
VERLAG GRAFISCHE WERKSTÄTTE GRAF, FÜRTH

John P. Zeitler

CHRONOLOGIE UND WIRTSCHAFTSWEISE ZWEIER HALLSTATTZEITLICHER SIEDLUNGEN AUS MITTELFRANKEN

OBERASBACH, ALTENBERG, LKR. FÜRTH
UND
ARBERG, GROSSLELLENFELD, LKR. ANSBACH

Die „Beiträge zur Vorgeschichte Nordostbayerns" sind eine Monographienreihe der Abteilung für Vorgeschichte der Naturhistorischen Gesellschaft Nürnberg e.V. Die Reihe erscheint in unregelmäßiger Folge und ist über die Abteilung zu beziehen. Manuskripte sind an die Redaktion zu richten. Für unverlangt eingesandte Manuskripte wird keine Haftung übernommen.

Redaktion: Norbert Baum, F.S.A. (Scot)
Norbert Graf
John P. Zeitler, M.A., F.S.A. (Scot)

ISBN-Nr. 3-9801120-4-7

Gesamtherstellung: Grafische Werkstätte Graf, Fürth
Printed in Germany

VORWORT DER REDAKTION

Die Abteilung für Vorgeschichte der Naturhistorischen Gesellschaft Nürnberg e.V. ist durch ihre mehr als 100-jährige Tätigkeit und ihre reiche Sammlung bekannt. Zahlreiche Bearbeitungen des Fundmaterials dieser Sammlung sind in den Abhandlungen und Jahresberichten der Naturhistorischen Gesellschaft Nürnberg e.V. erschienen.

Das in den letzten Jahren erfreulich gewachsene Engagement jüngerer Mitglieder, teilweise mit Fachstudium, hat dazu geführt, daß eine derart große Menge von Materialvorlagen mit Auswertungen entstanden bzw. im Entstehen sind, daß sie den Rahmen der auch anderen Fachabteilungen der NHG zugänglichen Abhandlungen sprengen würde. Eine 1975 unter dem Titel „Berichte der Abteilung für Vorgeschichte" begonnene Reihe kam über ein Heft nicht hinaus und entspricht weder in Konzeption noch Aufmachung heutigen Anforderungen. Deshalb haben wir uns trotz einer nicht außer Acht zu lassenden Publikationsflut im Bereich der Vor- und Frühgeschichte entschlossen, eine neue Veröffentlichungsreihe zu starten. Sie soll hauptsächlich der Vorlage und wissenschaftlichen Bearbeitung des eigenen Materials bzw. der Veröffentlichung wissenschaftlicher Arbeiten unserer Mitglieder offenstehen. Daneben können jedoch auch Arbeiten „Außenstehender" angenommen werden, wenn das Thema einen Bezug zum Reihentitel hat oder wichtige Impulse für die Erforschung der nordostbayerischen Vor- und Frühgeschichte gibt.

Der vorliegende Band legt Material zweier hallstattzeitlicher Siedlungen aus Mittelfranken vor. Das Kernstück der Arbeit bildet ein schon 1928 gegrabener Fundkomplex aus der vorgeschichtlichen Sammlung der NHG, ergänzt durch unlängst geborgenes Material eines freien Mitarbeiters der Bodendenkmalpflege.

Wir hoffen, durch diesen Band, wie durch die gesamte Reihe, Forschungslücken im nordostbayerischen Raum schließen zu können.

Nürnberg, im Februar 1988

Norbert Baum
Norbert Graf
John P. Zeitler

Redaktion

VORWORT DES AUTORS

Die Bearbeitung hallstattzeitlicher Grabfunde aus Mittelfranken durch M. Hoppe hat zu einem Überblick über Chronologie, geographische Verteilung und Grabbrauch dieser vorgeschichtlichen Periode in Nordostbayern geführt. Der Sache nach erforderlich mußten die Siedlungsfunde dabei ausgeklammert werden. Eine unübersehbare Materialausweitung wäre andernfalls die mögliche Folge gewesen.

Mit der Vorlage zweier hallstattzeitlicher Siedlungsfunde aus Mittelfranken in dieser Arbeit sollte nun nicht etwa die zwangsläufig entstandene Lücke geschlossen werden. Die Zufälligkeit der Auswahl allein hätte eine solche Absicht ad absurdum geführt. Es sollte jedoch an zwei Beispielen gezeigt werden, daß durch die Aufarbeitung hallstattzeitlicher Siedlungen durchaus eigene, aus den Grabfunden nicht erschließbare Erkenntnisse gewonnen werden können. Diese Erkenntnisse waren auf zwei Bereiche zu konzentrieren. Zum einen sollte die chronologische Einstufungsmöglichkeit der auch andernorts zahlreich vorliegenden hallstattzeitlichen Siedlungskeramik überprüft werden, um so auch ein methodisches Grundgerüst für diese Fundgattung zu schaffen. Zum anderen, nicht weniger wichtigen Teil, sollten Einblicke in den „hallstattzeitlichen Siedlungsablauf" gewonnen werden.

Es ist angebracht und mir auch eine besondere Freude, all denjenigen zu danken, die mir durch die Zugänglichmachung des Materials diese Vorlage ermöglichten, vor allem den Herren W. Müller, Naturhistorische Gesellschaft Nürnberg, H. Thoma, Kleinlellenfeld und Dr. H.P. Uenze, Prähistorische Staatssammlung München. Für das mühevolle Redigieren der Druckfahnen bin ich Frau Angela Bittl und Frau Birgit Müller zu Dank verpflichtet. Ein ganz besonderer Dank ist an meine akademische Lehrerin, Frau Prof. Dr. Gisela Freund, Erlangen zu richten, die durch kritische, aber stets positive Förderung meines Studiums die Aufarbeitung in dieser Form gewährleistete. Die Arbeit lag in leicht veränderter Form der Universität Erlangen-Nürnberg als Magisterarbeit vor.

Nürnberg, im Dezember 1987 — John P. Zeitler

INHALTSVERZEICHNIS

FUNDUMSTÄNDE

Oberasbach-Altenberg

Lage

Nördlich des Ortsteiles Altenberg der Gemeinde Oberasbach (Lkr. Fürth) mündet die Bibert in die Rednitz (Abb. 1). Beide Flüsse haben sich dort tief in die auf dem liegenden Keuper aufgelagerten Terrassentone und pleistozänen sowie holozänen Sande eingeschnitten. Die Verebnungsflächen der Hochterrasse gehen dadurch abrupt in die Talaue über (Abb. 2). Auf der südlichen, ehemals 4 m über dem mittleren Wasserspiegel der Rednitz gelegenen Hochfläche befand sich ein ausgedehnter Streifen Ackerland. Bis zum Ende der dreißiger Jahre dieses Jahrhunderts wurden Teilflächen für den Sandabbau genutzt (Abb. 3).

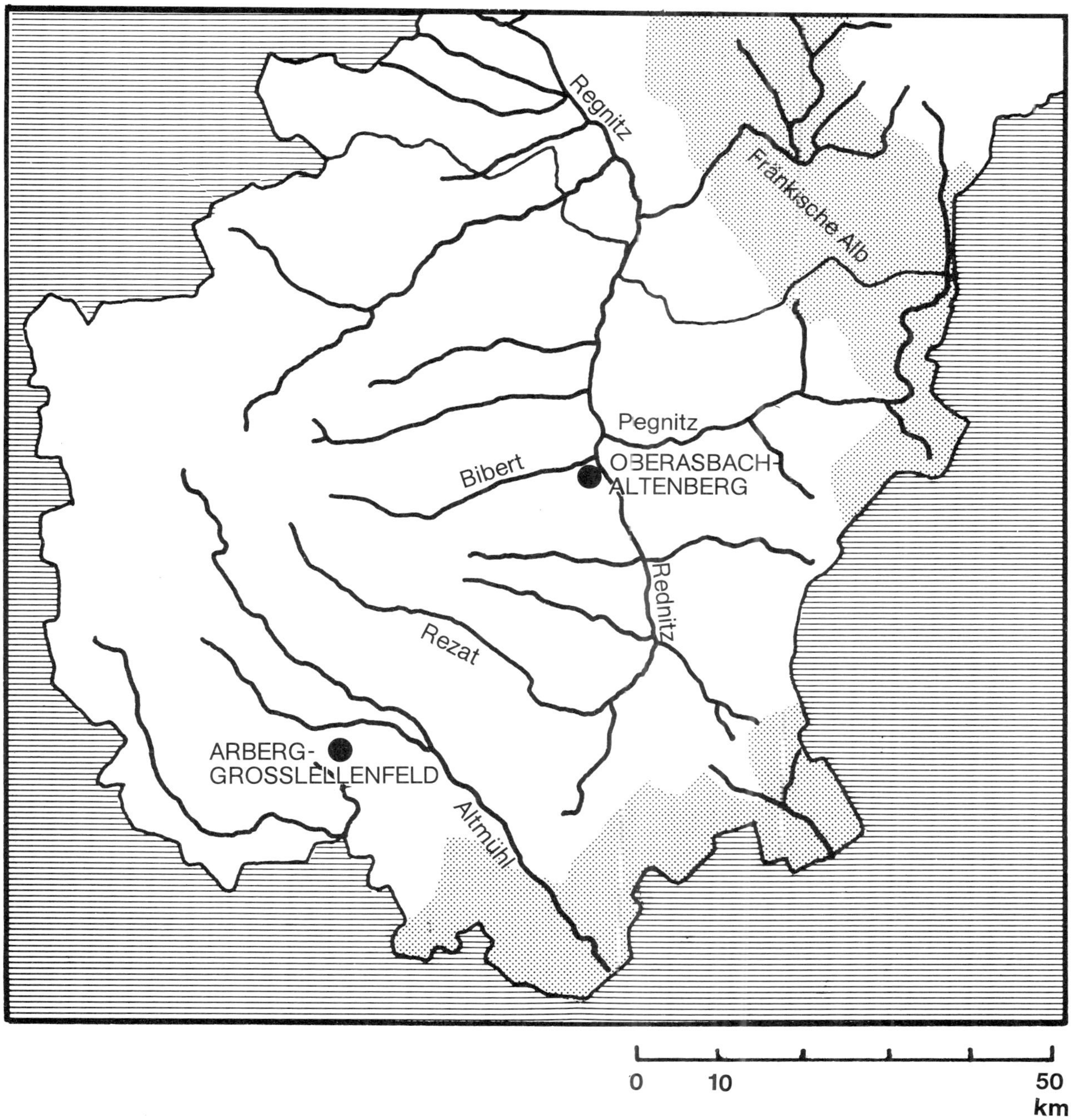

Abb. 1:Lage der publizierten Siedlungen im mittelfränkisch-oberfränkischen Bezugsraum

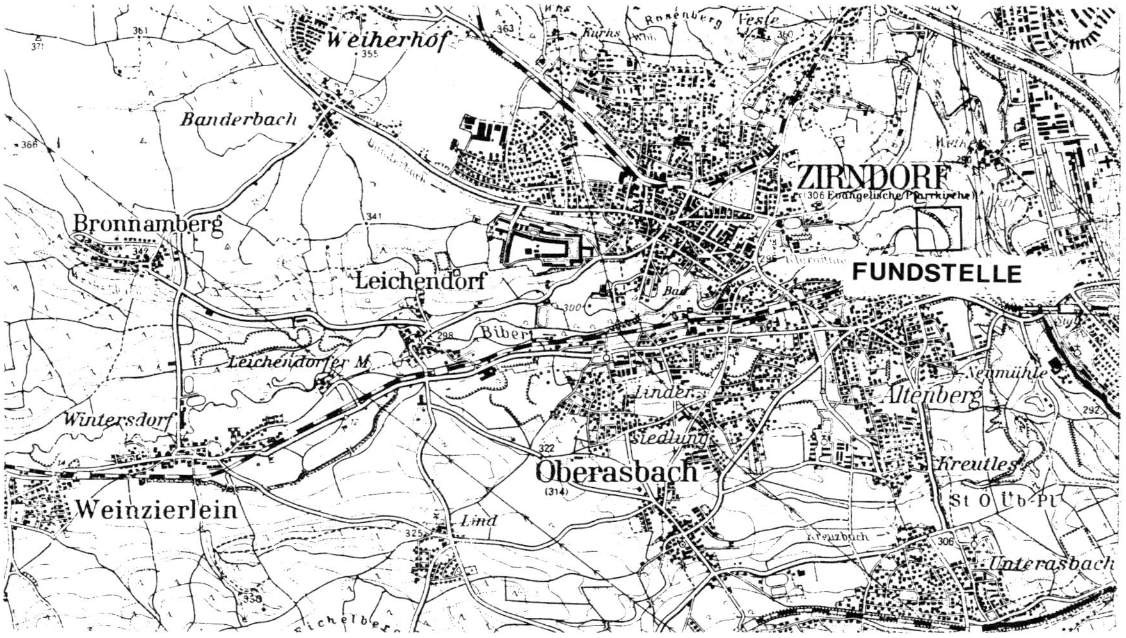

Abb. 2: Oberasbach, Altenberg: Lage der Fundstelle; Grundlage: Top. Karte M.: 1 : 50000.

Abb. 3: Oberasbach, Altenberg: Grabung 1928, Blick auf die Grabungsfläche, rechts die Talaue der Rednitz.

Fundgeschichte

Im Jahr 1926 wurden am Abbaurand der genannten Sandgrube und auf den umliegenden Äckern (Abb. 4) von C. Gumpert, Ansbach[1], neben einigen Silexabschlägen auch zahlreiche Keramikscherben aufgelesen. Ein ca. 12 m langer „Versuchsgraben" entlang der Sandgrubenkante zeigte, daß die fundführende Siedlungsschicht noch intakt war (vgl. Abb. 11e). Die Funde wurden dem Bayerischen Landesamt für Denkmalpflege, Außenstelle Würzburg gemeldet. Die von dort mit weiteren Nachforschungen beauftragte Naturhistorische Gesellschaft Nürnberg e.V., Abteilung für Anthropologie, Ethnologie und Urgeschichte, unternahm jedoch keine konkreten Schritte. Die Fundstelle wurde lediglich vom seinerzeitigen Kustos der Sammlung, K. Hörmann, begangen. Schließlich nahm sich der teilweise mit der Naturhistorischen Gesellschaft konkurrierende Nürnberger Kunstmaler A. Mayr[2] der Sache an. Nach Gewährung von Zuschüssen durch die Stadt Nürnberg und die Naturhistorische Gesellschaft grub er zusammen mit C. Gumpert, der auch die Grabungsleitung übernahm, dessen seinerzeitigem Lehrling P. Sessler, Ansbach, und vier Arbeitern aus Altenberg, welche gegen Stundenlohn beschäftigt wurden, an der Fundstelle.

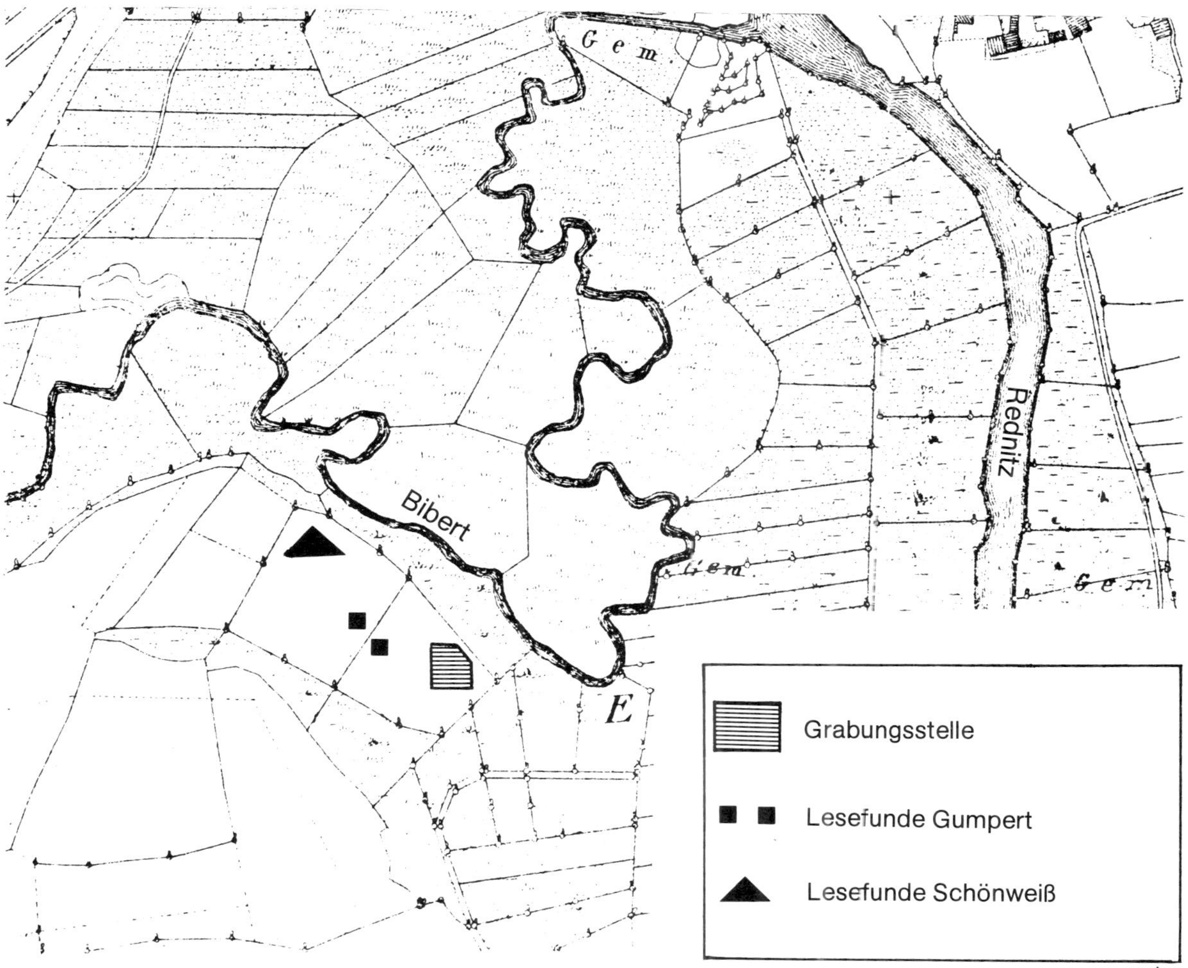

Abb. 4: Oberasbach, Altenberg: Lage der Fundstelle und der Einzelfunde im Gelände; Grundlage: Flurkarte M.: 1 : 5000.

1. Carl Gumpert, Architekt in Ansbach, widmete sich seit etwa dem ersten Jahrzehnt dieses Jahrhunderts als Amateur vorgeschichtlichen Forschungen. Sein Hauptverdienst ist im Sammeln, Auswerten und Vorlegen mesolithischer Inventare aus Franken zu sehen. Daneben grub er gelegenlich kleinere Siedlungsstellen nachmesolithischer Perioden, vorwiegend im Lkr. Ansbach. C. Gumpert wurde die Ehrendoktorwürde der Universität Erlangen-Nürnberg verliehen, er starb 1955.
2. A. Mayr, mit Künstlernamen A. Mayr-Lenoir, interessierte sich neben seiner Tätigkeit zunächst als Akademieschüler, dann als Kunstmaler für vorgeschichtliche Funde. Bereits zu Beginn des Jahrhunderts geriet der junge Mayr mit der Naturhistorischen Gesellschaft Nürnberg (NHG) in Konflikt, als er in deren vermeintlichem Refugium am Hohlen Fels bei Happurg nach steinzeitlichen Resten schürfte. Der Gegensatz zwischen Mayr und dem Kustos der NHG, K. Hörmann, prägte das gegenseitige Verhältnis bis in die zwanziger Jahre. Mayr näherte sich dann wieder etwas der NHG, um sich in den dreißiger Jahren im Reichsbund für deutsche Vorgeschichte zu engagieren. Mit dessen Auflösung enden offenbar auch Mayrs Aktivitäten.

Grabungsablauf und Dokumentation

Die Grabung dauerte vom 2. Juli 1928 bis zum 8. August 1928. Die insgesamt ca. 410 m^2 große Grabungsfläche wurde in Abschnitte von 5 x 5 m aufgeteilt. Diese Abschnitte wurden teils einzeln, teils zusammenhängend gegraben. Entlang der dadurch entstandenen Ränder wurden Profile aufgenommen. Diese sowie die Befunde in den Flächen wurden einheitlich im Maßstab 1 : 100 gezeichnet, die Befunde auch photographiert. Leider stehen diese Photographien seit einer Sichtung durch F. Vollrath mit einer Ausnahme nicht mehr zur Verfügung. Neben den genannten Schnitten entlang der jeweiligen Grabungskanten wurden vereinzelt noch Schnitte durch die auftretenden Befunde angelegt und ebenfalls im Maßstab 1 : 100 gezeichnet. Parallel zu der geschilderten zeichnerischen Dokumentation erfolgte für jeden Abschnitt eine zusammenfassende, tagebuchartige Beschreibung durch C. Gumpert. Daneben berichtete noch A. Mayr, ebenso nach Grabungsabschnitten getrennt, in Briefen an die Naturhistorische Gesellschaft Nürnberg über den Fortgang der Arbeiten. Die freigelegten Funde wurden nach Objekten bzw. ungefährer Lage in der Grabungsfläche getrennt und entsprechend beschriftet. Eine Lokalisierung der so beschrifteten Funde ist damit auch heute noch möglich. Unbeschriftet blieben offenbar die Fundstücke aus den überdeckenden Schichten.
Die Grabungsarbeiten wurden am 8. August 1928 eingestellt. Als Begründung gaben sowohl C. Gumpert als auch A. Mayr ein deutliches Nachlassen der Fundmenge sowie ein Ausbleiben von Verfärbungen an. Wie den Berichten weiter entnommen werden kann, kam es offenbar auch zu Meinungsverschiedenheiten über die Ausdeutung der Befunde, so daß eine geplante Wiederaufnahme der Arbeiten im Oktober 1928 unterblieb. A. Mayr hatte sich auch inzwischen der Ausgrabung anderer Stellen gewidmet. Die Fundgegenstände gelangten schließlich, in Kisten verpackt, zusammen mit dem Grabungsbericht und Funden anderer Grabungen Mayrs in die Sammlung der Naturhistorischen Gesellschaft Nürnberg e.V. Dort wurden sie – unberührt – anläßlich der Publikationsvorbereitung einer von A. Mayr gegrabenen frühbronzezeitlichen Fundstelle[3] „wiederentdeckt". Im Gegensatz zu den Funden verblieben die Grabungsunterlagen bei C. Gumpert und gelangten nach dessen Tod an P. Sessler, Ansbach. Dieser ordnete und verwahrte sie sachgemäß und stellte sie zunächst F. Vollrath zur Verfügung. Nach dessen Tod kamen sie – ohne die mitüberreichten Photographien – an P. Sessler zurück. Dort konnten sie vom Autor eingesehen werden. Für die Bereitwilligkeit und das große Entgegenkommen ist Herrn Sessler zu danken[4]. Die Grabungsstelle selbst wurde nach dem zweiten Weltkrieg zunächst als Schuttdeponie verwendet und bildet heute ein unbewirtschaftbares Brachland (vgl. Abb. 5).

Abb. 5: Oberasbach, Altenberg: Blick auf die im linken Bildrand befindliche Fundstelle heute von der Bibertaue aus.

3. J. P. Zeitler, Die frühbronzezeitliche Siedlung am Hirtenacker bei Zirndorf, Lkr. Fürth; in: Festschrift zum 100-jährigen Jubiläum der Abteilung für Vorgeschichte der Naturhistorischen Gesellschaft Nürnberg e. V., Abhandl. Naturhist. Ges. Nürnberg 39, 1982, 83 ff
4. Die Unterlagen befinden sich zwischenzeitlich in Ablichtung bei den OA NHG. Herr Sessler ist im Januar 1986 verstorben.

Diskussion und Auswertbarkeit der Unterlagen

Insgesamt liefert die Dokumentation Gumperts eine brauchbare Grundlage für weitere Auswertungen. Die zahlreichen Profile wurden ebenso sorgfältig gezeichnet wie auch die Planaufnahme der Fläche. Unglücklich erweist sich in diesem Zusammenhang lediglich der gewählte Maßstab. Mit 1 : 100 gehen naturgemäß bei den Befunden, insbesondere bei kleineren Pfostenlöchern, zahlreiche Einzelheiten verloren. Durch den Verlust der Photographien anläßlich der Sichtung F. Vollraths sind manche notwendigen Überprüfungen nicht mehr möglich. Bei den Profilzeichnungen ist ferner, wie ein Vergleich mit der Befundphotographie (Abb. 14) ergibt, das Gefälle zu stark angegeben. Als ungewöhnlich positiv für die Zeit der Ausgrabung sind die zahlreichen Schnitte durch die ergrabenen Objekte zu bewerten. Zeitgenössisch war es bei den meisten Siedlungsgrabungen üblich, entsprechende Befunde einfach „auszuheben", ohne auf nähere Einzelheiten zu achten. Die Interpretation mancher Anlagen der Siedlung Altenberg wurde durch die von Gumpert und Mayr gewählte Methode wesentlich erleichtert.

Schwierigkeiten bereitet jedoch ein Teil der gewählten Flächenbezeichnungen. Hierunter fallen die „Gebiete"
- Südfuß
- nördlicher Block
- Block A
- Block B

Die genaue Lage dieser Grabungsabschnitte ist nicht überliefert, lediglich für den Bereich „Südfuß" kann vermutet werden, daß er mit dem südlichen Teil der Grabungsfläche übereinstimmt.

Arberg-Großlellenfeld

Lage

Das Vorland der südlichen Frankenalb wird in seinem westlichen Teil vom Hesselberg geprägt. Dessen nordöstliche Umgebung bildet als Fortsetzung des Hahnenkamms einen hügeligen Übergang von der Keuperlandschaft des mittelfränkischen Beckens zu der Albzone im Süden. Auf einer dieser hügeligen Erhebungen liegt der Ortsteil Großlellenfeld der Gemeinde Arberg, Lkr. Ansbach (vgl. Abb. 6). Geologisch stehen in diesem Bereich Schwarzjuraformationen an, darüber liegen schwere, tonige Böden.

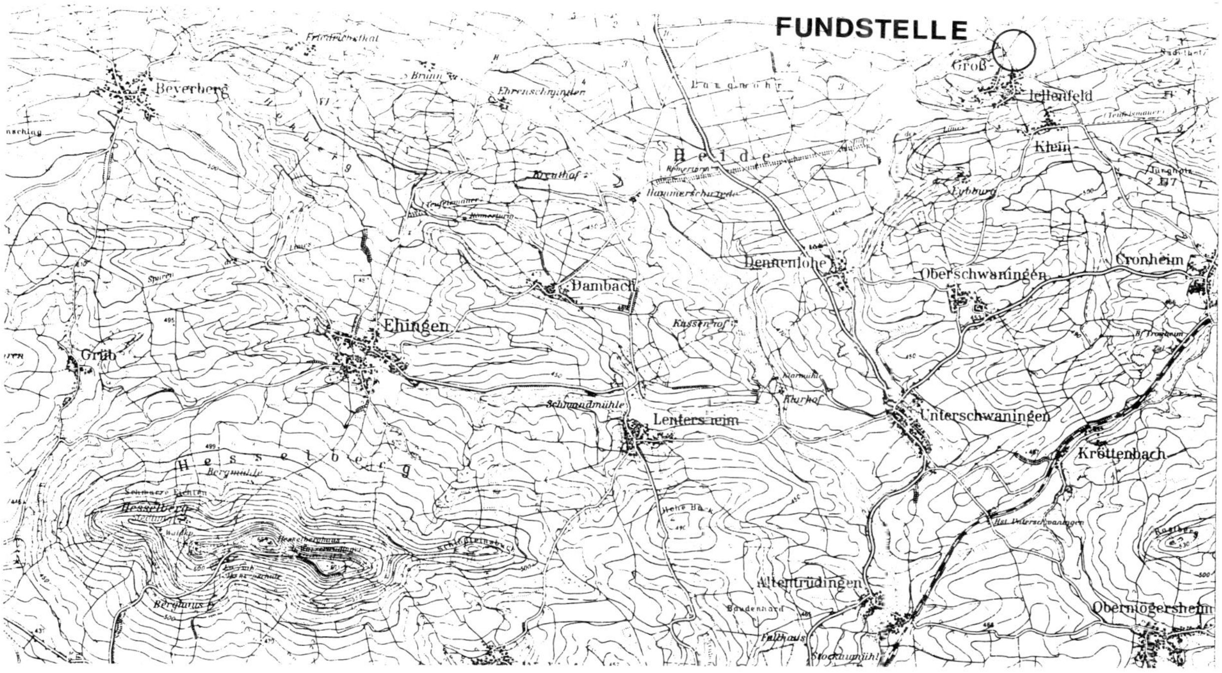

Abb. 6: Arberg, Großlellenfeld: Lage der Fundstelle; Grundlage: Top. Karte M.: 1 : 50000.

Fundgeschichte
Nördlich von Großlellenfeld wurde zu Beginn der achziger Jahre ein Neubaugebiet ausgewiesen. Bei den Planierungsarbeiten wurden die abgeschobenen Flächen von H. Thoma, Kleinlellenfeld systematisch abgegangen. Neben einer urnenfelderzeitlichen Grube nebst Pfostenlöchern auf einem benachbarten Grundstück konnte er auf den Grundstücken Fl. Nr. 200/1 und 200/17 Siedlungsreste der Hallstattzeit beobachten. Im Auftrag des Bayerischen Landesamtes für Denkmalpflege, Abt. Bodendenkmalpflege, Außenstelle Nürnberg, wurden die entsprechenden Objekte im Mai/Juni 1982 durch H. Thoma ausgegraben.

Grabung
Hierbei wurde eine Fläche von ca. 36 m^2 abgezogen (Abb. 7), die erkennbaren Verfärbungen wurden geschnitten. Die Profile sowie die Aufsichten auf das geputzte Planum wurden im Maßstab 1 : 20 gezeichnet. Die Funde wurden nach den einzelnen Objekten getrennt geborgen. Grabungsunterlagen und Funde befanden sich zur Zeit dieser Bearbeitung noch bei Herrn Thoma, dem für die freundliche und unbürokratische Überlassung zur Bearbeitung ebenso zu danken ist wie für seine Auskunftsbereitschaft. Die Grabung selbst erfüllte in jeder Hinsicht die Ansprüche an eine moderne Rettungsgrabung, so daß Aussagen zu den freigelegten Befunden mühelos zu gewinnen sind.

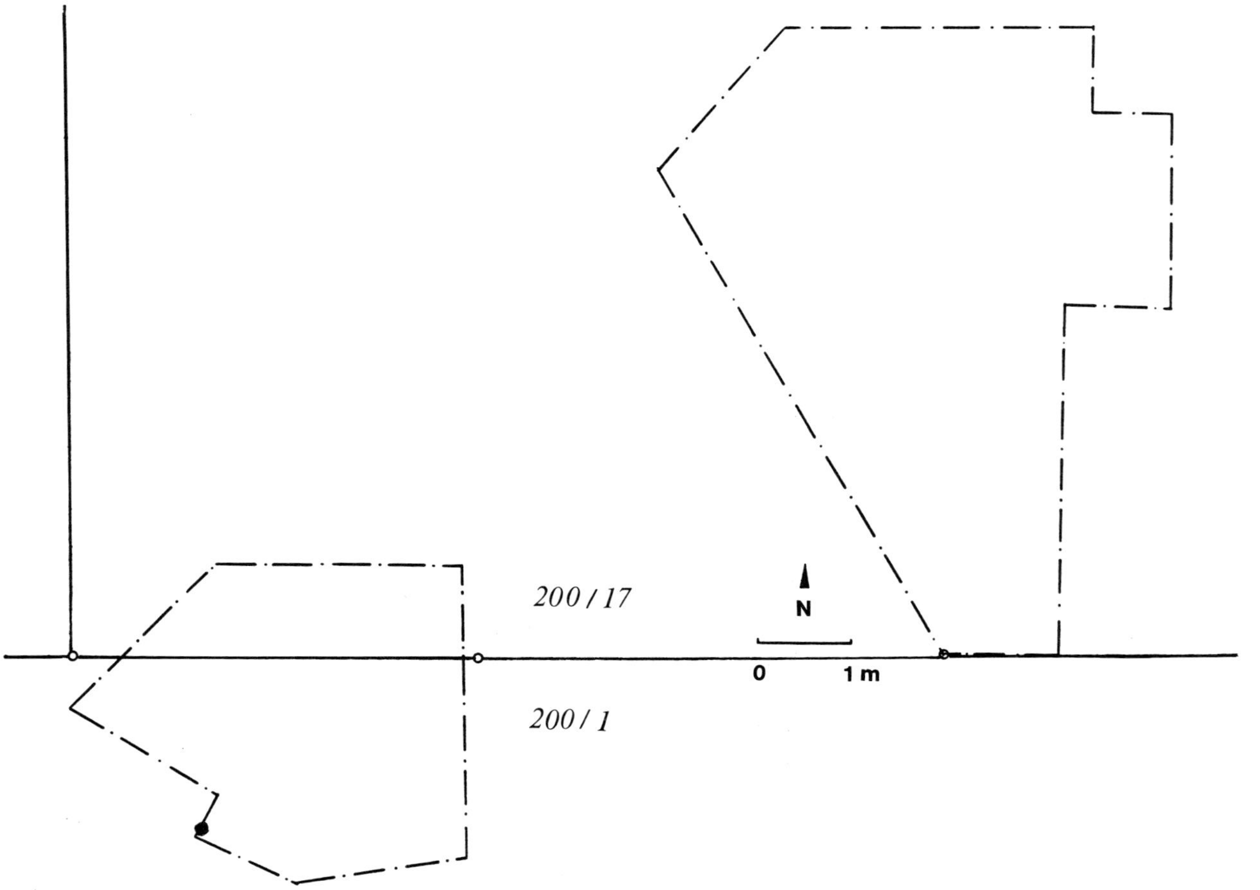

Abb. 7: Arberg, Großlellenfeld: Verteilung der Grabungsflächen.

DIE BEFUNDE

Oberasbach-Altenberg

Grabungsfläche

Wie oben ausgeführt, hatte Gumpert die Grabungsfläche in Abschnitte von 5 x 5 m eingeteilt. Durch die Anhängung kleinerer Teilflächen dort, wo Gumpert weitere Befunde erwartete, ergibt sich insgesamt ein unregelmäßiger Umgriff der Grabungsfläche mit einer Maximalausdehnung von 27 x 25 m (Abb. 8). Zur besseren Orientierung auf dem Grabungsplan wurden die von Gumpert gegrabenen Abschnitte alpha-numerisch vom Bearbeiter bezeichnet.

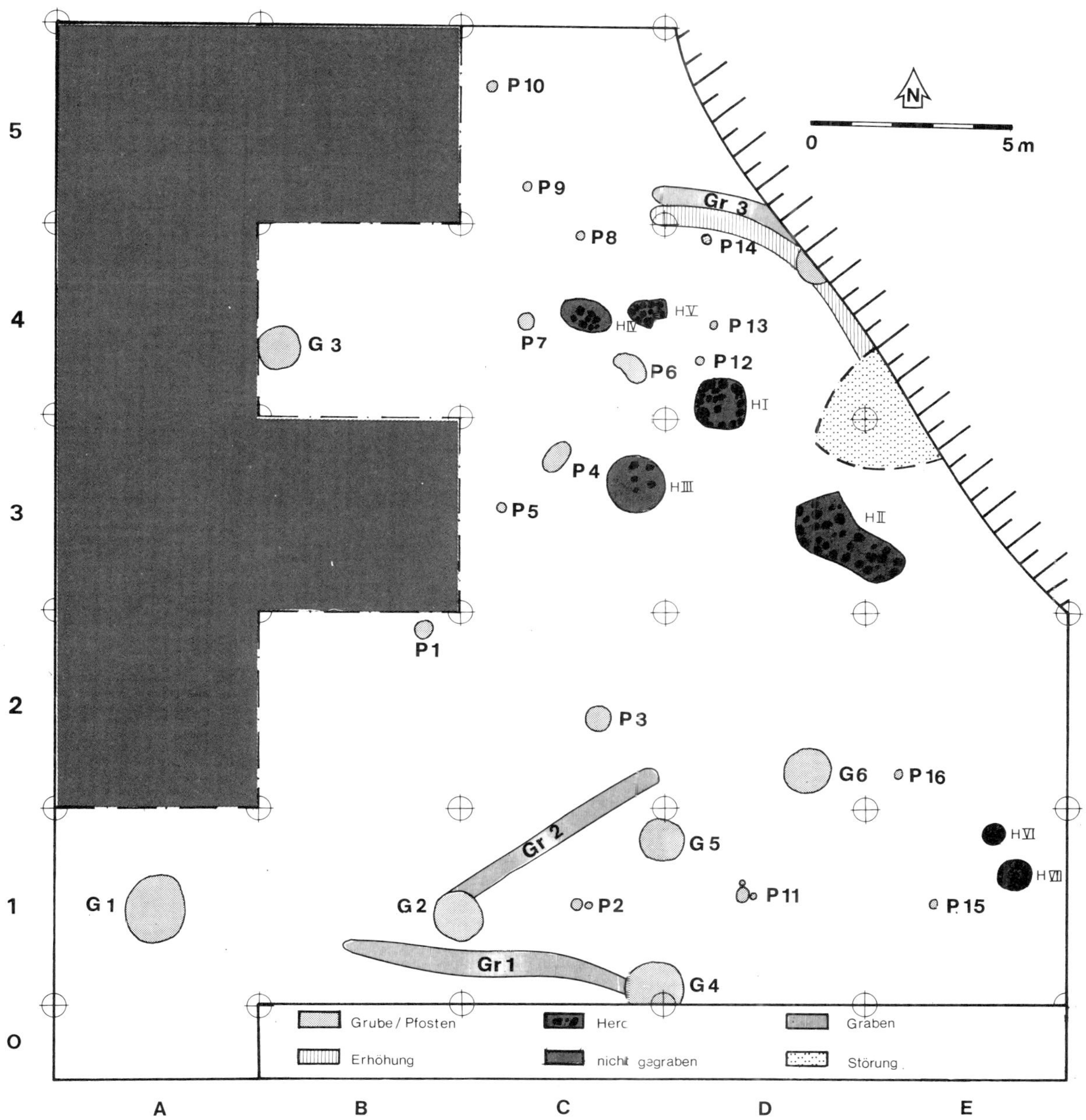

Abb. 8: Oberasbach, Altenberg: Lage der Befunde in der Grabungsfläche.

Im Nordosten der Grabungsfläche war ein Teil bei Beginn der Gumpertschen Arbeiten 1928 bereits abgebaut. Ob sich dieser Bereich mit dem von Gumpert bereits 1926 untersuchten „Probeschnitt“ deckt, oder dieser weiter östlich zu lokalisieren ist, kann nicht mehr rekonstruiert werden. Gestört war durch den Sandabbau auch eine kleinere, annähernd dreiecksförmige Fläche in den Quadraten D3, D4, E3 und E4. Völlig unausgegraben blieben die Quadrate A2 - A5, B3 und B5. Nach Gumperts Meinung setzte sich dort die Siedlung nicht fort.

Stratigraphie
Bedingt durch die zahlreichen Schnitte Gumperts durch die Grabungsfläche (vgl. Abb. 9) liegen Profilzeichnungen sowohl in nord-südlicher als auch in ost-westlicher Richtung in einem Abstand von 5 m vor. Diese sind in Abb. 10 und 11 wiedergegeben. Wie den Profilen zu entnehmen ist, hatte die Geländeoberkante vor der Grabung in Ost-West-Richtung einen nahezu ebenen Verlauf, in Nord-Süd-Richtung fiel sie von Norden nach Süden ab. Dank der Oberflächennivellierung C. Gumperts vor Grabungsbeginn und den gezeichneten Profilen kann das Oberflächenrelief recht zuverlässig wiedergegeben werden (vgl. Abb. 12).
Die Profile zeigen übereinstimmend folgenden Aufbau (vgl. hierzu Abb. 10h):
Über einer Schicht *hellen Sandes (1)*, dessen Unterkante in der Grabung nicht erreicht wurde, befand sich eine teilweise 50 - 60 cm Mächtigkeit erreichende, schwarzbraune Schicht *lehmigen Sandes (2)*. An der Unterkante dieser Schicht lagen die einzelnen Siedlungsbefunde. Die Unterkante dürfte somit den Laufhorizont zu Beginn der Besiedelung markieren. Im Sediment dieser Schicht 2 wurde die Mehrzahl der Fundgegenstände geborgen, Gumpert und Mayr sprachen sie deshalb als Siedlungsschicht an. Angaben, ob die Funde mehr auf der Schichtgrenze lagen oder unregelmäßig durch die ganze Schicht streuten, fehlen jedoch. Nachdem die sehr dunkle Verfärbung des Sediments, welches teilweise noch an den Funden haftet, die Funde selbst und die Lage der Siedlungsobjekte für eine anthropogene Bildung dieser Schicht sprechen, soll im folgenden bei dieser Bezeichnung verblieben werden. Der abrupte Abbruch dieser Schicht, der in einigen Profilen (vgl. Abb. 11a) erkennbar ist, ist bemerkenswert. Über der Siedlungsschicht lag eine Schicht *hellgelben Sandes (3)* mit ca. 25 cm Mächtigkeit. Funde stammen aus dieser ebensowenig wie aus der darüberliegenden *dunkelbraunen Sandschicht (4)*. Letztere war offensichtlich nicht immer erkennbar, in einigen Profilen fehlt sie deshalb. Gumpert deutete sie als fundlose Kulturschicht, wahrscheinlich ist jedoch an einen Verbraunungshorizont durch natürliche Bodenbildungsvorgänge zu denken. Den oberen Abschluß bildete eine ca. 40 cm mächtige *Humusschicht (5)*.

Die Siedlungsschicht
Wie bereits unter „Stratigraphie“ beschrieben, handelte es sich hierbei um ein durchschnittlich 0,5 - 0,6 m mächtiges, schwarzbraunes Sediment. Die Lage über den Gruben, Herden und Gräben sowie der Einschluß zahlreicher Scherben und Knochen im Sedimentkörper berechtigen zu der Annahme, daß diese Schicht durch die Besiedelung entstanden ist. Leider ist die Verteilung der Funde innerhalb der Schicht nicht dokumentiert. Der genaue Verlauf der Siedlungsschicht ist den Plänen nicht zu entnehmen. Nach Messungen Gumperts lag die tiefste Stelle der Schicht 1 m über der Talaue und ca. 4 m über dem Mittelwasserstand der Rednitz.
Die Mächtigkeit war durchaus unterschiedlich. Im Bereich der Quadrate C3 und D3 erreichte sie bis zu 1 m (Abb. 10b, 10c), während sie an den Grabungsrändern teilweise ganz ausfiel (Abb. 10f, 10h). Die Neigung der Siedlungsschicht war zumindest teilweise künstlich erzielt. Im Norden und Süden war eine steile Böschung hergestellt worden (Abb. 10h, 11a, b), die in den Quadraten B5 - D5 der Linie der Gruben 2, 5 und 6 folgte.

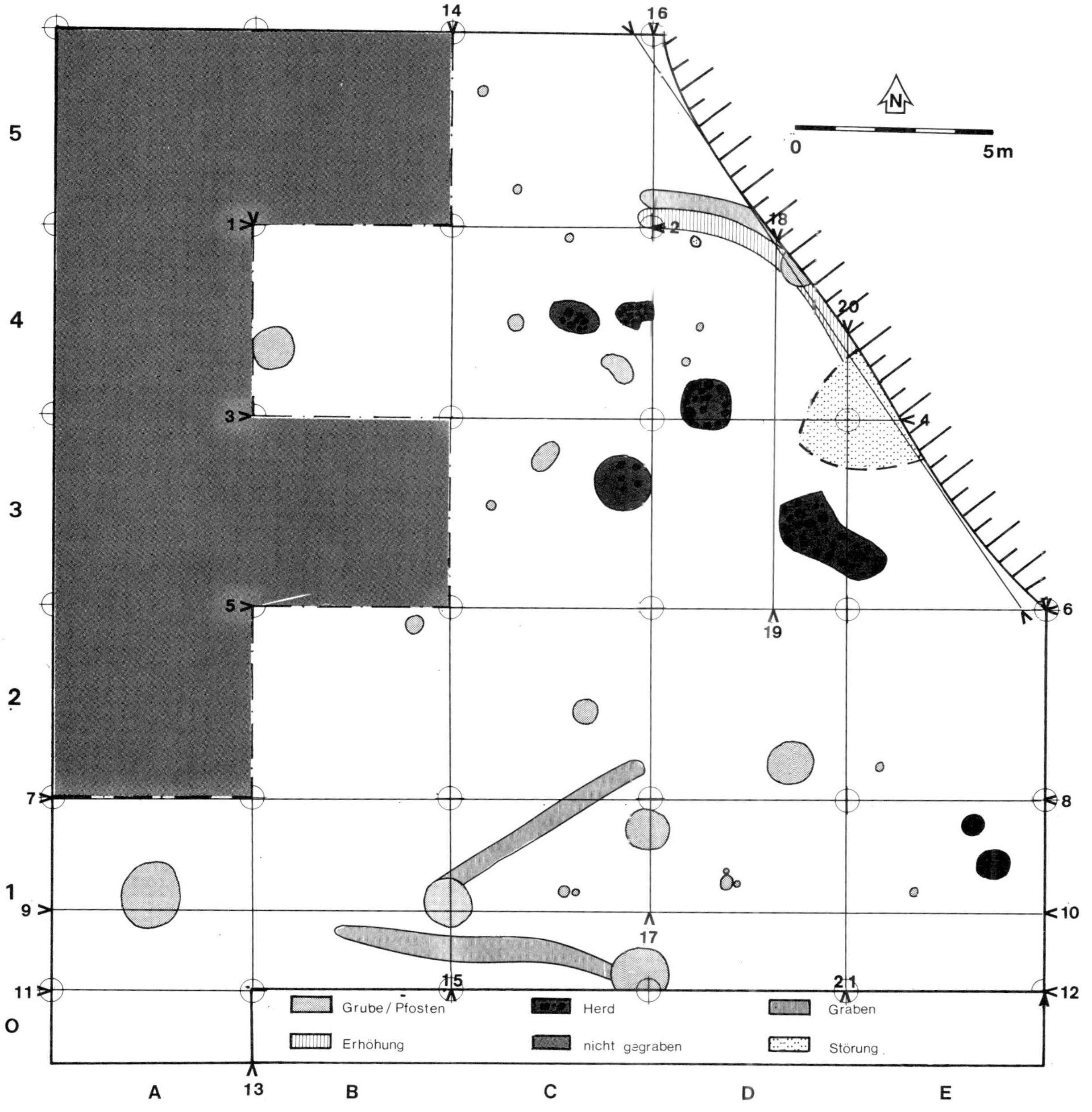

Abb. 9: Oberasbach, Altenberg: Lage der Profilschnitte.

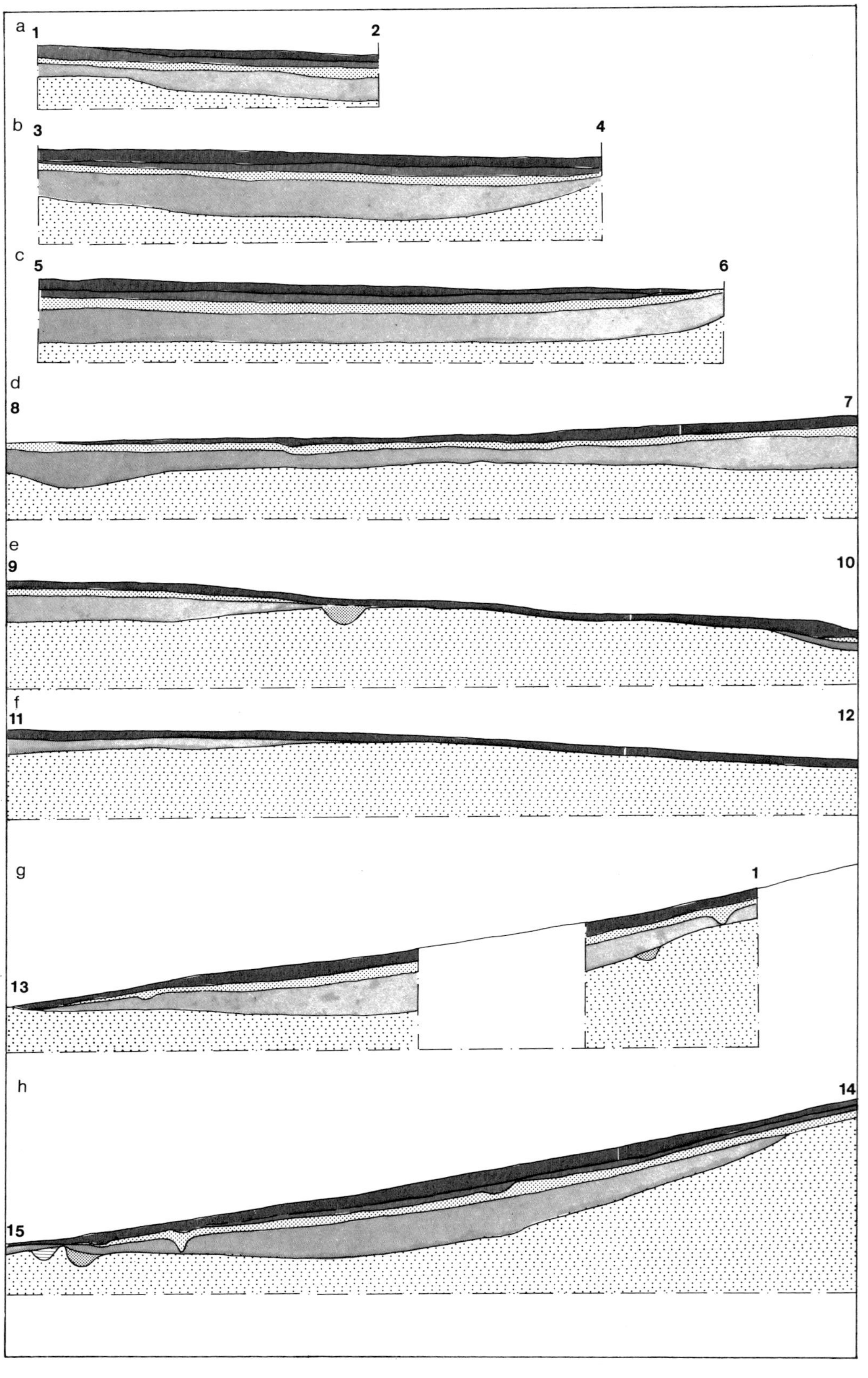

Abb. 10: Oberasbach, Altenberg: Profile.

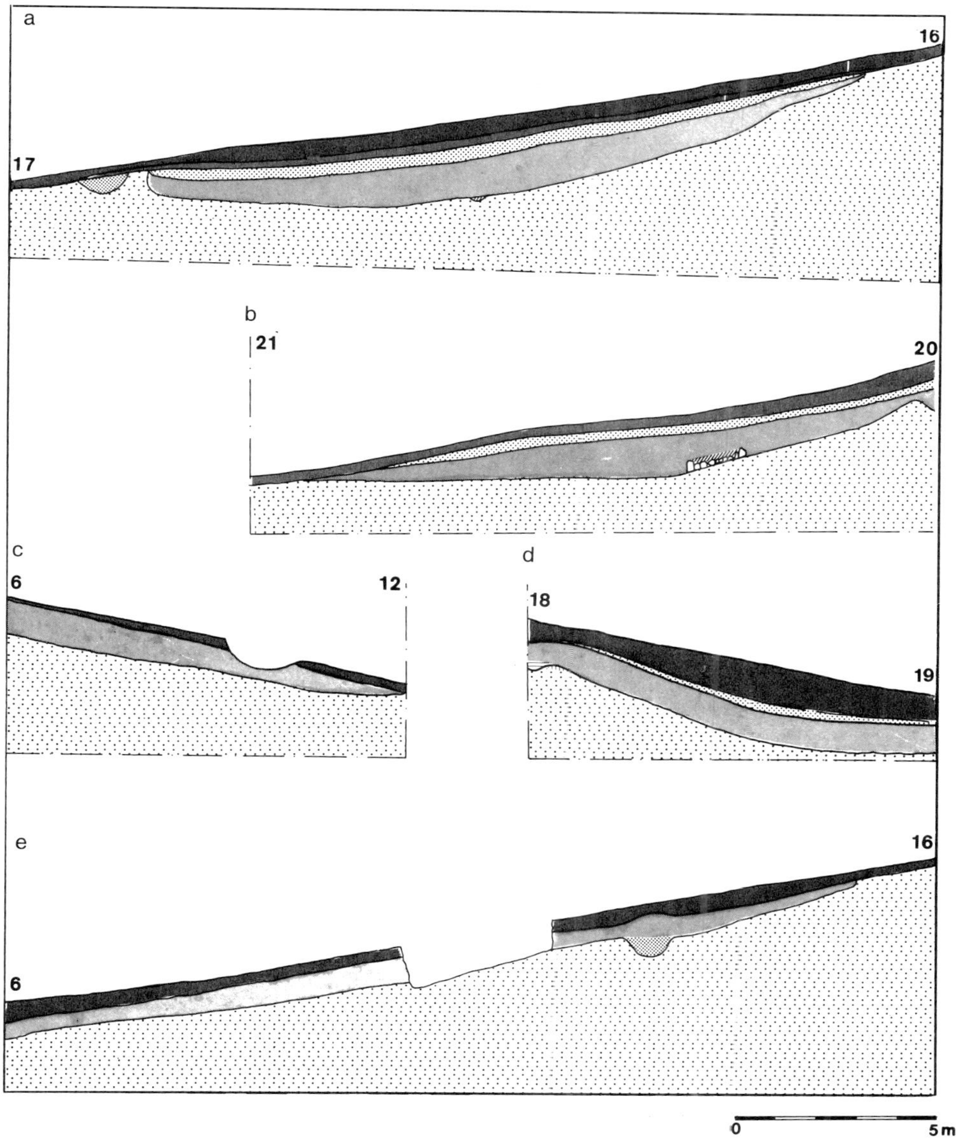

Humusschicht (5)
Dunkelbrauner Sand (4)
Hellgelber Sand (3)
Lehmiger Sand (2)
Heller Sand (1)
Grubenfüllungen
Grabenfüllungen
Herdfüllungen

Abb. 11: Oberasbach, Altenberg: Profile.

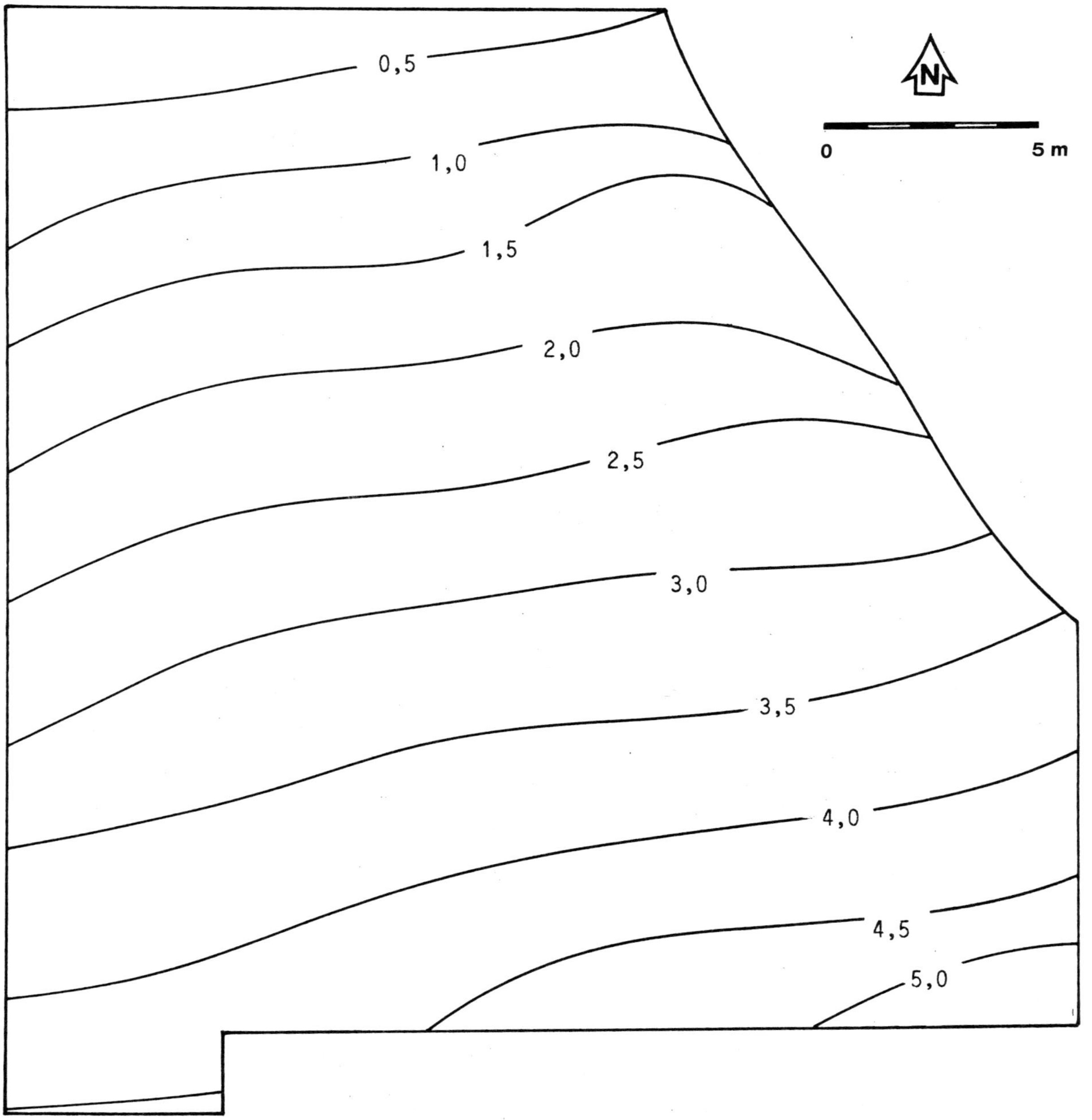

Abb. 12: Oberasbach, Altenberg: Gefälleplan der Grabungsflächen vor der Grabung. Alle Maße sind Tiefenangaben und beziehen sich auf den Nullpunkt in der linken oberen Ecke.

Einzelbefunde

Die Herde

In den Abschnitten C3, C4, D3, D4 und E1 lagen insgesamt 7 Sandsteinsetzungen. Das Sediment im Bereich dieser Sandsteinsetzungen war schwarz verfärbt, nach den Berichten A. Mayrs wiesen die Sandsteine ferner deutliche Brandspuren auf. Holzkohlereste sind in den Grabungsberichten nicht erwähnt. Bei den verwendeten Sandsteinen handelte es sich zumindest teilweise um Bruchstücke von Mahlsteinen.

Herd I. Quadrat D4. Kreisrunde Anlage auf der schräg einfallenden Untergrenze der Siedlungsschicht aus einer dichten Lage hand- bis faustgroßer Steine (Abb. 13a). Im Inneren nur wenige Steine. Durchmesser ca. 1,3 m, Höhe ca. 0,25 m.

Herd II. Quadrate D3, E3. Länglich-ovale Steinsetzung auf der schräg einfallenden Untergrenze der Kulturschicht. Unregelmäßige Steinlage mit großen Lücken. Möglicherweise handelt es sich um einen Zusammenbau zweier kreisrunder Anlagen. Länge ca. 3,0 m, Breite ca. 1,2 m, Höhe ca. 0,25 m (Abb. 13b; 14).

Herd III. Quadrat C3. Flache, muldenförmige Grube mit einer Tiefe von ca. 0,25 m. Darin nur wenige Sandsteine. Durchmesser ca. 1,4 m (Abb. 13c).

Herd IV. Quadrat C4. Flache, muldenförmige Grube, im Grabungsprofil nicht erkennbar. Länge 1,5 m, Breite ca. 0,8 m, Tiefe ca. 0,25 m. Darin unregelmäßige, ovale Steinsetzung von 0,9 m Länge und 0,4 m Breite in Schräglage. Nach Mayr war das Sediment im Bereich dieses Herdes besonders stark verfärbt (Abb. 13d).

Herd V. Quadrat C4. Unregelmäßige Steinsetzung an der Untergrenze der schräg einfallenden Kulturschicht. Nach A. Mayr keine deutliche „Fundschicht". Länge ca. 0,9 m, Breite ca. 0,6 m (Abb. 13e).

Herd VI. Quadrat E1. Kleine, kreisrunde Steinsetzung, Durchmesser ca. 0,5 m (Abb. 13f). Leider wurde von diesem und vom folgenden Herd kein Profil aufgenommen. Dem Bericht A. Mayrs ist zu entnehmen, daß entweder Herd VI oder Herd VII in einer flachen Grube lagen.

Herd VII. Quadrat E1. Kreisrunde Steinsetzung, Durchmesser ca. 0,85 m. Profil nicht aufgenommen. (Abb. 13g).

Die Gruben

Die zweite Gruppe erkennbarer Siedlungsobjekte bilden mehrere, meist kreisrunde Gruben. Sie hatten durchschnittlich 1,2 m Durchmesser bei ca. 0,5 m Tiefe. Nach A. Mayr waren sie mittelbraun verfärbt, die Untergrenze verlief meist undeutlich. Gumpert deutete sie als große Pfostenlöcher. Befunde, etwa von Holzkohle oder einer inneren Pfostenverfärbung, liegen hierfür jedoch nicht vor. Die Gruben 2, 5 und 6 lagen auf einer Linie.

Grube 1. Quadrat A1. Rundlich ovale Verfärbung mit ca. 1,5 m Durchmesser und ca. 0,35 m Tiefe. Profil nicht aufgenommen.

Grube 2. Quadrate B1, C1. Kreisrunde Verfärbung mit ca. 1,2 m Durchmesser und ca. 0,5 m Tiefe. Im Süden steile Grubenwände, im Norden flach in die Kulturschicht auslaufend (Abb. 15a).

Grube 3. Quadrat B4. Kreisrunde Verfärbung mit ca. 1,2 m Durchmesser und ca. 0,45 m Tiefe. Oberkante schräg der Hangneigung folgend. Grubenwände zumindest im Norden und Süden steil (Abb. 15b).

Grube 4. Quadrate C1, D1. Kreisrunde Verfärbung mit 1,4 m Durchmesser und 0,3 m Tiefe. Grubenwände flach. Die Grube steht in Verbindung mit Graben 1 (Abb. 15c).

Grube 5. Quadrate C1, D1. Kreisrunde Verfärbung mit einem Durchmesser von 1,1 m und einer Tiefe von 0,5 m. Flache Grubenwände. Die Grube lag außerhalb der steilen Eintiefung der Kulturschicht (Abb. 15d).

Grube 6. Quadrat D2. Kreisrunde Verfärbung mit einem Durchmesser von 1,2 m und einer Tiefe von 0,45 m. Profil nicht aufgenommen.

Grube 7. Ehemals wohl kreisrunde Verfärbung. Durch den Sandabbau war bereits mehr als die Hälfte der Grube zerstört. Durchmesser ca. 1,0 m, Tiefe 0,5 m. Wände halbsteil. Oberhalb der Grube ist an der Obergrenze der Kulturschicht im Profil eine aufgewölbte Struktur zu erkennen, welche jedoch nicht näher beschrieben ist (Abb. 15e).

Die Pfostenlöcher

Unregelmäßig über die ganze Grabungsfläche verteilt konnten die Ausgräber zahlreiche kleinere Verfärbungen freilegen. Diese hatten einen Durchmesser von ca. 20 - 40 cm und reichten unterschiedlich tief in die liegende Sandschicht. Die Gumpertsche Interpretation als „kleine Pfostenlöcher" dürfte generell richtig sein. Einige im Originalplan Gumperts eingezeichnete Pfostenlöcher wurden hier nicht übernommen, da sie nach den Flächenschnitten zu der oberen, hellgelben Sandschicht gehörten.

Pfostenloch 1. Quadrat B2. Kreisrunde Verfärbung, Durchmesser ca. 0,45 m, Tiefe ca. 0,5 m. Kein Profil.

Pfostenlöcher 2a, 2b. Quadrat C1. Zwei kreisrunde Verfärbungen. 2a: Durchmesser ca. 0,3 m, Tiefe ca. 0,15 m. 2b: Durchmesser ca. 0,15 m, Tiefe ca. 0,25 m. Keine Profile.

Pfostenloch 3. Quadrat C2. Kreisrunde Verfärbung, Durchmesser ca. 0,6 m, Tiefe ca. 0,45 m. Kein Profil.

Pfostenloch 4. Quadrat C3. Längsovale Verfärbung, Länge ca. 0,9 m, Breite ca. 0,4 m, Tiefe ca. 0,7 m. Steile Seiten, an der Sohle gerundet (Abb. 15f).

Pfostenloch 5. Quadrat C3. Kreisrunde Verfärbung, Durchmesser ca. 0,2 m, Tiefe ca. 0,45 m. Kein Profil.

Pfostenloch 6. Quadrat C4. Längliche, unregelmäßige Verfärbung, Länge ca. 0,6 m, Breite ca. 0,4 m, Tiefe ca. 0,45 m. Schräg geneigte Seiten, an der Sohle gerundet (Abb. 15g).

Pfostenloch 7. Quadrat C4. Kreisrunde Verfärbung, Durchmesser ca. 0,45 m, Tiefe ca. 0,35 m. Kein Profil.

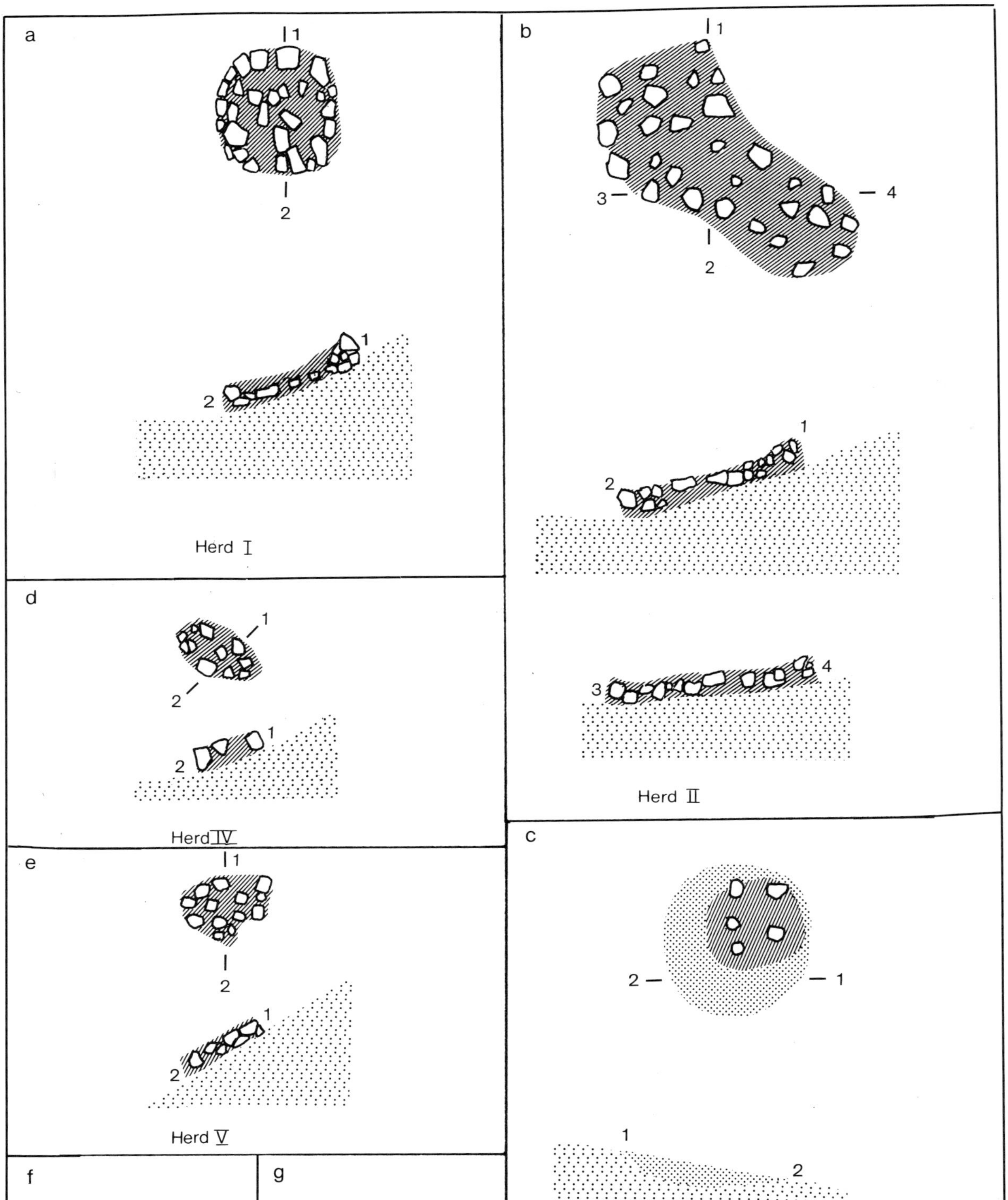

Abb. 13: Oberasbach, Altenberg: Aufsichten und Profile der Herde.

Abb. 14: Oberasbach, Altenberg: Herd II (vorne) und Herd I (hinten) während der Grabung 1928.

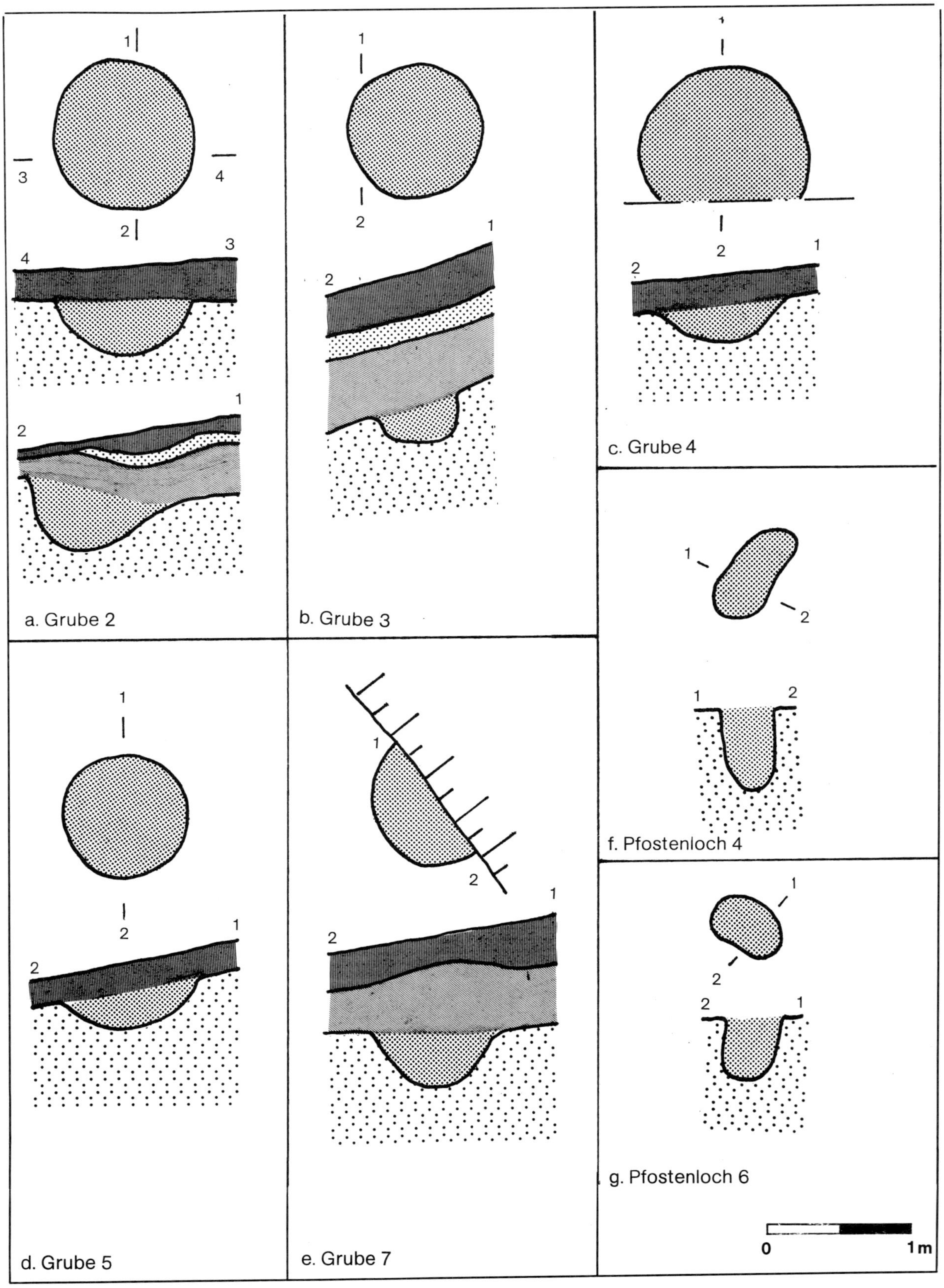

Abb. 15: Oberasbach, Altenberg: Gruben und Pfostenlöcher.

Pfostenloch 8. Quadrat C4. Kreisrunde Verfärbung, Durchmesser ca. 0,2 m, Tiefe ca. 0,2 m. Kein Profil.
Pfostenloch 9. Quadrat C5. Kreisrunde Verfärbung, Durchmesser ca. 0,2 m, Tiefe ca. 0,6 m. Kein Profil.
Pfostenloch 10. Quadrat C5. Kreisrunde Verfärbung, Durchmesser ca. 0,3 m, Tiefe ca. 0,35 m. Kein Profil.
Pfostenloch 11. Quadrat D1. Kreisrunde Verfärbung, Durchmesser ca. 0,4 m, Tiefe ca. 0,45 m. Nördlich und östlich zwei kleinere Verfärbungen, Durchmesser 0,15 m, Tiefe 0,4 bzw. 0,6 m. Kein Profil.
Pfostenloch 12. Quadrat D4. Kreisrunde Verfärbung, Durchmesser ca. 0,25 m, Tiefe ca. 0,35 m. Kein Profil.
Pfostenloch 13. Quadrat D4. Kreisrunde Verfärbung, Durchmesser 0,2 m, Tiefe 0,25 m. Kein Profil.
Pfostenloch 14. Quadrat D4. Kreisrunde Verfärbung, Durchmesser ca. 0,25 m, Tiefe ca. 0,15 m. Kein Profil.
Pfostenloch 15. Quadrat E1. Kreisrunde Verfärbung, Durchmesser ca. 0,2 m, Tiefe ca. 0,3 m. Kein Profil.
Pfostenloch 16. Quadrat E2. Kreisrunde Verfärbung, Durchmesser ca. 0,2 m, Tiefe ca. 0,3 m. Kein Profil.

Die Gräben

Insgesamt konnten in der Fläche drei kleinere Gräben freigelegt werden. Diese lagen ohne erkennbares System zueinander. Offenbar standen sie in Verbindung mit einzelnen Gruben, zumindest in zwei Fällen mündeten sie in solchen. Eine Entscheidung, ob Gruben und Gräben gleichzeitig angelegt wurden, ist mangels detaillierter Dokumentation nicht möglich. Der dritte Graben durchschnitt eine Grube. Laut Gumpert und Mayr handelte es sich jeweils um schwarze Verfärbungen mit segmentförmigem Querschnitt. Die Tiefe war relativ gering.

Graben 1. Beginn in Quadrat B1. Verlauf leicht gewunden, Ende in Grube 4 in Quadrat C1. Länge ca. 5 m. Flacher, segmentförmiger Querschnitt in allen Bereichen (Abb. 16a). Tiefe ca. 0,3 m, am Beginn nur ca. 0,1 m. Breite ca. 0,65 m.
Graben 2. Beginn in Quadrat C2. Verlauf geradlinig, Ende in Grube 2 in Quadrat C1. Länge ca. 4,1 m. Flacher, segmentförmiger Querschnitt in allen Bereichen (Abb. 16b). Tiefe ca. 0,35 m, Breite ca. 0,8 m.
Graben 3. Beginn in Quadrat C5. Bogenförmiger Verlauf bis Grube 7 in Quadrat D5. Ab dort vom Sandabbau zerstört. Hangaufwärts im direkten Anschluß an den Graben läuft ein flacher Lehmaufwurf parallel. Dieser setzt sich hangabwärts bis zur Störung durch Sandabbau in Quadrat D4 geradlinig fort. Der Querschnitt des Grabens ist flach und segmentförmig. Tiefe ca. 0,4 m, Breite ca. 0,75 m. Breite des Lehmaufwurfes ca. 0,7 m, Höhe ca. 0,3 m (Abb. 16c).

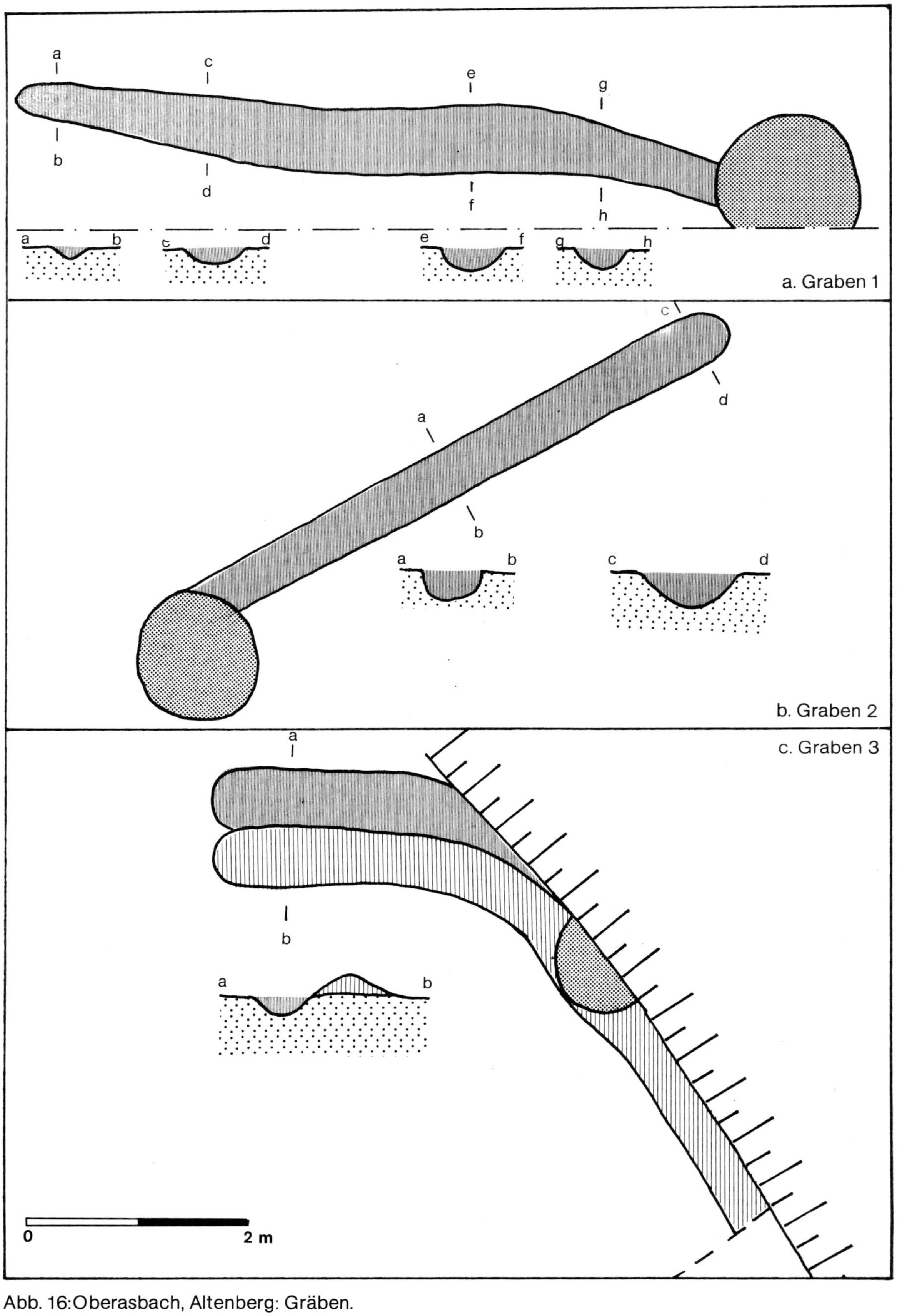

Abb. 16: Oberasbach, Altenberg: Gräben.

Arberg-Großlellenfeld

Grabungsfläche

Neben den o.g. urnenfelderzeitlichen Befunden, die im Rahmen dieser Arbeit nicht behandelt werden, wurden von H. Thoma zwei Parzellen mit hallstattzeitlichen Befunden freigelegt. *Fläche 1* hatte einen unregelmäßigen Umgriff von ca. 4 x 3 m. Der südwestliche Teil war durch die Verlegung von Versorgungsleitungen bereits zerstört (Abb. 17). Einziger Befund in dieser Fläche war die Grube 1.

Fläche 2 schloß sich östlich an Fläche 1 an und hatte ebenfalls einen unregelmäßigen Umgriff von ca. 6,5 x 5,2 m. Der südöstliche Teil war beim Verlegen von Versorgungsleitungen bereits zerstört worden (Abb. 18). In der Fläche konnten eine größere Grube 2 und eine kleinere Grube 3 freigelegt werden.

Einzelbefunde

Grube 1 hatte einen unregelmäßig rechteckigen Umriß von 2,2 m Breite und noch 2,2 m erhaltener Länge. Wegen der beschriebenen Störung ist die Gesamtlänge nicht ermittelbar (vgl. Abb. 17). Das unregelmäßige Auslaufen der Ränder dürfte auf Bepflügung zurückzuführen sein.
Die größte erhaltene Tiefe betrug 32 cm unter der Oberkante des abgeschobenen Sedimentes, hiervon waren noch 16 cm erhalten. Durch die Bepflügung waren weite Teile umgelagert (Abb. 19). Innerhalb der Grube fanden sich zahlreiche Scherben.

Grube 2 hatte einen Nord-Süd orientierten, unregelmäßig ovalen Umriß mit ca. 2,8 m Breite und noch 5 m erhaltener Länge. Die Gesamtlänge dürfte ca. 5,2 - 5,4 m betragen haben. Auch hier sind die Unregelmäßigkeiten des Randes wohl durch Bepflügung erklärbar (vgl. Abb. 18). Die Grubensohle reichte bis durchschnittlich 30 cm unter das ehemalige Geländeniveau, davon waren noch ca. 18 cm erhalten (vgl. Abb. 20; 21).

Grube 3 bildete ein unregelmäßiges, Ost-West orientiertes Oval mit 1,5 m Länge und 0,75 m Breite (vgl. Abb. 18). Von der ca. 30 cm unterhalb des ehemaligen Geländeniveaus liegenden Grubensohle waren nur noch 8 - 10 cm erhalten (vgl. Abb. 22).

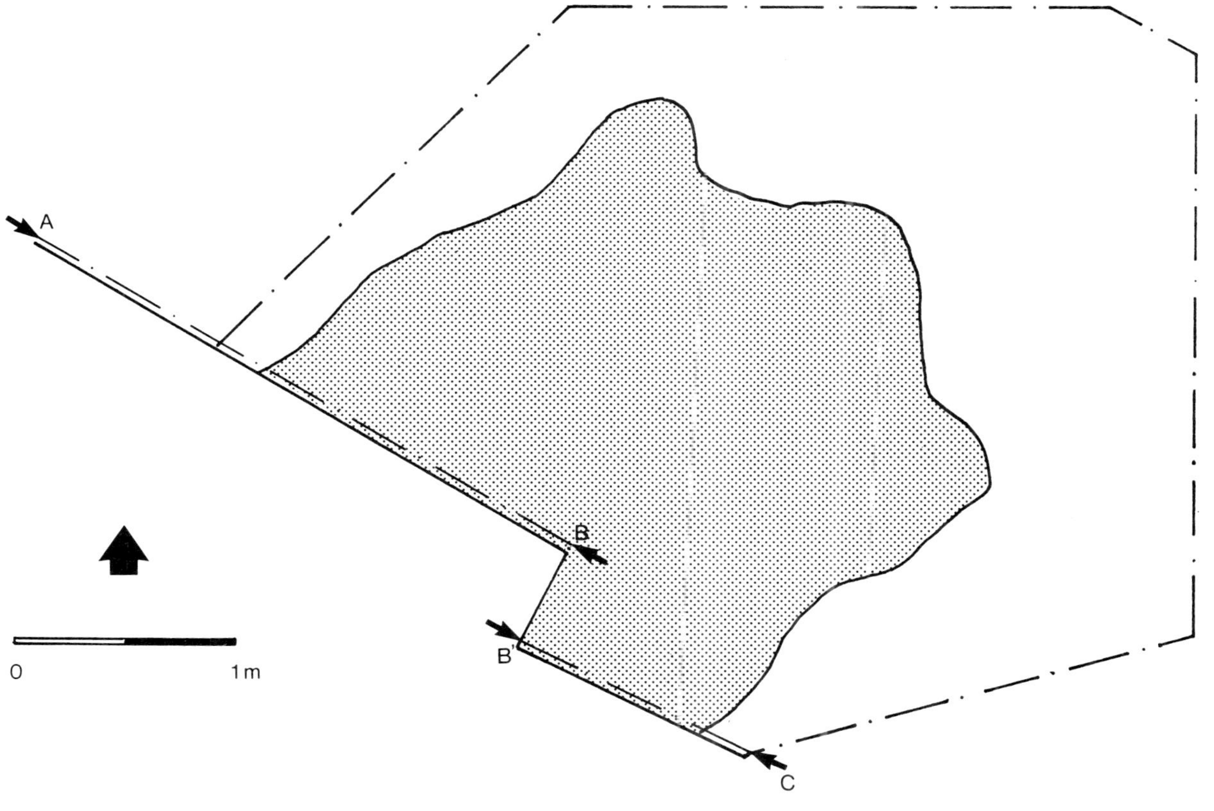

Abb. 17: Arberg, Großlellenfeld: Grube 1, Aufsicht.

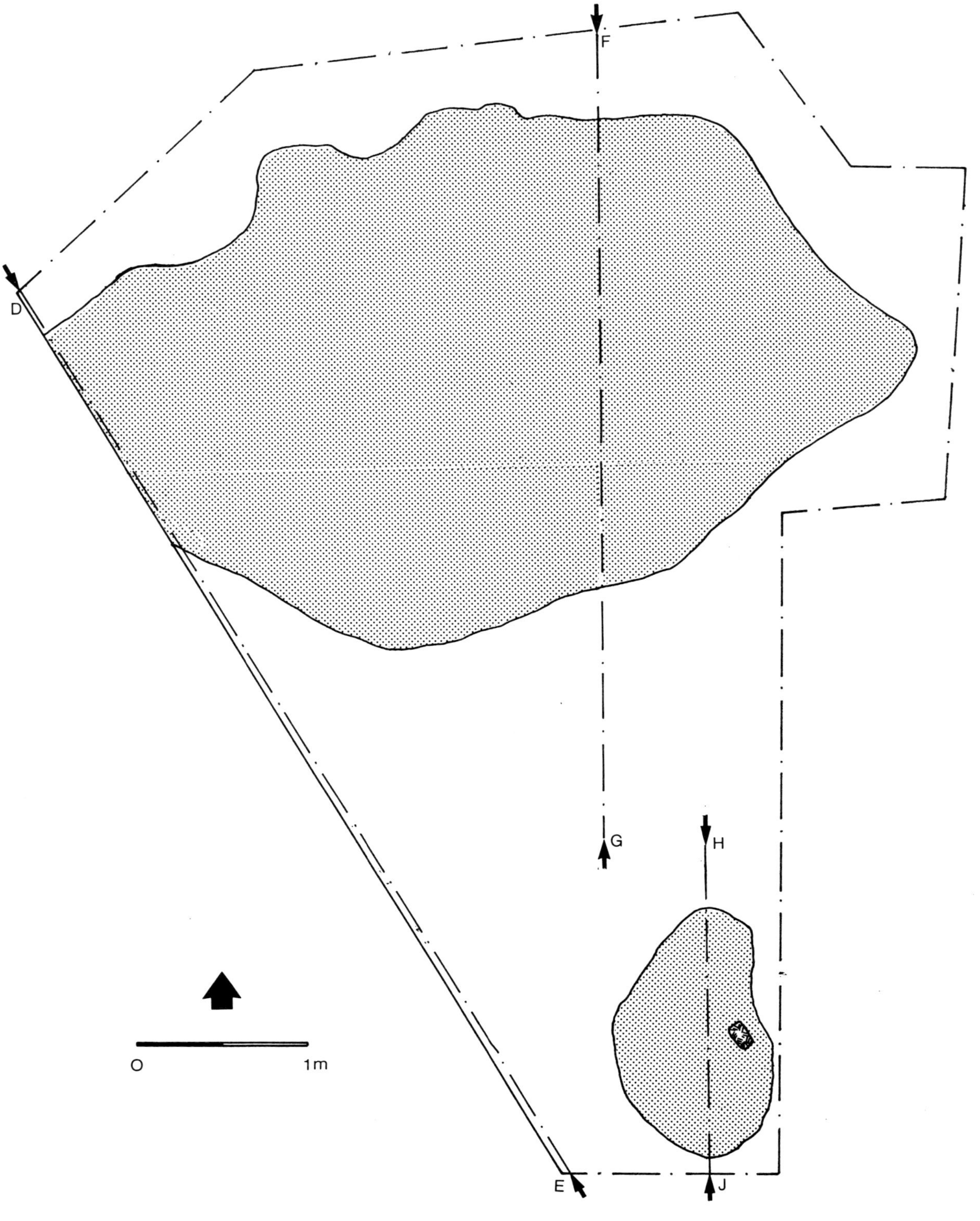

Abb. 18: Arberg, Großlellenfeld: Grube 2 (oben) und Grube 3 (unten), Aufsicht.

Stratigraphie

Wie bereits erwähnt, waren die Gruben 1 und 2 durch Aufgrabungen beim Verlegen von Versorgungsleitungen gestört worden. Entlang der dadurch entstandenen Anschnitte wurden von H. Thoma die Profile aufgenommen. Grube 2 und 3 wurden ferner noch in der Ost-West-Achse geschnitten.

In allen Profilen ist erkennbar, daß ein Teil der oberen Schichten durch die Planierraupe abgeschoben war. In Fläche 1 fehlten dadurch ca. 10 cm, in Fläche 2 zwischen 10 und 20 cm Boden. Das nicht erreichte Anstehende dürfte von Schwarzjura gebildet werden, darüber befindet sich ein Horizont tonigen Lehms unbekannter Mächtigkeit. In diesen tonigen Lehm sind die Grubensohlen eingetieft (vgl. Abb. 19 - 22). Die Gruben selbst bildeten schwarz-braun gefleckte Verfärbungen, teilweise waren sie durch Bepflügung gestört (vgl. Abb. 19 und 21). Die eigentliche Tiefe der Gruben kann nicht rekonstruiert werden. Unsicher ist auch, ob vor dem Abschieben der Fläche noch die ursprüngliche Grubentiefe vorhanden war oder durch Erosion überdeckendes Sediment fehlte.

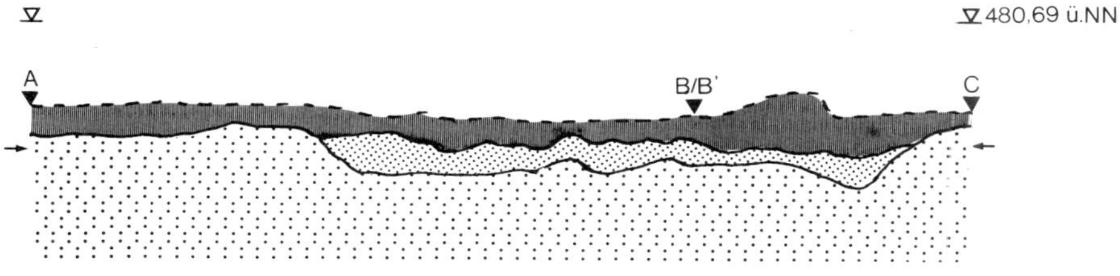

Abb. 19: Arberg, Großlellenfeld: Schnitt A - C durch Grube 1.

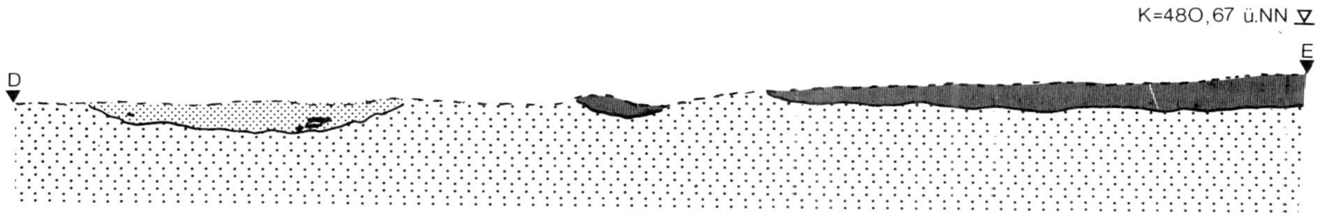

Abb. 20: Arberg, Großlellenfeld: Schnitt D - E durch Grube 2.

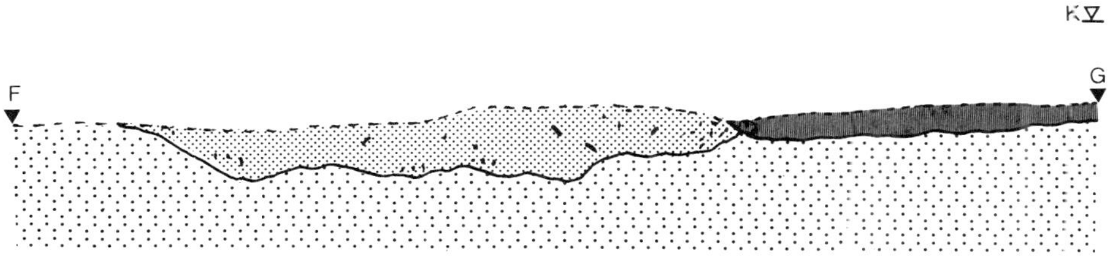

Abb. 21: Arberg, Großlellenfeld: Schnitt F - G durch Grube 2.

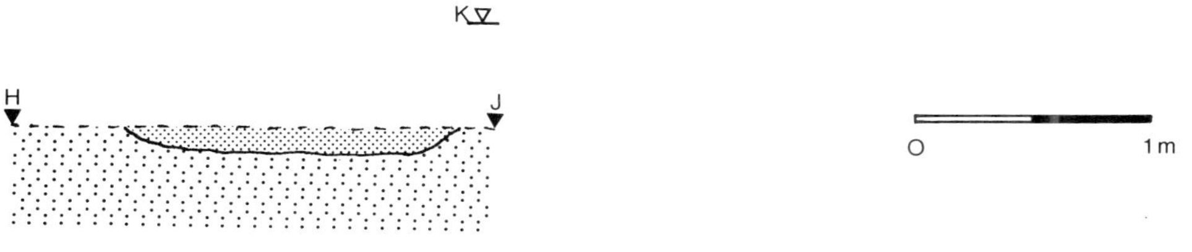

Abb. 22: Arberg, Großlellenfeld: Schnitt H - J durch Grube 3.

KATALOG

Typengliederung

Die Hauptmenge des Fundmaterials beider bearbeiteter Siedlungen besteht aus Keramikscherben. Bereits bei einer ersten Durchsicht der vertretenen Formen fällt auf, daß überwiegend Schalen und Schüsseln vorliegen. Diese lassen sich auf einige Typenvarianten verteilen, wobei innerhalb dieser Varianten die Abweichungen nur gering sind. Im Vergleich des Fundstoffes beider Siedlungen miteinander ist die Gleichartigkeit vieler Formen ein weiteres auffallendes Merkmal. Die genannten Faktoren ermöglichen es, zur Beschreibung und weiteren Bearbeitung des keramischen Fundstoffes eine gemeinsame Typengliederung der Keramik zu verwenden, um so individuelle Beschreibungen der Funde im Katalog auf ein Mindestmaß zu reduzieren.
Bei der Entwicklung dieser Gliederung wurde aus zwei Gründen vom Fundstoff selbst ausgegangen. Zum einen ist eine allgemein verwendete Bezeichnung hallstattzeitlicher Gefäßformen und Varianten nicht vorhanden. Auch die Vorlage von „Typentafeln“[5] hat dieses Problem nicht gelöst. Die Anhängung an bestehende, vom jeweiligen Fundmaterial ausgehende Typologien[6] würde die Individualität des vorliegenden Siedlungsmaterials vernachlässigen und im Endergebnis den Befund eher verwischen. Insbesondere eine Übernahme der für die mittelfränkische Grabkeramik erarbeiteten Typengliederung würde die dort dominierenden Formen zum Maß der vorliegenden Siedlungskeramik machen. Der notwendige Vergleich der hier behandelten Siedlungskeramik mit der Grabkeramik der gleichen Region wird deshalb erst in einem späteren Kapitel in der Auswertung vorzunehmen sein.

Grundformen

Keramik kann grundsätzlich nach zwei unterschiedlichen Gesichtspunkten systematisch geordnet und beschrieben werden. Einen Ansatz bietet die unterschiedliche Funktion der Gefäße. Nach diesem Prinzip ist beispielsweise die Hauptmasse klassisch-griechischer Keramik beschrieben[7]. Da die Funktion der Stücke in dem vorliegenden Fundmaterial jedoch nicht bekannt ist, muß diese Möglichkeit ausscheiden.
Den anderen Ansatz bietet die Formgebung des Gefäßes durch den Töpfer. Dieser Weg wurde im folgenden Katalog beschritten. Als Kriterium wurde dabei das Verhältnis von Höhe zum Durchmesser sowie die Gestaltung der Gefäßwandung herangezogen. Die Lippengestaltung wurde ausgeklammert, da diese auch innerhalb der Gefäßtypen zu sehr variiert.

Als *Schalen* werden in dieser Arbeit alle Gefäße bezeichnet, deren Durchmesser größer als die Gefäßhöhe ist. Der größte Durchmesser muß dabei am Rand anliegen, d.h. die Wandung darf nicht über den Rand ausbauchen.

Schüsseln sind im folgenden Gefäße, deren Randdurchmesser größer als die Höhe ist und deren Bauchdurchmesser den Randdurchmesser übersteigt. In die gleiche Kategorie fallen Gefäße, deren Rand- und Bauchdurchmesser zwar annähernd gleich sind, die jedoch ein deutlich abgesetztes oder stärker geschwungenes Oberteil haben.

Als *Becher* werden Gefäße bezeichnet, deren Höhe größer oder annähernd gleich dem Randdurchmesser ist. Die Wandung soll dabei nicht allzu stark ausbauchen. In diese Kategorie fallen auch viele oft als „Töpfe“ bezeichnete Formen.

Näpfe. Hierunter fallen im folgenden alle Gefäße kleiner 6 cm, unabhängig vom Durchmesser-Höhen-Verhältnis. Dadurch werden auch eventuell vorliegende Tassenformen in dieser Kategorie subsummiert. Wegen der meist abgebrochenen Henkel bzw. des Fehlens der Henkelansatzstücke kann im kleinstückig zerbrochenen Siedlungsmaterial ohnedies keine echte Trennung zwischen Näpfen und Tassen vorgenommen werden.

Zur *Wirtschaftskeramik* zählen in der Regel große Gefäße mit dicker Wandung und grob gemagertem Ton. Meist sind sie unprofiliert, die Verzierung beschränkt sich auf Leisten, Tupfen und einfache Kerben.

Varianten

Neben den aufgezählten Grundformen kommen zahlreiche Varianten dieser Formen vor. Insbesondere durch die verschiedenartige Gestaltung der Gefäßwandung, etwa durch Profilierung, Absetzung einzelner Zonen, Einziehung, Verdickung, Biegung usw. entstehen mannigfache Möglichkeiten. Im folgenden wurde versucht, diese verschiedenen Gestaltungsmöglichkeiten, soweit sie sich mehrfach im Material wiederfinden, in den jeweils vorkommenden Kombinationen zu „Typenvarianten“ zusammenzufassen. Meist konnte dabei nur die obere Gefäßhälfte berücksichtigt werden, da durch den kleinstückigen Bruch Gefäßrekonstruktionen in der Regel nur bis zum Bauchumbruch möglich sind.

5. Th. Werner, Hallstattkultur. Göttinger Typentafeln zu Ur- und Frühgeschichte Mitteleuropas, Göttingen 1984. Dort ist lediglich aus Standardpublikationen Keramik übertragen und jeweils aus der Originalvorlage die unterschiedliche, von verschiedenen Autoren zu völlig verschiedenen Forschungsständen gewählte Bezeichnung übernommen.
6. So z. B. M. Hoppe (1986), 69 ff; W. Torbrügge (1979), 160 ff sowie J. Lüning (1980), 27 ff.
7. G.M.A. Richter, Shapes and Names of Athenian Vases, New York (1935).

Schalen

Variante 1 (Sch 1) mit nach oben steiler werdender Wandung. Das Gefäßprofil erscheint dadurch flau geknickt. Scharfe Absätze fehlen (Abb. 23, 1).
Variante 2 (Sch 2) kalottenförmig ohne markante Änderung der Wandneigung (Abb. 23, 3).
Variante 3 (Sch 3) mit geschwungenem Oberteil. Häufig auch als „S-förmiges Profil" bezeichnet (Abb. 23, 2).

Schüsseln

Variante 1 (S 1) Kegelhalsschüsseln. Wegen der verschiedenartigen Ausprägungen dieser Form wurde eine weitergehende Differenzierung vorgenommen.
Form 1a (S 1a) Kegelhalsschüsseln mit abgesetztem, geblähtem Kegelhals. Die Mitte des Halses ist dicker als dessen Ober- und Unterteil. Die Lippe ist meist ohne deutlichen Knick abgebogen (Abb. 23, 4).
Form 1b (S 1b) Kegelhalsschüsseln mit steilem, nicht untergliedertem Kegelhals (Abb. 23, 5).
Form 1c (S 1c) Kegelhalsschüsseln mit geschwungenem Kegelhals. Lippe und Hals bilden eine nicht voneinander abgesetzte Einheit (Abb. 23, 6).
Variante 2 (S 2) Schüsseln mit steilem Kragenhals. Der zylinderförmig geformte Hals ist deutlich von der Schulter abgesetzt (Abb. 23, 7).
Variante 2a (S 2a) Kragenhalsschüsseln mit trichterförmigem, geschwungenem Hals. Der Hals ist meist sehr kurz (Abb. 23, 8).
Variante 3 (S 3) Schüsseln mit Halskehle. Die Wandung verläuft innen mehr oder minder senkrecht, außen ist sie durch eine knapp unterhalb des Randes verlaufende Kehlung gegliedert (Abb. 23, 9).
Variante 4 (S 4) Schüsseln mit steilem, unprofiliert gestaltetem Oberteil ohne ausgeprägte Halsbildung (Abb. 23, 10).
Variante 4a (S 4a) Schüsseln mit steilem, außen leicht gekehltem Oberteil (Abb. 23, 11).
Variante 5 (S 5) Schüsseln mit geschwungenem Oberteil (sog. S-förmiges Profil)
Form 5a (S 5a) stark ausbauchend (Abb. 24, 1).
Form 5b (S 5b) Bauchdurchmesser ungefähr gleich Randdurchmesser (Abb. 24, 2).
Variante 6 (S 6) mit oben einziehender Wandung (Abb. 24, 3).
Variante 7 (S 7) Schüsseln mit regelmäßig gekrümmter, segmentförmiger Wandung ohne weitergehende Profilierung und kurzer Lippe (Abb. 24, 4).
Variante 8 (S 8) Schüsseln mit gedrungenem Körper und kurzer Lippe (Abb. 24, 5).

Becher

Variante 1 (B 1) mit geschwungenem Oberteil (sog. S-förmiges Profil) (Abb. 24, 6).
Form 1a (B 1a) mit steilem, flau abgesetztem Hals (Abb. 24, 7).
Variante 2 (B 2) mit segmentförmigem Oberteil und kurzer Lippe (Abb. 24, 8).
Variante 3 (B 3) mit schwach einziehendem Oberteil, ansonsten steiler Wandung und kurzer Lippe (Abb. 24, 9).
Variante 4 (B 4) mit steilem, ungegliedertem Oberteil. Hierunter könnten sich grundsätzlich auch Zylinderhalsgefäße verbergen, die man konventionell bronzezeitlich datieren müßte. Nachdem sich hinsichtlich der Tonmagerung, Oberflächenbehandlung und Brand des Gefäßes jedoch keinerlei Hinweis auf bronzezeitliche Keramik ergibt, wurden die meist nicht weiter ergänzbaren Scherben mit steiler Wandung hier zu den Bechern gezählt (Abb. 24, 10).

Näpfe

Variante 1 (N 1) mit steiler Wandung und, sofern erhalten, tief sitzendem Umbruch zum Boden (Abb. 25, 1).
Variante 2 (N 2) mit eingezogenem Oberteil, bei dieser Form dürften in zahlreichen Fällen Bruchstücke von Tassen vorliegen. Mangels Henkel bzw. Henkelansatz wurde die Variante jedoch nicht weiter differenziert (Abb. 25, 2).
Variante 3 (N 3) schalenförmig, häufig mit leicht geschwungener Wandung (Abb. 25, 3).

Wirtschaftskeramik

Variante 1 (W 1) bauchig unprofilierte Form, tonnenartig (Abb. 25, 4).
Variante 2 (W 2) mit meist geschwungenem Kegelhals (Abb. 25, 5).
Variante 3 (W 3) steilwandig, ohne Profilgliederung (Abb. 25, 6).
Variante 4 (W 4) mit geschwungenem Oberteil (Abb. 25, 7).

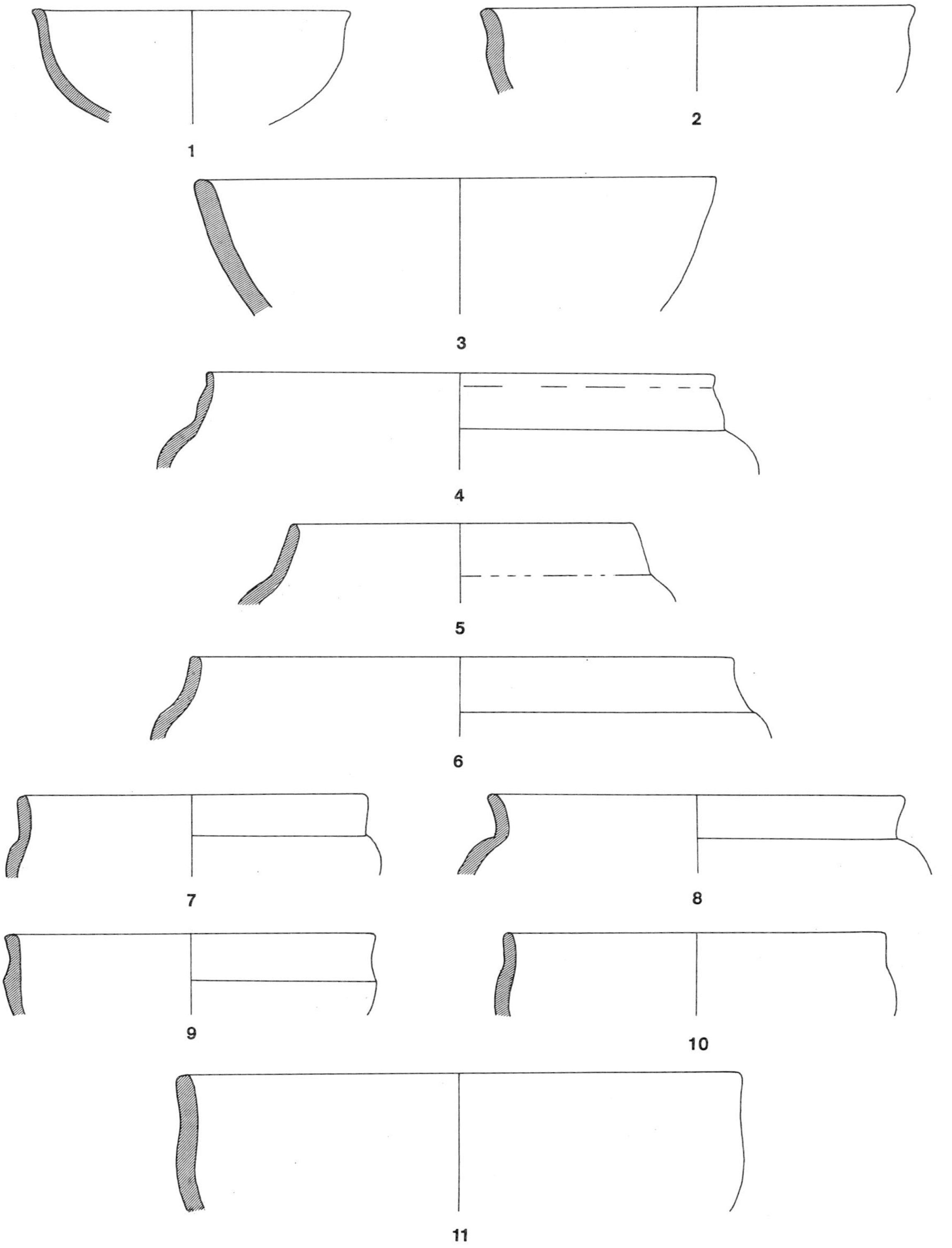

Abb. 23: Typengliederung der Keramik; Schalen (Sch 1 - Sch 3), Schüsseln (S 1 - S 4a).

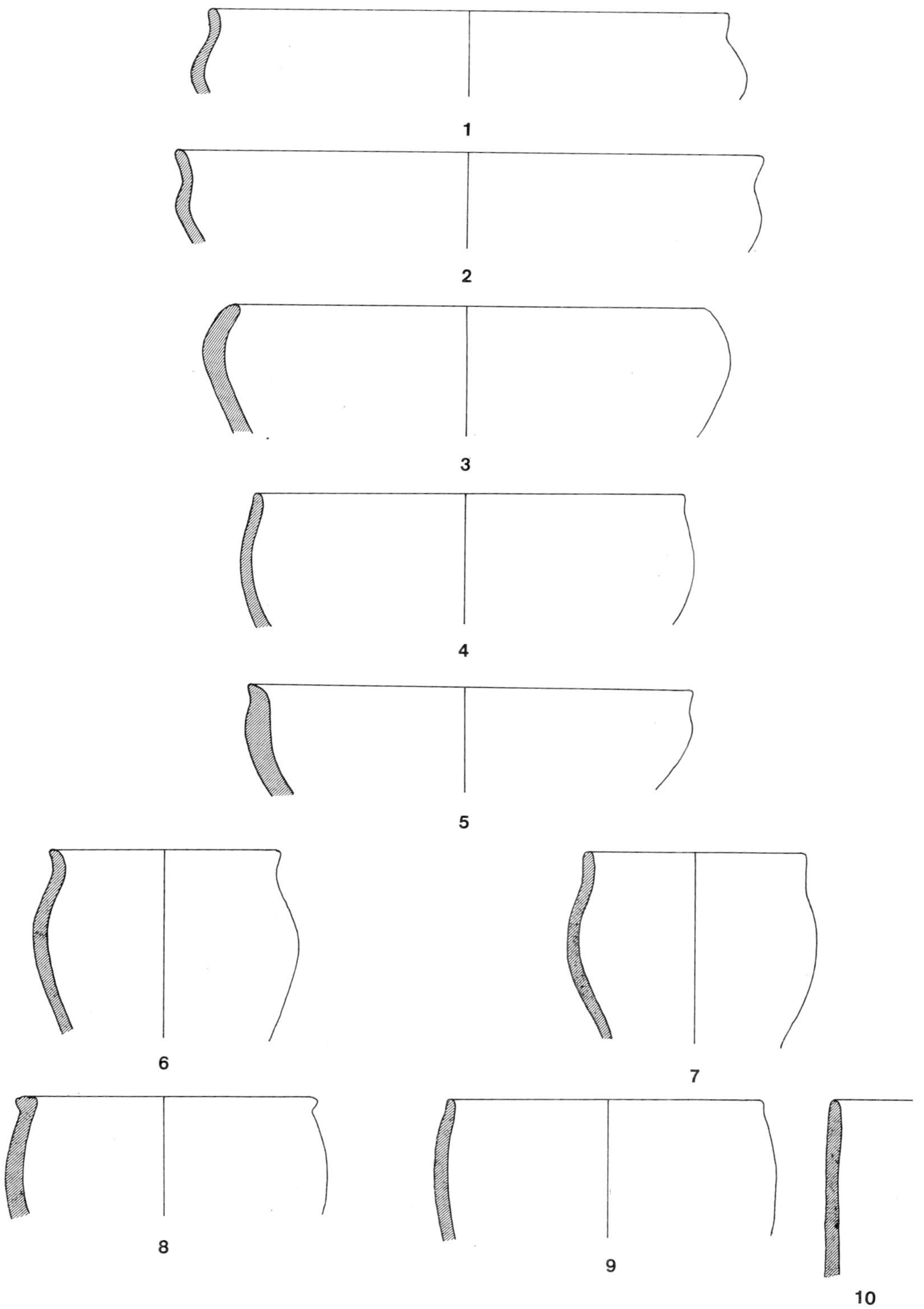

Abb. 24: Typengliederung der Keramik; Schüsseln (S 5a - S 8), Becher (B 1 - B 4).

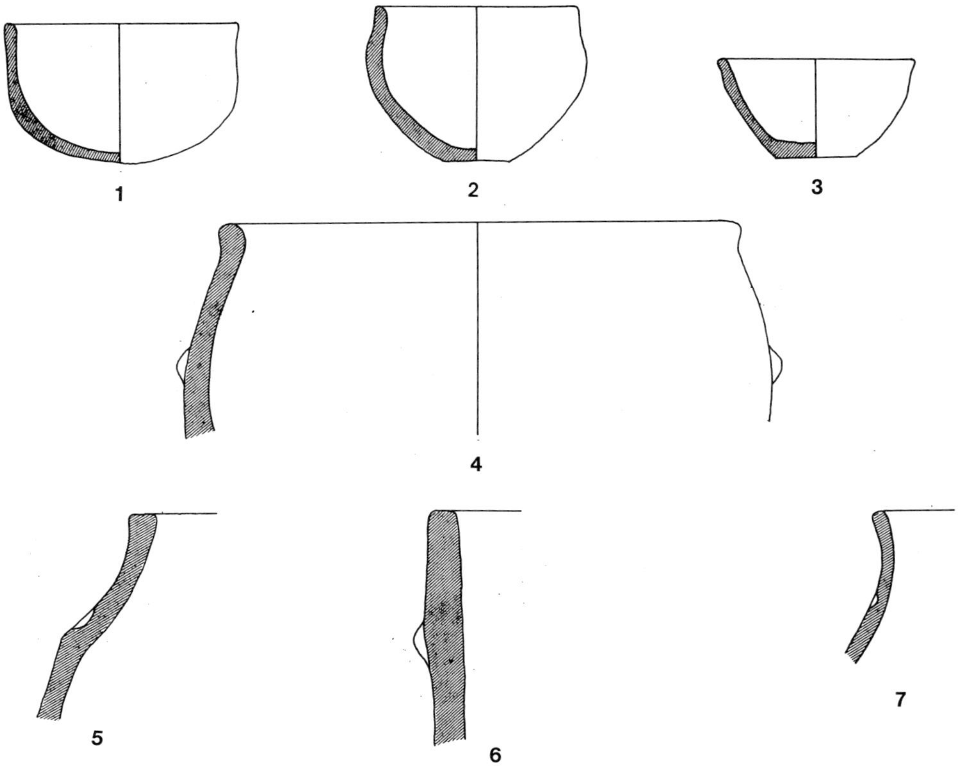

Abb. 25: Typengliederung der Keramik; Näpfe (N 1 - N 3), Wirtschaftskeramik (W 1 - W 4).

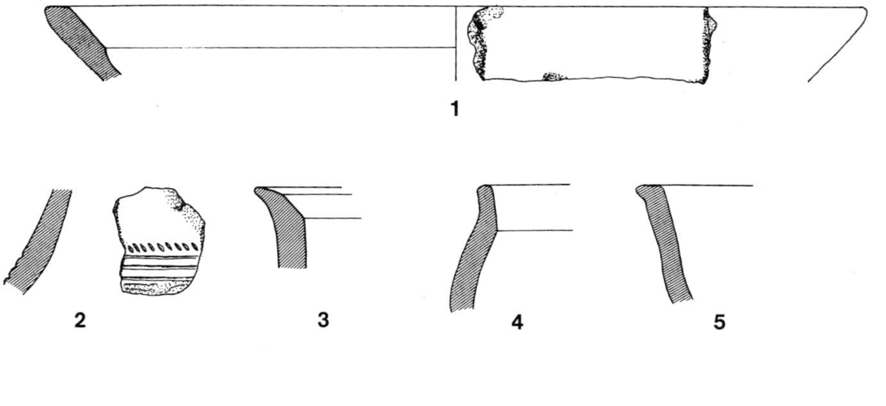

Abb. 26: Oberasbach, Altenberg: Urnenfelderzeitliche Keramik.

Magerung

Um den herstellungstechnischen Aspekt der Tonmagerung in den Katalog einzubeziehen, wurden sämtliche Stücke unter diesem Gesichtspunkt untersucht. Bei den Funden von Oberasbach wurde meist ein kleines Eck der jeweiligen Scherbe abgebrochen, um im frischen Bruch die Magerungspartikel zu erfassen. Bei dem im Privatbesitz befindlichen Fundstoff von Arberg-Großlellenfeld beschränkte sich die Untersuchung auf die Scherbenoberflächen und Bruchränder. Sämtliche Untersuchungen erfolgten sowohl makroskopisch als auch unter einem Binokular bei 10-facher Vergrößerung. Bei der Beschreibung konnten die gängigen Magerungen erfaßt werden, eine bessere Differenzierung wäre nur unter Verwendung eines Polarisationsmikroskopes erreichbar gewesen. Die erkennbaren Bestandteile beschreiben sich wie folgt:

Magerungsart 0: Keine erkennbaren Magerungsbestandteile.
Magerungsart 1: Grober Quarz, Korngröße über 2 mm.
Magerungsart 2: Feiner Quarz.
Magerungsart 3: Grobe organische Bestandteile, Teilchengröße über 2 mm. Diese zeichnen sich durch Auskohlen bzw. Ausglühen beim Brand aus, so daß in den überwiegenden Fällen nur noch Hohlräume mit entsprechenden Abdrücken erkennbar sind. Meist liegen Reste von Körnern und Halmabschnitte vor, letztere sind durch Häckselung zerkleinert.
Magerungsart 4: Magerung mit feinen, organischen Bestandteilen.
Magerungsart 5: Magerung mit Kalk. Bei den meisten Stücken liegt sehr fein gestoßener Kalk im Größenbereich von ca. 0,5 - 1,5 mm vor, auf eine größenmäßige Differenzierung wurde deshalb verzichtet.
Magerungsart 6: Magerung mit sonstigen mineralischen Zuschlägen. Eine genaue Bestimmung wäre nur durch ein Polarisationsmikroskop zu erzielen.

Die verschiedenen Kombinationen der Magerung wurden im Katalog mit einer Reihung der Magerungsarten ausgedrückt. Die Reihenfolge hat keinen Bezug auf die Häufigkeit der Magerungsteilchen zueinander.
Beispiel: Magerung 2.4 = Magerung mit feinem Quarz und feinen organischen Bestandteilen.

Abkürzungen

Folgende Abkürzungen werden in den Fundbeschreibungen verwendet:

Sch = Schale	W = Wirtschaftsgefäß	H = Höhe
S = Schüssel	R = Randdurchmesser	L = Länge
B = Becher	B = Bodendurchmesser	M = Magerung
N = Napf	D = Durchmesser	

Fundbeschreibungen

OBERASBACH-ALTENBERG

Herd I

1. Randscherbe einer polierten, graphitierten Schüssel mit geblähtem Kegelhals (S 1a) und gerundeter, flau abgesetzter Lippe. R = 23,5 cm, H noch 5,1 cm, M 2.5, Taf. 1, 1
2. Wandscherbe eines ockerbraunen Wirtschaftsgefäßes mit dreiecksförmiger, einseitig quergekerbter Leiste. H noch 5,2 cm, M 3.4.5, Taf. 1, 2
3. Randscherbe einer mittel- bis dunkelbraunen Schale (Sch 2) mit unregelmäßig nach innen abgestrichener Lippe. R = 24 cm, H noch 6,0 cm, M 2.5, Taf. 1, 3
4. Zwei Randscherben einer schwarzen Schale (Sch 1) mit leicht nach außen verdickter, oben abgestrichener Lippe. R = 20 cm, H noch 5,9 cm, M 2.5, Taf. 1, 4
5. Randscherbe eines graubraunen Wirtschaftsgefäßes (W 1) mit nach außen verdickter, oben wechselständig getupfter Lippe und umlaufend dreieckig gekerbter Wandung. H noch 8,8 cm, M 2.5, Brand innen reduzierend, außen oxydierend, Taf. 1, 5
6. Randscherbe eines dunkelbraunen Schüsselchens (S 7) mit kurzer, steiler, nach innen abgestrichener Lippe. Die Außenseite ist mit einem umlaufend eingeritzten Winkelband verziert. R = 10,5 cm, H noch 3,7 cm, M 0, Taf. 1, 6
7. Randscherbe eines dunkelbraunen Wirtschaftsgefäßes (W 2, mit flau abgesetztem Halsteil) mit nach innen gerundeter Lippe. Unter dem Hals befindet sich eine umlaufende Dreieckskerbenreihe. R = 18 cm, H noch 5,4 cm, M 4.5, Taf. 1, 7
8. Randscherbe einer graphitierten kleinen Schüssel (S 7) mit nach außen verdickter, oben abgerundeter Lippe. R = 12 cm, H noch 4,3 cm, M 2.5, Taf. 1, 8
9. Randscherbe einer schwarz-orange gefleckten Schüssel (S 7) mit wulstförmig verdickter, oben leicht wellenförmig gestalteter Lippe. R = 20,5 cm, H noch 4,8 cm, M 2, Taf. 1, 9
10. Bodenscherbe eines graubraunen Gefäßes mit einziehender Bodenfläche. Die Außenseite ist mit Schlicker überzogen und längs verstrichen. H = 4,6 cm, M 4,5, Taf. 1, 10
11. Wandscherbe einer kleinen Tasse mit trichterförmig abgeknicktem Hals. H noch 2,7 cm, M 2.5, ohne Abbildung
12. Durchlochtes Ammonitenbruchstück, ohne Abbildung

Herd II

13. Randscherbe einer graphitierten Schüssel (S 3) mit nach innen abgestrichener Lippe. R = 16,5 cm, H noch 2,1 cm, M 2, Taf. 1, 11
14. Randscherbe eines schwarzbraunen Schüsselchens (S 5b) mit wulstartig nach außen verdickter, abgerundeter Lippe. R = 13 cm, H noch 4,0 cm, M 2, Taf. 1, 12
15. Wandscherbe eines schwarzen, polierten, bauchigen Gefäßes, vielleicht einer Kegelhalsschüssel (S 1) mit eingezogener Schulter. D am Bauch = 32 cm, H noch 6,9 cm, M 2.5, Taf. 1, 13
16. Randscherbe eines graphitierten Bechers (B 3) mit dünner, abgestrichener Lippe. H noch 4,2 cm, M 2, Taf. 1, 14
17. Bodenscherbe eines schwarzen Gefäßes mit ausladendem Unterteil. B = 10,5 cm, H noch 2,6 cm, M 2, Taf. 2, 1
18. Wandscherbe, vielleicht von Gef. Nr. 15, ohne Abbildung
19. Wandscherbe ohne besonderen Aussagewert. M 2, ohne Abbildung
20. Wandscherbe ohne besonderen Aussagewert. M 1, ohne Abbildung
21. Wandscherbe ohne besonderen Aussagewert. M 1, ohne Abbildung

Herd IV

22. Wandscherbe eines graubraunen Wirtschaftsgefäßes ohne besonderen Aussagewert. M 1.4.5, ohne Abbildung

Herd V

23. Randscherbe eines schwarzen Gefäßes mit Kegelhals und nach außen gezogener, oben flach abgestrichener Lippe. R = 23,5 cm, H noch 5,5 cm, M 2, Taf. 2, 4
24. Randscherbe eines dunkelbraunen, am Hals graphitierten Schüsselchens (S 2) mit abgerundeter Lippe. R = 12 cm, H noch 5,1 cm, M 2, Taf. 2, 3
25. Wandscherbe eines schwarzen Kegelhalsgefäßes mit breit abgesetztem Hals. H noch 4,9 cm, M 2, Taf. 2, 2
26. Bodenscherbe eines dunkelbraunen Gefäßes mit Schlicküberzug auf der Außenseite. Die Innenseite des Scherbens ist reduzierend, die Außenseite oxydierend gebrannt. H noch 6,4 cm, M 1.2, Taf. 2, 5
27. Wandscherbe eines ockerbraunen Gefäßes mit seichten Tupfen. M 3.4.5, Taf. 2, 6
28. Bodenscherbe eines dunkelbraunen Gefäßes mit leicht einschwingender Standfläche. H noch 2,5 cm, M 2, ohne Abbildung
29. Bodenscherbe eines dunkelbraunen Gefäßes. M 1.3, ohne Abbildung
30. Wandscherbe eines Gefäßes mit geschwungenem Hals. M 2.5, ohne Abbildung
31. - 41. Wandscherben verschiedener Gefäße ohne besonderen Aussagewert, ohne Abbildung

Fläche in der Nähe des Herdes I

42. Bruchstück eines graubraunen Tüllenlöffels. M 1.2, Taf. 2, 7

Fläche in der Nähe des Herdes V

43. Wandscherbe eines dunkelbraunen Gefäßes mit dreiecksförmiger Stempelverzierung. Die Außenseite ist mittelbraun engobiert. M 2.3, Taf. 2,8

Fläche zwischen Herd I und Herd II

44. Randscherbe eines becherförmigen Wirtschaftsgefäßes (B 2) mit nach außen gezogener, oben abgestrichener Lippe und unter dem Rand umlaufender Kerbreihe. R = 20 cm, H noch 7,8 cm, M 4.5, Taf. 3, 1
45. Randscherbe eines ockerbraunen Wirtschaftsgefäßes (W 3) mit oben unregelmäßig abgestrichener Lippe und breiter, waagrecht umlaufender Fingertupfenleiste. H noch 8,3 cm, M 3.5, Taf. 3, 2
46. Randscherbe eines ockerbraunen Wirtschaftsgefäßes (W 1) mit wulstförmig verdickter, abgerundeter Lippe. Am Halsansatz befindet sich eine getupfte Leiste. R = 26 cm, H noch 7,9 cm, M 2.4, Taf. 3, 3
47. Randscherbe eines ockerbraunen Wirtschaftsgefäßes (W 2) mit verdickter, oben abgerundeter Lippe. Am Hals befindet sich eine flache, umlaufende, flau getupfte Leiste. H noch 4,8 cm, M 1.3.4, Taf. 3, 4
48. Randscherbe eines dunkelbraunen Wirtschaftsgefäßes (W 2) mit abgesetzter, leicht gerundeter Lippe. Am Hals befindet sich eine liegend V-förmig gekerbte Leiste. R = 16 cm, H noch 4,4 cm, M 5, Taf. 3, 5
49. Randscherbe eines graubraunen Wirtschaftsgefäßes (W 2) mit oben abgestrichener Lippe und am Hals umlaufender, wechselständig getupfter Leiste. H noch 4,7 cm, M 3.4, Taf. 3, 6
50. Wandscherbe eines dunkelbraunen Wirtschaftsgefäßes mit umlaufender Tupfenreihe. H noch 6,9 cm, M 4.6, Taf. 3, 7
51. Randscherbe eines schwarzen Wirtschaftsgefäßes (W 2) mit leicht verdickter, oben wechselständig getupfter Lippe. Der Hals ist abgesetzt, darüber befindet sich eine umlaufende Tupfenreihe. H noch 8,4 cm, M 5, Taf. 3, 8
52. Randscherbe eines dunkelbraunen Wirtschaftsgefäßes (W 1) mit nach außen gezogener, oben flach abgestrichener Lippe. An der Wandung befindet sich eine waagrecht umlaufende, tiefe Riefe. H noch 6,6 cm, M 2.5, Taf. 3, 9
53. Wandscherbe eines ocker-braun gefleckten Gefäßes mit Tupfengruppe. H noch 5,7 cm, M 2, Taf. 3, 10
54. Zwei Randscherben eines mittelbraunen Wirtschaftsgefäßes (W 3) mit abgestrichener Lippe und umlaufend getupfter Leiste. H noch 4,2 cm, M 2.4.5, Taf. 3, 11
55. Bodenscherbe eines ockerbraunen Gefäßes mit steil einziehender Standfläche. B = 10,5 cm, H noch 6,5 cm, M 1.5, Taf. 3, 12
56. Teil eines dunkelbraunen Napfes (N 2) mit oben eingezogener Wandung und nach innen abgestrichener Lippe. Möglicherweise auch Bruchstück eines Tüllenlöffels (vgl. Nr. 41). R = 6 cm (falls Napf), H noch 3 cm, M 2.5, Taf. 3, 13
57. Wandscherbe eines graphitierten Kegelhalsgefäßes mit abgesetztem Hals. Auf der Schulter befindet sich ein durch rautenförmige Ritzmuster gebildetes Ornament (vielleicht zu kreuzweise schraffierten Dreiecken ergänzbar), der Zwischenraum nach unten wurde vor dem Brand mit einem rotorange brennenden Tonschlicker überzogen. Die gesamte Oberfläche ist poliert. H noch 2,5 cm, M 2, Taf. 3, 14
58. Teil eines gelbbraunen Trichters mit unten abgestrichener Mündung. D an der Mündung = 4,8 cm, H noch 2,2 cm, M 2. Der Scherben ist innen reduzierend, außen oxydierend gebrannt. Taf. 3,15
59. Boden eines dunkelbraunen Gefäßes mit einziehender Standfläche. B = 9 cm, H noch 2,0 cm, M 4.5, Taf. 3, 16
60. Randscherbe einer schwarzen Schüssel (S1c,mit sehr steilem Hals) mit nach außen schwach verdickter, oben abgerundeter Lippe. R = 17 cm, H noch 3,6 cm, M 2, Taf. 4, 1
61. Randscherbe einer schwarzen, polierten Schüssel (S 3) mit nach außen gezogener, oben gerundeter Lippe. R = 17 cm, H noch 3,6 cm, M 2.6, Taf.4,2
62. Randscherbe eines gelborangen Gefäßes, vermutlich einer Schüssel (S 7) mit abgesetzter, stark nach außen gezogener, oben abgestrichener Lippe. R = 18 cm, H noch 2,5 cm, M 2, Taf. 4, 3
63. Randscherbe eines dunkelbraunen Bechers (B 2) mit wandständigem Bandhenkel und nach außen verdickter, oben und außen wechselständig getupfter Lippe. R = 14 cm, H noch 11,7 cm, M 2.3.4.5, Taf. 4, 4
64. Randscherbe einer graphitierten, polierten Schüssel (S 7) mit abgesetzter, wulstartig verdickter Lippe. R = 15 cm, H noch 4,1 cm, M 2, Taf. 4, 5

65. Randscherbe einer schwarzen Schüssel (S 1c, mit steilem Hals) und nach außen gezogener, oben abgestrichener Lippe. Der Hals ist mit zwei schräg verlaufenden Parallelriefen verziert. R = 20 cm, H noch 5,1 cm, M 2, Taf. 4, 6
66. Randscherbe eines dunkelbraunen Bechers (B 1) mit nach außen gezogener, oben abgestrichener Lippe. R = 10 cm, H noch 8,1 cm, M 2, Taf. 4, 7
67. Randscherbe einer schwarzen Schale (Sch 1) mit leicht nach außen gezogener, nach innen abgerundeter Lippe. Die Innenseite ist mit einem schräg verlaufenden Riefenbündel verziert. R = 25 cm, H noch 6,5 cm, M 2, Taf. 4, 8
68. Teil eines graphitierten polierten Napfes (N 2) mit verdünnter, leicht gerundeter Lippe. R = 8,5 cm, H noch 4,6 cm, M 5, Taf. 4, 9
69. Teile einer graphitierten Schüssel (S 1a) mit nach außen gezogener, oben abgestrichener Lippe. R = 22,5 cm, H noch 6,2 cm, M 2.5, Taf. 4, 10
70. Teil eines schwarzen Napfes (N 3) mit nach außen abgestrichener Lippe. R = 5,5 cm, H noch 2,4 cm, M 2, Taf. 4, 11
71. Randscherbe einer graphitierten Schüssel (S 7) mit abgebogener, nach außen abgestrichener Lippe. H noch 3,9 cm, M 1, Taf. 4, 12
72. Randscherbe einer graphitierten Schüssel (S 7) mit nach außen schwach verdickter, oben abgestrichener Lippe. R = 23,5 cm, H noch 4,3 cm, M 2.5, Taf. 4, 13
73. Randscherbe einer graphitierten Schüssel (S 5b) mit abgerundeter Lippe. R = 14 cm, H noch 6,5 cm, M 2.5, Taf. 4, 14
74. Randscherbe einer graphitierten Schüssel (S 4) mit nach innen gerundeter Lippe. R = 17 cm, H noch 6,8 cm, M 2.5, Taf. 4, 15
75. Randscherbe einer ockerbraunen Schale mit nach innen zweifach abgesetzter, innen gekehlter Lippe. R = 22 cm, H noch 2,1 cm, M 2.4, Abb. 26,1
76. Randscherbe eines dunkelbraunen, dünnwandigen Wirtschaftsgefäßes mit oben gestauchter, wulstförmig verdickter Lippe und am Hals umlaufender Fingertupfenleiste. H noch 3,1 cm, M 2.4, ohne Abbildung
77. Geglühtes Lehmstück, ohne Abbildung

Fläche zwischen Herd IV und Herd V

78. Teil eines dunkelbraunen Napfes (N 2) mit nach innen gerundeter Lippe. R = 7,5 cm, H noch 5,6 cm, M 2, Taf. 5, 1
79. Randscherbe einer graphitierten Schüssel (S 3) oder eines Bechers (B 2) mit nach außen verdickter, oben abgestrichener Lippe. Die Schulter ist mit mindestens zwei parallel umlaufenden, eingeritzten Winkelbändern verziert. Zum Rand hin sind unregelmäßige Spitz- und Rundbögen angesetzt. R = 15 cm, H noch 3,0 cm, M 2, Taf. 5, 2
80. Randscherbe eines schwarzgrauen, dünnwandigen Wirtschaftsgefäßes mit oben trichterförmiger Wandung und wulstförmig verdickter, oben wechselständig getupfter Lippe. H noch 2,3 cm, M 2, Taf. 5, 3
81. Randscherbe einer graphitierten Henkelschale (Sch 1, mit oben sehr steiler Wandung) mit leicht oberständigem Wulsthenkel mit vierkantigem Querschnitt. Die Lippe war, soweit im Bruch erkennbar, nach außen schwach abgestrichen. R = 12 cm, H noch 5,2 cm, M 2.5, Taf. 5, 4
82. Randscherbe eines dunkelbraunen Gefäßes mit wulstartig verdickter, außen und nach innen abgesetzter Lippe. H noch 2,7 cm, M 2.3.4, Taf. 5, 5
83. Bruchstück eines gebrannten Lehmbrockens mit Halm- und Spelzabdrücken. Ohne Abbildung

Fläche in der Umgebung der Herde IV und V

84. Randscherbe einer graphitierten Schüssel (S 7) mit nach außen verdickter, leicht gerundeter Lippe. R = 20,5 cm, H noch 5,2 cm, M 2.5, Taf. 5, 6
85. Wandscherbe eines schwarzbraunen Wirtschaftsgefäßes mit wellenförmiger Leiste. H noch 7,4 cm, M 4.5, Taf. 5, 7
86. – 89. Vier gebrannte Lehmbruchstücke mit Halm- und Spelzeindrücken. Ohne Abbildung

„Südfuß" = südlicher Teil der Grabungsfläche

90. Randscherbe einer schwarzen Schale (Sch 3) mit gerundeter, innen abgestrichener Lippe. R = 16 cm, H noch 2,7 cm, M 2, Taf. 5, 9
91. Randscherbe eines ockerbraunen Bechers (B 2) mit nach außen verdickter, oben wechselständig getupfter Lippe. R = 13 cm, H noch 4,9 cm, M 2.3.4.5, Taf. 5, 10
92. Randscherbe einer graphitierten Schüssel (S 7) mit flach nach innen abgestrichener Lippe. R = 15 cm, H noch 2,7 cm, M 2, Taf. 5, 11
93. Randscherbe einer graubraunen Schüssel (S 7) mit nach außen gezogener, abgestrichener Lippe. R = 12,5 cm, H noch 3,6 cm, M 2, Taf. 5, 12
94. Teile einer dunkelbraunen Schüssel (S 4a) mit leicht gerundeter Lippe. R = 9 cm, B = 1,5 cm, H = 5,5 cm, M 2, Taf. 5, 13
95. Randscherbe einer dunkelbraunen Schale (Sch 3) mit abgerundeter Lippe. R = 14 cm, H noch 2,8 cm, M 2, Taf. 5, 14
96. Randscherbe einer polierten ockerfarbenen Schüssel (S 6) mit Innengraphitierung. Die Lippe läuft spitz zu und ist innen breit gerieft. R = 18 cm, H noch 4,8 cm, M 2, Taf. 5, 15
97. Randscherbe eines ockerbraunen Napfes (N 2) mit spitz zulaufender, nach innen gerundeter Lippe. Unter dem Rand befindet sich ein aus hängenden Dreiecken gebildetes, geritztes, umlaufendes Band. Ein Dreieck läuft an der unteren Spitze in gegenständige Endbögen aus. R = 10 cm, H noch 2,2 cm, M 2, Taf. 6, 1
98. Randscherbe eines ockerbraunen Gefäßes mit leicht verdickter, schwach nach innen abgestrichener Lippe. H noch 2,2 cm, M 3.4, Taf. 6, 2
99. und **100.** Zwei Randscherben eines graphitierten Gefäßes mit leicht verdickter, oben abgestrichener Lippe. H noch 1,9 cm, M 2, Taf. 6, 3
101. und **102.** Zwei Randscherben eines gelbbraunen Gefäßes, wohl eines Bechers (B 4) mit leicht wulstartig nach außen verdickter, oben abgerundeter Lippe. H noch 2,5 cm, M 0, Taf. 6, 4
103. Randscherbe einer schwarzbraunen Schüssel (S 3, Oberteil flau abgesetzt) mit nach innen gerundeter Lippe. H noch 2,7 cm, M 2, Taf. 6, 5
104. Randscherbe eines orangegelben Gefäßes mit steilem Rand und nach innen schwach gerundeter Lippe. H noch 2,7 cm, M 2.4. Taf. 6, 6
105. Randscherbe eines dunkelbraunen Gefäßes mit steilem Hals und nach außen verdickter, abgerundeter Lippe. H noch 3,3 cm, M 2, Taf. 6, 7
106. Randscherbe eines dickwandigen, dunkelbraunen Gefäßes, wohl mit kegelförmigem Hals und nach außen gezogener, abgerundeter Lippe. H noch 3,6 cm, M 1.2, Taf. 6, 8
107. Randscherbe einer graphitierten Schüssel (S 7) mit beidseitig verdickter, oben gerundeter Lippe. R = 18 cm, H noch 4,2 cm, M 2, Taf. 6, 9
108. Randscherbe einer graphitierten Schüssel (S 3) mit kurzer, nach innen breit abgestrichener Lippe. H noch 3,1 cm, M 2.3, Taf. 6, 10
109. Randscherbe eines ockerfarbenen Bechers (B 3) mit leicht verdickter, oben flach abgestrichener Lippe. H noch 4,3 cm, M 1. Taf. 6, 11
110. Randscherbe einer graphitierten Schale (Sch 1) mit oben abgestrichener Lippe. H noch 4,5 cm, M 2, Taf. 6, 12
111. Bodenscherbe eines orangebraunen Gefäßes. H noch 2,7 cm, M 3.4, Taf. 6, 13
112. Wandscherbe eines graugelben Gefäßes mit vermutlich umlaufender, wechselständig getupfter Leiste. H noch 3,2 cm, M 4.5, Taf. 6, 14
113. Randscherbe eines ockerbraunen Wirtschaftsgefäßes (W 3) mit nach außen verdickter, oben flach wechselständig getupfter Lippe. Am Hals befindet sich eine flache, umlaufende Tupfenreihe. H noch 4,3 cm, M 2.3.4, Taf. 6, 15
114. Randscherbe eines dunkelbraunen Wirtschaftsgefäßes (W 2) mit steil abgesetzter, oben wechselständig getupfter Lippe. H noch 3,9 cm, M 2.5, Taf. 6, 16

115. Randscherbe eines rötlichbraunen Wirtschaftsgefäßes (W 2) mit wulstartig verdickter, oben wechselständig getupfter Lippe. R = 32 cm, H noch 4,4 cm, M 5, Taf. 6, 17
116. Wandscherbe eines gelbbraunen Gefäßes mit querstrichgesäumten Riefengruppen. H noch 3,0 cm, M 2, Abb. 26, 2
117. Randscherbe eines mittelbraunen Gefäßes mit geschwungenem Hals und oben getupfter Lippe. M 2.4, ohne Abbildung
118. Randscherbe eines orangebraunen Gefäßes mit nach innen gerundeter Lippe. M 2.4, ohne Abbildung
119. Randscherbe eines schwarzen Gefäßes mit nach innen gerundeter, verdickter Lippe. M 2, ohne Abbildung
120. Randscherbe eines schwarzen, dickwandigen Gefäßes mit verdickter, abgerundeter Lippe. M 2.3.4, ohne Abbildung
121. Randscherbe eines ockerbraunen Gefäßes mit nach außen und innen abgestrichener, nach außen verdickter, oben wechselständig getupfter Lippe. M 3.4, ohne Abbildung
122. Wandscherbe eines ockerbraunen Wirtschaftsgefäßes mit umlaufender, getupfter Leiste. M 3.4, ohne Abbildung
sowie weitere Wandscherben ohne besonderen Aussagewert

Funde vom „Nördlichen Block"

123. Randscherbe eines dunkelbraunen Kegelhalsgefäßes mit wulstartig verdickter, außen abgerundeter Lippe. R = 20 cm, H noch 4,6 cm, M 4.5, Taf. 6, 18
124. Teil eines schwarzbraunen Bandhenkels mit verdickten Rändern. M 2, Taf. 6, 19
125. Wandscherbe eines dunkelbraunen Gefäßes mit Henkelansatz. H noch 4,7 cm, M 2, Taf. 6, 21
126. Randscherbe eines graphitierten Bechers mit steiler, oben eingestrichener Wandung und oben abgestrichener, innen abgesetzter Lippe. H noch 4,3 cm, M 2, Taf. 6, 22
127. Randscherbe eines graphitierten Gefäßes mit steilem Kegelhals und abgebogener, innen abgesetzter, außen gerundeter Lippe. H noch 3,5 cm, M 2, Taf. 6, 23
128. Randscherbe einer orangebraunen Schüssel (S 5a) mit leicht gerundeter Lippe. R = 18 cm, H noch 3,4 cm, M 6, innen reduzierend, außen oxydierend gebrannt, Taf. 6, 24
129. Teile einer dunkelbraunen Schüssel (S 5b) mit oben flach abgestrichener Lippe. R = 17 cm, H noch 4,8 cm, M 2, Taf. 6, 25
130. Randscherbe einer dunkelbraunen Schale (Sch 2) mit oben flach abgestrichener Lippe. H noch 3,3 cm, M 2.5, Taf. 6, 20
131. Randscherbe einer gelbbraunen Tasse mit Trichterhals und nach außen gezogener, oben abgestrichener Lippe. H noch 3,2 cm, M 2, Abb. 26, 4

Funde „westlich des Blocks A/B"

132. Flache, ockerbraune kleine Tonscheibe mit geglätteten Kanten. D = 3,5 cm, M 2, Taf. 6,26
133. Wandscherbe eines orangebraunen Wirtschaftsgefäßes mit wechselständig getupfter Leiste. H noch 3,1 cm, M 3.4, Taf. 6, 27
134. Bodenscherbe eines dunkelbraunen Gefäßes mit Standfuß. B = 4,5 cm, H noch 2,1 cm, M 2, Taf. 6, 30

Funde „westlich des Blocks B"

135. Randscherbe eines ockerbraunen Wirtschaftsgefäßes (W 2) mit nach außen verdickter, oben abgestrichener Lippe. H noch 2,6 cm, M 2, Taf. 6, 28
136. Randscherbe eines mittelbraunen, steilwandigen Gefäßes, wohl eines Bechers (B 4) mit nach außen verdickter Lippe und Tupfenverzierung. H noch 3,4 cm, M 2, Taf. 6, 29

Funde „westlich des Blocks A"

137. Randscherbe einer ockerbraunen Schüssel (S 4) mit oben flach abgestrichener, nach innen gerundeter Lippe. R = 19 cm, H noch 5,4 cm, M 2, Taf. 15, 24

Funde aus dem Abraum

138. Wandscherbe eines rötlichbraunen Wirtschaftsgefäßes mit umlaufender, wechselständig getupfter Leiste. H noch 4,8 cm, M 4.5, Brand innen reduzierend, außen oxydierend, Taf. 7, 1
139. Randscherbe eines gelbbraunen Gefäßes mit oben steiler Wandung und gerundeter Lippe. H noch 3,6 cm, M 1.3, Taf. 7, 2
140. Randscherbe einer graphitierten Schale (Sch 3) mit nach innen gerundeter Lippe. H noch 3,3 cm, M 2, Taf. 7, 3
141. Randscherbe einer schwarzgrauen Schüssel (S 7) mit nach außen gezogener, nach innen verdickter, oben leicht gerundeter Lippe. H noch 3,2 cm, M 2, Taf. 7, 4
142. Randscherbe eines graubraunen Gefäßes (S 3 oder B 3) mit oben leicht gerundeter Lippe. H noch 3,0 cm, M 2, Taf. 7, 5
143. Randscherbe eines gelbbraunen Wirtschaftsgefäßes mit verdickter, nach außen und nach innen abgestrichener, oben gerundeter Lippe. H noch 3,3 cm, M 1, Taf. 7, 6
144. Randscherbe einer graphitierten Schüssel (S 8) mit nach innen flach abgestrichener Lippe. H noch 2,9 cm, M 2, Taf. 7, 7
145. Randscherbe eines graphitierten Kegelhalsgefäßes mit kurzer, trichterförmig abgesetzter, spitz zulaufender Lippe. H noch 2,5 cm, M 2, Taf. 7, 8
146. Randscherbe eines graphitierten Schälchens (Sch 3) mit oben flach abgestrichener Lippe. H noch 2,2 cm, M 2, Taf. 7, 9
147. Randscherbe einer orangebraunen Schüssel (Sch 2) mit nach innen gerundeter Lippe. R = 17 cm, H noch 4,3 cm, M 2, Scherbe innen reduzierend, außen oxydierend gebrannt, Taf. 7, 10
148. Wandscherbe eines graubraunen Gefäßes mit umlaufender, wellenförmig getupfter Leiste. H noch 4,3 cm, M 5, Taf. 7, 11
149. Randscherbe einer graphitierten, bauchigen Schüssel mit nach außen gezogener, oben gerundeter Lippe. R = 19 cm, H noch 3,7 cm, M 2, Taf. 7, 13
150. Bodenscherbe eines ockerbraunen Gefäßes mit einschwingender Standfläche. H noch 3,7 cm, M 6, Taf. 7, 14
151. Randscherbe eines graphitierten Gefäßes mit geschwungenem Oberteil und nach außen gezogener, oben abgestrichener Lippe. H noch 2,1 cm, M 2, ohne Abbildung
152. Randscherbe einer graphitierten Schüssel (S 4a) mit oben abgestrichener Lippe. Die Außenwand ist durch längsovale, seichte Eintupfungen verziert. Das Gefäß ist scheibengedreht. R = 20 cm, H noch 4,8 cm, M 5, Taf. 8, 13
153. Randscherbe eines dunkelbraunen Gefäßes mit kurzer, oben gerundeter, innen abgesetzter Lippe. H noch 3,6 cm, M 2, Abb. 26, 5
154. Randscherbe eines ockerbraunen Gefäßes mit oben wechselständig getupfter Lippe. M 1.2, ohne Abbildung
155. Randscherbe eines dunkelbraunen Gefäßes mit oben abgestrichener Lippe. M 2, ohne Abbildung
156. Randscherbe eines graphitierten Gefäßes mit oben gerundeter Lippe. M 2, ohne Abbildung
157. Randscherbe eines graphitierten Kegelhalsgefäßes mit trichterförmig abgebogener, spitz zulaufender Lippe. M 2, ohne Abbildung

Funde aus Nachlesen

158. Randscherbe eines graphitierten Gefäßes mit steilem Kegelhals und nach außen gezogener, oben flach abgestrichener Lippe. H noch 3,1 cm, M 1.2, Taf. 7, 12

159. Randscherbe eines dunkelbraunen Gefäßes mit oben steiler Wandung und wulstartig verdickter, oben abgestrichener Lippe. H noch 3,3 cm, M 4.5, Taf. 7, 15
160. Randscherbe eines graphitierten, polierten Bechers (B 1) mit abgerundeter Lippe. R = 21 cm, H noch 6,5 cm, M 2, Taf. 7, 16
161. Randscherbe einer rötlichen Schüssel (S 2a) mit abgerundeter Lippe. R = 16,5 cm, H noch 5,5 cm, M 2, Brand innen reduzierend, außen oxydierend, Taf. 7, 17
162. Wandscherbe eines schwarzen Gefäßes mit mindestens vier nebeneinanderliegenden Punktdellen. H noch 5,0 cm, M 1.3.4, Taf. 7, 13
163. Randscherbe einer dunkelbraunen Schüssel (S 4, mit sehr kurzem Oberteil) mit oben abgestrichener Lippe und umlaufend eingestempelten, langschmalen Dreiecken. H noch 3,9 cm, M 4, Taf. 7, 19
164. Randscherbe einer ockerbraunen Schüssel (S 3) mit nach innen abgestrichener, abgesetzter Lippe. H noch 4,1 cm, M 2, Brand innen reduzierend, außen oxydierend, Taf. 7, 20
165. Randscherbe eines schwarzen Wirtschaftsgefäßes (W 2) mit nach außen gezogener, oben gerundeter Lippe. H noch 2,6 cm, M 4, Taf. 4, 21
166. Randscherbe eines mittelbraunen Wirtschaftsgefäßes (W 2) mit leicht verdickter, oben getupfter Lippe. H noch 3,1 cm, M 2.3.4, Taf. 7, 22
167. Randscherbe einer graphitierten Schüssel (S 8) mit leicht nach außen verdickter, nach innen gerundeter Lippe. R = 19 cm, H noch 4,2 cm, M 2.5, Taf. 7, 23
168. Randscherbe einer mittelbraunen Schüssel (S 7) mit nach außen gebogener, außen und innen abgesetzter, oben gerundeter Lippe. R = 12,5 cm, H noch 5,6 cm, M 2, Taf. 7, 24
169. Wandscherbe eines graphitierten Gefäßes mit vermutlich kegelförmigem Hals. Auf der Schulter ist ein leiterförmig schraffiertes, doppelliniges Winkelband eingeritzt und weiß inkrustiert. D am Bauch = 23 cm, H noch 3,4 cm, M 2, Taf. 7, 25
170. Randscherbe einer graphitierten Schüssel (S 5a) mit nach innen gerundeter Lippe. R = 23 cm, H noch 3,5 cm, M 2.5, Taf. 7, 26
171. Wandscherbe eines schwarzbraunen Schälchens (Sch 3). D am Halsabsatz = 9,5 cm, H noch 3,4 cm, M 2, Taf. 7, 27
172. Randscherbe einer graphitierten Schüssel (S 7) mit schwach T-förmig verdickter, oben flach abgestrichener Lippe. R = 22 cm, H noch 4,6 cm, M 2, Taf. 8, 1
173. Wandscherbe eines graubraunen Gefäßes mit Henkelansatz. H noch 4,1 cm, M 2, Taf. 8, 2
174. Randscherbe einer graphitierten Schüssel (S 4) mit oben abgerundeter Lippe. R = 25 cm, H noch 5,3 cm, M 1.2, Taf. 8, 3
175. Randscherbe einer gelbbraunen Schale (Sch 2) mit oben gerundeter Lippe. R = 24 cm, H noch 5,6 cm, M 1, Taf. 8, 4
176. Randscherbe eines graphitierten Napfes (N 2) oder einer Schüssel (S 5a) mit nach außen gebogener, oben abgestrichener, nach innen gerundeter Lippe. H noch 2,0 cm, M 0, Taf. 8, 5
177. Randscherbe einer orangebraunen Schüssel (S 6) mit oben abgestrichener Lippe. H noch 3,3 cm, M 2.4, Taf. 8, 6
178. Teil eines schwarzen Spinnwirtels mit flachkonisch erweitertem Loch. D = 4,7 cm, H = 2,4 cm, M 2, Taf. 8, 7
179. Drei Randscherben eines rostbraunen Wirtschaftsgefäßes (W 4) mit leicht gerundeter, außen schwach abgesetzter Lippe. Der Hals ist mit umlaufenden Fingertupfen verziert. R = 24,5 cm, H noch 4,8 cm, M 5, Taf. 8, 8
180. Randscherbe einer orangebraunen Schüssel (S 4). R = 16 cm, H noch 4,4 cm, M 2.6, Brand innen reduzierend, außen oxydierend, Taf. 8, 9
181. Randscherbe einer graugelben Schüssel (S 5b) mit gerundeter Lippe. R = 17,5 cm, H noch 4,5 cm, M 2.6, Taf 8, 10
182. Randscherbe einer mittelbraunen Schüssel (S 8) mit abgerundeter Lippe. R = 19,5 cm, H noch 4,7 cm, M 2, Taf. 8, 11
183. Randscherbe eines mittelbraunen Gefäßes mit eingezogenem Oberteil und nach innen abgestrichener, innen getupfter und abgesetzter Lippe. H noch 3,3 cm, M 2.4, Taf. 8, 12
184. Randscherbe eines dunkelbraunen Gefäßes mit geschwungenem Hals (?). M 5, ohne Abbildung
185. Randscherbe eines mittelbraunen Gefäßes mit geschwungenem Hals und oben getupfter Lippe. M 2, ohne Abbildung
186. Randscherben eines dünnwandigen, graphitierten Gefäßes mit steilem Hals und oben abgerundeter Lippe. M 2, ohne Abbildung
187. Wandscherbe ohne besonderen Aussagewert

Funde vom „Block A"

188. Randscherbe einer ockerbraunen Schüssel (S 8) mit undeutlich abgesetzter, gerundeter Lippe. R = 32 cm, H noch 5,9 cm, M 1.5, Taf. 9, 1
189. Randscherbe einer graphitierten Schüssel (S 5b) mit gerundeter Lippe. R = 16 cm, H noch 4,7 cm, M 2, Taf 9, 2
190. Randscherbe eines orangebraunen Wirtschaftsgefäßes (W 2) mit verdickter, oben wechselständig getupfter Lippe. H noch 3,3 cm, M 3.4, Taf. 9, 3
191. Randscherbe eines ockerbraunen Wirtschaftsgefäßes mit nach außen verdickter, oben wechselständig getupfter Lippe. H noch 3,1 cm, M 2.3.4, Taf. 9, 4
192. Wandscherbe eines mittelbraunen Wirtschaftsgefäßes mit umlaufender, wellenförmiger Leiste. H noch 6,3 cm, M 5, Taf. 9, 5
193. Wandscherbe eines graphitierten Gefäßes mit abgesetztem Kegelhals. D am Halsabsatz = 33 cm, H noch 2,9 cm, M 2, Taf. 9, 6

Funde aus der Probegrabung Gumperts

Die nachfolgend aufgeführten Funde entstammen einer nicht näher lokalisierbaren Grabung C. Gumperts östlich der eigentlichen Grabungsfläche im Jahr 1926.

194. Teil einer graphitierten Schüssel (S 4) mit nach außen verdickter, oben abgestrichener Lippe. R = 18 cm, H noch 6,8 cm, M 5, Taf. 9, 7
195. Randscherbe einer schwarzen, steilwandigen Schüssel mit kurzem, eingezogenem Rand und oben unregelmäßig abgestrichener, innen seicht geriefter Lippe. R = 14,5 cm, H noch 4,9 cm, M 2, Taf. 9, 8
196. Randscherbe einer ockerbraunen Schüssel (S 7) mit wulstartig abgesetzter Lippe. R = 15 cm, H noch 4,7 cm, M 2, Taf. 9, 9
197. Randscherbe einer graphitierten Schüssel (S 5b) mit außen schwach abgestrichener Lippe. R = 17,5 cm, H noch 5,5 cm, M 5, Taf. 9, 10
198. Randscherbe einer ockerbraunen Schüssel mit oben eingezogener Wandung und trichterförmig abgebogener, kurzer Lippe. R = 19 cm, H noch 3,4 cm, M 2, Taf. 9, 11
199. Randscherbe eines graubraunen Wirtschaftsgefäßes (W 3) mit gerundeter Lippe. Unter dem Hals befindet sich eine umlaufende Leiste. H noch 4,1 cm, M 2, Taf. 9, 12
200. Wandscherbe eines schwarzen Wirtschaftsgefäßes mit aufgesetzter, einseitig grob getupfter Leiste. H noch 3,3 cm, M 5, Taf. 9, 13
201. – 203. Drei gebrannte Lehmstücke, ohne Abbildung
204. Wandscherbe eines braunschwarzen Gefäßes mit grob verstrichener Außenseite. M 1.2, ohne Abbildung
205. Eine Wandscherbe des unter Katalognummer 190 beschriebenen Gefäßes. Ohne Abbildung
206. Ein Teil des unter Katalognummer 7 beschriebenen Gefäßes. Ohne Abbildung

Fläche zwischen den Herden VI und VII

207. Wandscherbe eines hellockerfarbenen Wirtschaftsgefäßes mit vermutlich wellenförmig aufgesetzter Leiste. H noch 4 cm, M 2, Taf. 5, 8

Fläche in der Umgebung der Herde VI und VII

208. Randscherbe einer ehemals graphitierten Schüssel (S 4) mit oben schwach abgestrichener Lippe. Unter dem Rand befindet sich eine geometrische Einritzung. R = 13 cm, H noch 4,9 cm, M 2, Taf. 2, 9
209. Randscherbe eines hohen, ockerbraunen Bechers (B 2) mit nach außen verdickter, oben gerundeter, außen und innen abgesetzter Lippe. Unter dem Rand befindet sich eine umlaufende Kerbreihe. R = 19 cm, H noch 8,1 cm, M 2, Taf. 2, 11
210. Randscherbe einer graphitierten Schüssel (S 4a) mit oben abgestrichener Lippe. R = 18 cm, H noch 4,9 cm, M 2.5, Taf. 2, 12
211. Randscherbe eines rötlichbraunen Gefäßes mit kegelförmigem Hals und nach außen gebogener, leicht verdickter, gerundeter Lippe. R = 13 cm, H noch 3,5 cm, M 4.5, Taf. 2, 10
212. Randscherbe einer graphitierten Schüssel (S 7) mit oben abgestrichener Lippe. H noch 4,6 cm, M 2, Taf. 2, 13
213. Randscherbe eines ockerbraunen Wirtschaftsgefäßes (W 2) mit wulstartig verdickter, gerundeter Lippe und am Hals umlaufender, wechselständig getupfter Leiste. H noch 5,1 cm, M 4.5, Taf. 2, 14
214. Wandscherbe eines ockerbraunen Wirtschaftsgefäßes mit umlaufenden, seichten Einkerbungen. H noch 3,7 cm, M 3.4, Taf. 2, 15
215. Kreisrundes, mittelbraunes Tonscheibchen mit schlecht verstrichenem Rand. D = 3,8 cm, M 1.3, Taf. 2, 16
216. Wandscherbe eines dunkelbraunen Wirtschaftsgefäßes mit umlaufend getupfter Leiste. M 1.2, Taf. 2, 17
217. Wandscherbe eines dunkelbraunen Gefäßes mit aufgesetzter Leiste. M 2.3.4, ohne Abbildung
218. Eine Randscherbe des unter Katalognummer 69 beschriebenen Gefäßes. Ohne Abbildung

Funde ohne nähere Herkunftsangabe

Die folgend aufgeführten Funde entstammen zwar alle der Ausgrabung „Oberasbach-Altenberg", tragen jedoch keine weiteren erläuternden Beschriftungen. Zum Teil können Funde aus den überdeckenden Schichten darunter sein.

219. Randscherbe einer graphitierten Schüssel (S 7) mit abgebogener, spitz zulaufender, innen abgesetzter Lippe. Auf der Außenseite ist ein aus stehenden, rautenförmig schraffierten Dreiecken gebildetes Muster eingeritzt, teilweise sind noch Spuren einer weißen Inkrustierung vorhanden. R = 26 cm, H noch 3,9 cm, M 2, Taf. 10, 1
220. Randscherbe einer dunkelbraunen Schüssel (S 3) mit nach innen gerundeter Lippe. H noch 2,8 cm, M 2, Taf. 10, 2
221. Randscherbe einer graphitierten Schüssel (S 4) mit oben abgerundeter Lippe. R = 24,5 cm, H noch 9,1 cm, M 2, Taf. 10, 3
222. Wandscherbe der unter Katalognummer 65 beschriebenen Kegelhalsschüssel. Ohne Abbildung (siehe Taf. 4, 10)
223. Randscherbe einer graphitierten Schüssel (S 7) mit oben abgestrichener Lippe. R = 21,5 cm, H noch 4,1 cm, Taf. 10, 4
224. Randscherbe eines ockerbraunen Schüsselchens (S 6) mit leicht nach innen abgestrichener Lippe. R = 9,5 cm, H noch 4,4 cm, M 2, Taf. 10, 5
225. Randscherbe einer schwarzen Schüssel (S 4) mit nach innen gerundeter Lippe. R = 22 cm, H noch 4,7 cm, M 2.5, Taf. 10, 6
226. Randscherbe eines schwarzen Bechers (B 2) mit nach innen gerundeter Lippe. R = 11 cm, H noch 4,6 cm, M 2, Taf. 10, 7
227. Randscherbe einer graphitierten Schüssel (S 4, mit langem Oberteil) mit oben gerundeter, außen und innen abgesetzter Lippe. Knapp unter dem Rand befindet sich ein eingeritztes, umlaufendes Winkelband. An dieses schließt sich nach unten ein geometrisches Ritzmuster an. R = 19 cm, H noch 4,5 cm, M 2, Taf. 10, 8
228. Randscherbe eines dunkelbraunen Schüsselchens (S 4, mit kurzem Hals) mit nach innen gerundeter Lippe. R = 12 cm, H noch 3,6 cm, M 2, Taf. 10, 9
229. Randscherbe einer graphitierten Schüssel (S 4a) mit oben flach abgestrichener Lippe. R = 20 cm, H noch 5,1 cm, M 2, Taf. 10, 10
230. Randscherbe einer schwarzen Schüssel (S 4, atypische Variante) mit oben flach abgestrichener Lippe. H noch 4,1 cm, M 5, Taf. 10, 11
231. Randscherbe einer dunkelbraunen Schüssel (S 7) mit nach innen gerundeter Lippe. H noch 3,6 cm, M 2, Taf. 10, 12
232. Randscherbe einer graphitierten Schüssel (S 7) mit spitz zulaufender, innen gerundeter Lippe. H noch 3,2 cm, M 2, Taf. 10, 13
233. Randscherbe einer graphitierten Schüssel (S 6) mit gerundeter Lippe. R = 22 cm, H noch 5,4 cm, M 2, Taf. 10, 14
234. Randscherbe eines schwarzen Schüsselchens (S 7) mit schwach nach außen gezogener, oben flach abgestrichener Lippe. H noch 2,5 cm, M 2, Taf. 10, 15
235. Randscherbe eines schwarzen Schüsselchens (S 7) mit nach innen abgestrichener Lippe. H noch 2,4 cm, M 2, Taf. 10, 16
236. Randscherbe einer graphitierten polierten Schüssel (S 8) mit nach innen gerundeter Lippe. H noch 2,8 cm, M 4.5, Taf. 10, 17
237. Randscherbe einer hellockerfarbenen Schüssel (S 7) mit abgerundeter Lippe. R = 17 cm, H noch 3,6 cm, M 2, Brand innen reduzierend, außen oxydierend, Taf. 11, 1
238. Randscherbe einer graphitierten Schüssel (S 6) mit nach innen gerundeter Lippe. R = 17 cm, H noch 3 cm, M 2, Taf. 11, 2
239. Randscherbe einer schwarzen, polierten Schüssel (S 5b) mit nach innen abgerundeter Lippe. R = 17 cm, H noch 3,9 cm, M 2.5, Taf, 11,3
240. Randscherbe einer schwarzbraunen Schüssel mit steilem Oberteil und nach innen gerundeter Lippe. R = 16 cm, H noch 3,2 cm, M 2, Taf. 11, 4
241. Randscherbe einer graphitierten, polierten Schüssel (S 5b) mit oben gerundeter Lippe. R = 19 cm, H noch 4,4 cm, M 2.5, Taf. 11, 5
242. Randscherbe einer schwarzen Schüssel (S 3) mit nach außen verdickter, oben abgestrichener Lippe. R = 13 cm, H noch 3,5 cm, M 5, Taf. 11, 6
243. Randscherbe einer graphitierten Schüssel (S 5b) mit nach innen gerundeter Lippe. R = 18 cm, H noch 4,1 cm, M 2, Taf. 11, 7
244. Randscherbe eines graphitierten, polierten Schüsselchens (S 5a) mit oben abgestrichener Lippe. R = 10 cm, H noch 3,2 cm, M 5, Taf. 11, 8
245. Randscherbe einer hellbraunen Schüssel (S 7) mit nach außen gezogener, nach innen gerundeter und verdickter Lippe. R = 17,5 cm, H noch 3,3 cm, M 2.5, Taf. 11, 9
246. Randscherbe eines graphitierten, polierten Schüsselchens (S 3) mit nach außen gezogener, nach innen abgestrichener Lippe. R = 10 cm, H noch 3 cm, M 2.5, Taf. 11, 10
247. Randscherbe einer graphitierten, polierten Schüssel (S 8) mit oben abgerundeter Lippe. R = 19 cm, H noch 3,7 cm, M 2, Taf. 11, 11
248. Randscherbe eines schwarzen Schüsselchens (S 4) mit nach innen abgestrichener Lippe. R = 12 cm, H noch 2,5 cm, M 2, Taf. 11, 12
249. Zwei Randscherben einer graphitierten, polierten Schüssel (S 5, atypische Variante) mit abgebogener, leicht verdickter, nach außen abgestrichener Lippe. R = 20 cm, H noch 3,2 cm, M 2.5, Taf. 11, 13 (nur eine Scherbe abgebildet!)
250. Zwei Randscherben einer graphitierten, polierten Schüssel (S 5a) mit leicht verdickter, nach außen abgestrichener Lippe. H noch 2,0 cm, M 2, Taf. 11, 14
251. Randscherbe einer graphitierten, polierten Schüssel (S 5a) mit nach außen gerundeter Lippe. H noch 2,1 cm, M 2.5, Taf. 11, 15
252. Randscherbe eines graugelben Napfes (N 2, atypische Form) mit leicht verdickter, nach innen abgestrichener Lippe. H noch 2,3 cm, M 2, Taf. 11, 16
253. Randscherbe einer schwarzen Schüssel (S 8) mit abgebogener, nach außen abgestrichener, innen abgesetzter Lippe. R = 23 cm, H noch 2,9 cm, M 2.5, Taf. 11, 17
254. Randscherbe einer dunkel- ockerbraun gefleckten Schüssel (S 7) mit nach innen gerundeter Lippe. H noch 3,1 cm, M 2, Taf. 11, 18
255. Randscherbe eines graphitierten, polierten Schüsselchens (S 7) mit nach innen gerundeter Lippe. H noch 2,9 cm, M 5, Taf. 11, 19
256. Randscherbe einer schwarzbraunen, bauchigen Schüssel (S 7) mit nach innen gerundeter Lippe. H noch 2,4 cm, M 2, Taf. 11, 20

257. Randscherbe einer schwarzen Schüssel (S 5b) mit nach außen abgestrichener Lippe. R = 21 cm, H noch 3,9 cm, M 2, Taf. 11, 21
258. Randscherbe einer dunkelbraunen Schüssel (S 4a) mit oben abgestrichener Lippe. H noch 3,8 cm, M 2.4.5, Taf. 11, 22
259. Randscherbe einer ockerbraunen Schüssel (S 6) mit abgerundeter Lippe. H noch 3,7 cm, M 2, Taf. 11, 23
260. Randscherbe einer dunkelbraunen Schüssel mit steilwandigem, leicht einziehendem Oberteil und nach innen gerundeter Lippe. H noch 3,2 cm, M 2.5, Taf. 11, 24
261. Randscherbe einer dunkelbraunen Schüssel (S 5b) mit nach innen gerundeter Lippe. R = 25 cm, H noch 4,1 cm, M 2, Taf. 12, 1
262. Randscherbe einer schwarzen, polierten Schüssel (S 6) mit gerundeter, innen abgesetzter Lippe. H noch 2,9 cm, M 2.5, Taf. 12, 2
263. Randscherbe einer schwarzen Schüssel (S 7) mit nach innen gerundeter Lippe. R = 26 cm, H noch 3,9 cm, M 2.5, Taf. 12, 3
264. Randscherbe einer graphitierten Schüssel (S 4a) mit oben flach abgestrichener Lippe. H noch 4,3 cm, M 2.5, Taf. 12,4
265. Randscherbe einer orangebraunen Schüssel (S 5a) mit abgestrichener Lippe R = 24 cm, H noch 3,4 cm, M 2, Taf. 12, 5
266. Randscherbe einer schwarzen Schüssel (S 4) mit oben abgerundeter Lippe. R = 25 cm, H noch 4,3 cm, M 2.5, Taf. 12, 6
267. Randscherbe einer graphitierten Schale (Sch 1) mit oben abgerundeter Lippe. R = 22 cm, H noch 3,6 cm, M 2, Taf. 12, 7
268. Randscherbe eines dunkelbraunen Bechers (B 3) mit oben schwach gerundeter Lippe. R = 17 cm, H noch 4,5 cm, M 2.3, Taf. 12, 8
269. Randscherbe einer ockergrauen Schüssel (S 6) mit wellenförmigem, oben abgestrichenem Rand. R = 13 cm, H noch 4,1 cm, M 2, Brand innen reduzierend, außen oxydierend, Taf. 12, 9
270. Randscherbe einer graphitierten, polierten Schüssel (S 1c) mit schwach nach außen gezogener, nach innen gerundeter Lippe. R = 24 cm, H noch 3,7 cm, M 2.5, Taf. 12, 10
271. Randscherbe eines graphitierten Gefäßes mit steilem Hals und leicht abgebogener, oben abgestrichener Lippe. H noch 2,8 cm, M 2.5, Taf. 12, 11
272. Randscherbe eines ockerbraunen Gefäßes, vermutlich einer Schüssel (S 1b) mit oben abgestrichener Lippe. H noch 2,6 cm, M 2, Taf. 12, 12
273. Randscherbe eines schwarzen Gefäßes, vermutlich einer Schüssel (S 1b) oder eines großen Bechers (B 3) mit abgerundeter Lippe. R = 23 cm, H noch 3,4 cm, M 3.4.5, Taf. 12, 13
274. Randscherbe eines schwarzen Gefäßes, vermutlich einer Schüssel (S 1b) mit oben flach abgestrichener Lippe. H noch 3,6 cm, M 2 4.5, Taf. 12, 14
275. Randscherbe eines dunkelbraunen Gefäßes, vermutlich einer Schüssel (S 1b) mit oben abgerundeter Lippe. H noch 3,5 cm, M 2.3.4, Taf. 12, 15
276. Randscherbe eines schwarzen Gefäßes, wohl einer Kegelhalsschüssel mit oben unregelmäßig abgestrichener Lippe. H noch 3,2 cm, M 2, Taf. 12, 16
277. Randscherbe einer dunkelbraunen Schüssel (S 1b) mit nach innen gerundeter Lippe. R = 15,5 cm, H noch 3,4 cm, M 2, Taf. 12, 17
278. Randscherbe einer graphitierten Schüssel (S 2) mit abgerundeter Lippe. R = 16 cm, H noch 3,4 cm, M 2, Taf. 12, 18
279. Teile eines graphitierten, polierten Kegelhalsgefäßes mit hohem Halsteil und oben abgestrichener Lippe. R = 15 cm, H noch 6,9 cm, M 2.5, Taf. 13, 1
280. Randscherbe einer schwarzen, kleinen Kegelhalsschüssel (S 1) mit schwach abgebogener, abgerundeter Lippe. R = 11,5 cm, H noch 3,2 cm, M 2, Taf. 13, 2
281. Randscherbe eines dunkelbraunen Kegelhalsgefäßes mit abgebogener, leicht nach außen verdickter, nach innen gerundeter Lippe. H noch 4,0 cm, M 2.5, Taf. 13, 3
282. Teil eines dunkelbraunen, kleinen Napfes (N 3) mit abgestrichener Lippe. R = 7,5 cm, H noch 3,9 cm, B = 3,5 cm, M 1.2, Taf. 13, 22
283. Wandscherbe einer graphitierten, bauchigen Schüssel mit steilem Hals. H noch 3,2 cm, M 2, Taf. 13, 5
284. Randscherbe einer graphitierten Schale (Sch 1) mit nach innen gerundeter Lippe. R = 14,5 cm H noch 5,3 cm, M 2, Taf. 13, 6
285. Randscherbe einer schwarzen Schale (Sch 1) mit oben abgestrichener Lippe. R = 17,5 cm, H noch 5,2 cm, M 2, Taf. 13, 7
286. Randscherbe einer graphitierten, polierten Schüssel (S 4a) mit schwach nach außen gebogener, oben abgestrichener Lippe. R = 16 cm, H noch 3,8 cm, M 2.5, Taf. 13, 8
287. Randscherbe einer schwarzen Schale (Sch 3) mit oben abgestrichener Lippe. H noch 2,6 cm, M 2, Taf. 13, 9
288. Randscherbe einer graphitierten, polierten Schale (Sch 1) mit nach außen verdickter, nach innen gerundeter Lippe. H noch 2,8 cm, M 2, Taf. 13, 10
289. Randscherbe einer hellockerbraunen Schale (Sch 1) mit nach innen gerundeter Lippe. H noch 3,2 cm, M 2, Brand innen reduzierend, außen oxydierend, Taf. 13, 11
290. Randscherbe einer schwarzen Schale (Sch 3) mit nach innen gerundeter Lippe. H noch 2,9 cm, M 2, Taf. 13, 12
291. Randscherbe einer graphitierten, polierten Schüssel mit oben steiler Wandung und oben abgestrichener, nach innen gerundeter Lippe. H noch 3,6 cm, M 4.5, Taf. 13, 13
292. Randscherbe einer schwarzbraunen Schale (Sch 2) mit oben flach abgestrichener Lippe. H noch 3,7 cm, M 2, Taf. 13, 14
293. Randscherbe einer hellbraunen, steilwandigen Schale mit oben abgestrichener Lippe. R = 23 cm, H noch 3,5 cm, M 2, Brand innen reduzierend, außen oxydierend, Taf. 13, 15
294. Randscherbe einer dunkelbraunen Schale (Sch 3) mit oben abgestrichener Lippe. H noch 3,6 cm, M 1.2, Taf. 13, 16
295. Randscherbe einer sekundär verbrannten Schale (Sch 2) mit unregelmäßig gerundeter Lippe. H noch 3,5 cm, M 2, Taf. 13, 17
296. Randscherbe einer dunkelbraunen Schüssel (S 4a) mit oben abgestrichener Lippe. H noch 4,2 cm, M 5, Taf. 13, 18
297. Randscherbe einer ockerfarbenen Schale mit unregelmäßig gestalteter Lippe. H noch 4,9 cm, M 2.4, Taf. 13, 19
298. Randscherbe einer graphitierten Schale (Sch 3) mit oben abgestrichener Lippe. H noch 2,5 cm, M 2, Taf. 13, 20
299. Randscherbe eines graphitierten Napfes (N 3) mit nach außen verdickter, oben abgestrichener Lippe. R = 7,0 cm, H noch 2,2 cm, M 5, Taf. 13, 21
300. Wandscherbe eines dunkelbraunen Gefäßes, wohl einer Kegelhalsschüssel (S 1). H noch 3,9 cm, M 2.5, Taf. 13, 4
301. Randscherbe einer graphitierten Schüssel oder eines Bechers mit oben steiler, einziehender Wandung und innen abgesetzter Lippe. H noch 3,0 cm, M 2, Taf. 13, 23
302. Randscherbe eines graubraunen, steilwandigen Bechers (B 3) mit oben abgestrichener Lippe. H noch 3,4 cm, M 2, Taf. 13, 24
303. Zwei Randscherben eines schwarz-ockerfarbenen Bechers (B 3) mit schwach nach außen gezogener, oben abgestrichener Lippe. H noch 3,3 cm, M 2, Taf. 13, 25
304. Randscherbe eines schwarzbraunen Gefäßes mit nach innen unregelmäßig abgestrichener Lippe. H noch 3,4 cm, M 1.2.3.4, Taf. 13, 26
305. Randscherbe eines graphitierten, polierten Bechers (B 2) mit nach außen verdickter, abgerundeter Lippe. H noch 4,8 cm, M 4.5, Taf. 13, 27
306. Randscherbe eines dunkelbraunen, polierten Gefäßes mit oben eingezogener Wandung und oben abgestrichener Lippe. H noch 4,1 cm, M 2.5, Taf. 13, 28
307. Randscherbe eines schwarzen, steilwandigen Gefäßes mit leicht verdickter, nach innen gerundeter Lippe. H noch 3,5 cm, M 2.4.5, Taf. 13, 29
308. Randscherbe einer mittelbraunen Schüssel (S 4a) mit dünner Wandung und abgestrichener Lippe. H noch 5,5 cm, M 2, Taf. 13, 30
309. Randscherbe eines mittelbraunen Bechers mit oben leicht einziehender Wandung und gerundeter Lippe. R = 16 cm, H noch 4,8 cm, M 2.5, Taf.13, 31

310. Randscherbe einer dunkelbraunen Schüssel (S 8) mit rundlich nach außen und innen abgestrichener Lippe. R = 14 cm, H noch 3,4 cm, M 2.4, Taf. 13, 32
311. Randscherbe eines ockerfarbenen Bechers (B 3) mit nach innen gerundeter Lippe. R = 22 cm, H noch 3,5 cm, M 2.5.6, Taf. 14, 1
312. Randscherbe einer schwarzen Schüssel (S 7) mit stark verdickter, oben abgerundeter, innen abgesetzter Lippe. H noch 3,0 cm, M 2, Taf. 14, 2
313. Randscherbe einer graphitierten Schale (Sch 3) mit oben abgestrichener Lippe. Die Scherbe trägt ein unvollständig erhaltenes, geometrisches Ritzmuster. Vermutlich handelt es sich um Dreiecksgruppen, welche nach oben von einer Linie begrenzt werden. Zwischen dieser Linie und dem oberen Rand befindet sich eine Vertikalstrichgruppe. H noch 2,8 cm, M 2.5, Taf. 14, 3
314. Randscherbe eines dunkelbraunen Gefäßes mit steil einziehender Wandung und oben abgerundeter Lippe. R = 24 cm, H noch 3,2 cm, M 2, Taf. 14, 4
315. Randscherbe einer außen schwarzen, innen hellockerfarbenen Schüssel (S 6, kaum einziehend) mit abgerundeter Lippe. H noch 5,7 cm, M 1.2, Taf. 14, 5
316. Wandscherbe eines graphitierten Gefäßes mit eingeritzten Dreiecken, welche an der Spitze in einem Kreis enden. H noch 3,3 cm, M 2, Taf. 14, 6
317. Randscherbe eines dunkelbraunen Gefäßes mit kegelförmigem Hals und länglicher, wulstartig verdickter Lippe. R = 19 cm, H noch 3,0 cm, M 2, Taf. 14, 7
318. Wandscherbe eines graphitierten Gefäßes mit eingeritzten, hängenden, schraffierten Dreiecken. H noch 3,3 cm, M 2, Taf. 14, 8
319. Randscherbe eines mittelbraunen Wirtschaftsgefäßes (W 1) mit leicht nach außen verdickter, oben wechselständig getupfter, innen grob verstrichener Lippe. In die Außenseite ist ein dreiecksförmiges Muster eingestempelt. R = 22 cm, H noch 6,2 cm, M 2.4.5, Taf. 14, 9
320. Wandscherbe eines ockergrauen Gefäßes mit keilförmiger, doppelter Kerbstempelverzierung. H noch 7,3 cm, M 1.2.5, Taf, 14, 10
321. Randscherbe eines schwarzen Wirtschaftsgefäßes mit geblähtem Kegelhals. Am Schulterknick befindet sich eine umlaufende Kerbreihe. Die abgebogene Lippe ist oben abgestrichen. R = 21 cm, H noch 4,4 cm, Taf. 14, 11
322. Randscherbe eines graubraunen, dickwandigen Kegelhalsgefäßes mit nach außen gebogener, nach innen gerundeter Lippe. H noch 3,9 cm, M 2, Taf. 14, 12
323. Teil eines dunkelbraunen Bandhenkels. M 2, Taf. 14, 13
324. Randscherbe eines hellbraunen Gefäßes mit rundlich nach außen verdickter Lippe und außenseitig horizontal umlaufender Kerbreihe. R = 28 cm, H noch 4,1 cm, M 2.3.4.5, Taf. 14, 14
325. Randscherbe eines dunkelbraunen, dickwandigen Gefäßes mit verdickter, oben gerundeter Lippe. H noch 3,1 cm, M 2.3.4, Taf. 14, 15
326. Randscherbe eines schwarzbraunen Wirtschaftsgefäßes (W 1) mit oben abgestrichener, innen abgesetzter, steiler Lippe. Die Außenseite ist mit einer unregelmäßigen Stempelreihe verziert. H noch 5,2 cm, M 4.5, Taf. 14, 16
327. Randscherbe eines dunkelbraunen Wirtschaftsgefäßes (W 2) mit abgebogener, außen spitz zulaufender, nach innen gerundeter Lippe. Auf der Außenseite befindet sich eine umlaufende Tupfenleiste. H noch 4,6 cm, M 2.3.4, Taf. 14, 17
328. Randscherbe eines dunkelbraunen Wirtschaftsgefäßes (W 1) mit verdickter, oben abgerundeter Lippe. H noch 3,8 cm, M 2.3.4.5, Taf. 14, 18
329. Randscherbe einer dickwandigen, schwarzen Schüssel (S 6, schwach einziehend) mit verdickter, außen senkrecht abgestrichener, oben unregelmäßig ausgebildeter Lippe. H noch 3,9 cm, M 4.5, Taf. 14, 19
330. Randscherbe eines graubraunen Wirtschaftsgefäßes (W 1) mit kurzer, abgerundeter, abgebogener Lippe. Auf der Wandung befindet sich eine schräge, leicht geschwungene, keilförmige Stempelverzierung. H noch 9,2 cm, M 2.3.4.5, Taf. 14, 20
331. Randscherbe eines dunkelbraunene Wirtschaftsgefäßes mit nach außen verdickter, gerundeter, innen abgesetzter Lippe. Unter dem Rand befindet sich eine aus je zwei ovalen Eindrücken gebildete, herzförmige Stempelverzierung. H noch 4,1 cm, M 3.4.5, Taf. 14, 21
332. Randscherbe eines hellbraunen, bauchigen Wirtschaftsgefäßes (W 1) mit oben abgestrichener Lippe. Am Halsknick befindet sich eine umlaufende Fingertupfenleiste. H noch 7,2 cm, M 3.4.5, Taf. 14, 22
333. Teil eines dunkelbraunen Wulsthenkels mit verdickten Oberkanten. M 2, Taf. 14, 23
334. Wandscherbe eines schwarzbraunen Gefäßes mit umlaufender Kerbreihe. H noch 5,2 cm, M 2, Taf. 15, 1
335. Wandscherbe eines ockergelben Wirtschaftsgefäßes mit umlaufender Fingertupfenleiste. H noch 3,2 cm, M 2, Taf. 15, 2
336. Randscherbe eines ockerbraunen Wirtschaftsgefäßes mit geschwungenem Hals und oben gerundeter Lippe. Unter dem Hals befindet sich eine umlaufende, schräg gekerbte Leiste. H noch 4,0 cm, M 2.5, Taf. 15, 3
337. Randscherbe eines dunkelbraunen Bechers (B 1a) mit oben abgerundeter Lippe. Am Hals befindet sich eine mindestens zweifach umlaufende Punktstempelreihe. H noch 4,2 cm, M 2, Taf. 15, 4
338. Randscherbe eines schwarzen Wirtschaftsgefäßes (W 2) mit oben abgestrichener, nach innen und außen gerundeter, außen flach getupfter Lippe. H noch 3,1 cm, M 5, Taf. 15, 5
339. Wandscherbe eines mittelbraunen Wirtschaftsgefäßes mit alternierend getupfter Leiste. H noch 4,1 cm, M 2.4, Taf. 15, 6
340. Wandscherbe eines ockerfarbenen Gefäßes mit seichter Tupfenverzierung. H noch 5,8 cm, M 2.3.4, Taf. 15, 7
341. Zwei Randscherben eines schwarzen Gefäßes mit nach außen gezogener, innen mehrfach abgesetzter Lippe. Abb. 26, 3
342. – 357. Bodenscherben verschiedener Gefäße, nämlich
- dunkelbraun mit eingedellter Standfläche, B = 2,4 cm, H noch 1,2 cm, M 2, Taf. 15,8
- mittelbraun mit eingedellter Standfläche, B = 2,2 cm, H noch 0,8 cm, M 2, Taf. 15, 9
- dunkelbraun mit kleinem Standfuß, B = 3,4 cm, H noch 1,4 cm, M 2.5, Taf. 15, 10
- orangebraun mit steil ansteigender Wandung, Teil eines Wirtschaftsgefäßes, B = 11 cm, H noch 4,6 cm, M 2.4, Taf. 15, 11
- ehemals graphitiert mit steil ansteigender Wandung, B = 11 cm, H noch 3,0 cm, M 2.5, Taf. 15, 12
- graphitiert mit stark ausladender Wandung, B = 7 cm, H noch 2,3 cm, M 5, Taf. 15, 13
- dunkelbraun mit eingedellter Standfläche, B = 13 cm, H noch 2,7 cm, M 1.2, Taf. 15, 14
- ehemals graphitiert mit schwach geschwungener Wandung, B = 6 cm, H noch 2,1 cm, M 2.5, Taf. 15, 15
- ehemals graphitiert, H = 2,4 cm, M 5, Taf. 15, 16
- orangebraun, Wirtschaftsgefäß, H = 2,7 cm, M 3.4, Taf. 15, 17
- orangebraun, H = 2,6 cm, M 4.5, Taf. 15, 18
- schwarzbraun mit ausladender Wandung, B = 8 cm, H = 2,0 cm, M 1.2, Taf. 15, 19
- mittelbraun mit steil ansteigender Wandung, B = 7 cm, H noch 2,1 cm, M 2, Taf. 15, 20
- dunkelbraun, H noch 2,5 cm, M 2, Taf. 15, 21
- mittelbraun mit flachem Unterteil, H = 2,9 cm, M 2, Taf. 15, 22
- mittelbraun, H noch 2,0 cm, M 2, Taf. 15, 23

Funde aus der Aufsammlung W. Schönweiß

Laut Ortsakten des Germanischen Nationalmuseums Nürnberg sammelte W. Schönweiß in den späten fünfzigerJahren in einem durch wilden Sandabbau entstandenen kleinen Aufschluß am Steilufer der Bibert zahlreiche Scherben auf. Die Stelle liegt nach einer Skizze ca. 50 - 100 m von der Grabungsstelle des Jahres 1928 in Richtung Westen. Die Funde befinden sich unter der Inventar-Nummer 1979/3041 in der Prähistorischen Staatssammlung. Neben aussagelosen Wandscherben liegen vor:

358. Teile eines dunkelbraunen Bechers (B 1a) mit umlaufender Ritzverzierung aus schraffierten Dreiecken mit Volutenenden. R = 9,5 cm, H = 9,4 cm, B = 5,3 cm, M 2.4, Taf. 15, 27

359. Zerbrochener, nahezu vollständig vorhandener Becher (B 1) mit abgesetztem Halsteil und oben abgestrichener Lippe. R = 18 cm, H = 11,5 cm, B = 15 cm, M 2.4, Taf. 15, 28

359 a. Randscherbe eines graubraunen Hochhalsgefäßes mit oben abgestrichener Lippe. R = 10 – 14 cm, H noch 5,6 cm, M 2, Taf. 15, 25

359 b. Flußschlackenstück mit Bronzeeinschluß. Taf. 15, 26

359 c. Tondüsenbruchstück, stark ausgeglüht. Die zum Ofen weisende Seite ist erhalten, die andere Seite ist abgebrochen. L noch 5,8 cm, D an Ofenseite = 5,0 cm, Lochweite = 1,8 cm, Taf. 17, 14

Ferner liegen noch vor (ohne Abbildung): Randscherben jeweils folgender Typen:
S 4, S 4a, S 5b, S 6, S 7, S 8, W 1, W 2 (je einmal)
sowie eine Randscherbe einer urnenfelderzeitlichen Schüssel mit hoher, innen mehrfach abgesetzter Lippe.

Funde aus den Aufsammlungen des Ehepaares Arnold

In der Sammlung der Naturhistorischen Gesellschaft Nürnberg werden unter der Fundortbezeichnung Altenberg noch eine Anzahl Lesefunde verwahrt, welche in den fünfziger und frühen sechziger Jahren von den Eheleuten Arnold bei verschiedenen Gelegenheiten aufgesammelt wurden. Nach dem sehr genau gefertigten Fundplan lagen die Scherben am Rand der ehemaligen Grabungsfläche oder höchstens einige Meter entfernt. Aussagefähige Stücke fehlen, das Material gleicht den übrigen Scherben.

Funde aus der ersten Einlieferung A. Mayr

Die folgenden Stücke wurden von A. Mayr bereits kurz nach Abschluß der Grabung im Jahre 1928 als „Auswahl“ in die Sammlung der Naturhistorischen Gesellschaft eingeliefert. Sie wurden dort unter einer eigenen Inventarnummer (= 8236, im Gegensatz zu Nr. 8490 für alle anderen Funde) verwahrt. Um die Systematik der Verwahrung in der Sammlung der Naturhistorischen Gesellschaft zu erhalten und dieser Katalog auch dort ohne Konkordanzliste anwendbar zu machen, wurden sie hier als eigene Kategorie ausgegliedert.

360. Kleiner, walzenförmiger, durchlochter Sandstein. Durchmesser 4,0 - 5,0 cm, Taf. 17, 15

361. Große, polierte, wirtelförmige Perle aus Kalkstein. Möglicherweise handelt es sich auch um einen besonders leichten Spinnwirtel. Durchmesser = 1,9 cm, H = 1,3 cm, Taf. 16, 6A

362. Randscherbe einer graphitierten Kegelhalsschüssel (S 1b) mit leicht abgebogener, nach innen gerundeter Lippe. R = 25 cm, H noch 4,1 cm, M 2, Taf, 16, 1

363. Randscherbe einer schwarzen Schale mit gekehltem, gegliedertem Hals und nach außen gezogener, oben abgestrichener Lippe. H noch 3,8 cm, M 2.5, Taf. 16, 2

364. Randscherbe einer graphitierten Schüssel (S 8) mit oben abgestrichener Lippe. R = 20 cm, H noch 4,0 cm, M 1.2, Taf. 16, 3

365. Randscherbe eines mittelbraunen Schüsselchens mit oben steiler Wandung und nach innen verdickter, oben unregelmäßig gerundeter Lippe. R = 12 cm, H noch 4,6 cm, M 2.6, Taf. 16, 4

366. Randscherbe einer ockerbraunen Schüssel (S 7) mit leicht verdickter, oben abgestrichener Lippe. R = 27 cm, H noch 5,0 cm, M 2.5, Taf. 16, 5

367. Randscherbe einer dunkelbraunen Schale (Sch 1) mit oben flach abgestrichener Lippe. Besonders die Innenseite weist Spuren sekundären Brandes auf. H noch 5,5 cm, M 2, Taf. 16, 6

368. Randscherbe einer graphitierten, polierten Schüssel (S 7) mit verdickter, oben abgestrichener, innen einziehender Lippe. R = 20, 5 cm, H noch 4,2 cm, M 2.5, Taf. 16, 7

369. Ockergrauer, doppelkonischer Spinnwirtel mit doppelkonischer Durchlochung. D = 2,5 cm, H = 2,5 cm, M 2, Taf. 16, 8

370. Wandscherbe eines graphitierten, polierten, bauchigen Gefäßes mit mindestens drei schräg verlaufenden, parallelen Ritzlinien. H noch 3,1 cm, M 1.2, Taf. 16, 9

371. Randscherbe eines dunkelbraunen Bechers (B 1) mit abgebogener, leicht verdickter, oben abgerundeter, innen eingestrichener Lippe. R = 15 cm, H noch 6,0 cm, M 1.2, Taf. 16, 10

372. Randscherbe einer graphitierten, polierten Schüssel (S 5b) mit oben abgerundeter Lippe. R = 12 cm, H noch 5,6 cm, M 2.5 Taf. 16, 11

373. Randscherbe einer schwarzen Schüssel (S 7) mit nach außen verdickter, oben abgestrichener, nach innen gerundeter Lippe. R = 18 cm, H noch 5,3 cm, M 2.5, Taf. 16, 12

374. Randscherbe einer kleinen Schüssel (S 6) mit nach innen gerundeter Lippe. R = 12 cm, H noch 5,3 cm, M 1.2, Taf. 16, 13

375. Randscherbe einer dunkelbraunen Schüssel mit steilwandigem Oberteil und spitz nach außen gezogener, nach innen abgerundeter Lippe. Die Außenseite ist abgeplatzt. R = 20 cm, H noch 3,9 cm, M 2, Taf. 16, 14

376. Randscherbe eines dunkelbraunen Gefäßes mit flachem Kegelhals und verdickter, steil abgesetzter Lippe. Der Hals ist oben und unten mit einer seichten, umlaufenden Riefe gegen den Rest der Wandung abgesetzt. R = 14 cm, H noch 3,7 cm, M 2.5, Taf. 16, 15

377. Teil eines dunkelbraunen Spinnwirtels mit gerader Unterseite und aufgesetztem, konischem Oberteil. An der Außen- und Oberseite befinden sich eingestochene Punktreihen, die Unterseite ist mit einem netzartigen Ritzmuster verziert. D = 3,6 cm, H noch 2,0 cm, M 2, Taf. 16, 16

378. Dunkelbrauner, doppelkonischer Spinnwirtel mit gekerbtem Umbruch und gerader Durchlochung. Die Lochansätze sind konisch erweitert. D = 3,2 cm, H = 2,3 cm, M 2.5, Taf. 16, 17

379. Teil eines ockergrauen, doppelkonischen Spinnwirtels mit gerader Durchlochung. D = 3,5 cm, H noch 2,1 cm, M 2, Taf. 16, 18

380. Teil eines sekundär verbrannten, doppelkonischen Spinnwirtels mit rundem Umbruch und gerader Durchlochung. D = 4,1 cm, H noch 2,4 cm, M 2.5, Taf. 16, 19

381. Ockergrauer, oben konischer, unten flacher Spinnwirtel mit in der Mitte leicht verengter Durchlochung. D = 4,2 cm, H = 2,5 cm, M 2.5, Taf. 16, 20

382. Teil eines dunkelbraunen, doppelkonischen Spinnwirtels mit abgerundetem, längsgekerbtem Umbruch und gerader Durchlochung. D = 3,5 cm, H = 2,1 cm, M 2, Taf. 16, 21
383. Teil eines graubraunen Spinnwirtels mit abgerundeter, längsgekerbter Kante. D = 3,9 cm, H noch 1,5 cm, M 2.5, Taf. 16, 22
384. Randscherbe eines schwarzen Gefäßes mit kurzer, abgesetzter, oben abgestrichener Lippe. R = 20 cm, H noch 2,9 cm, M 2, Taf. 16, 23
385. Randscherbe eines ockerbraunen Schüsselchens (S 2) mit oben gerundeter Lippe. R = 11 cm, H noch 3,1 cm, M 2.5, Taf. 16, 24
386. Randscherbe eines schwarzen Gefäßes mit steilem, leicht einziehendem Oberteil und abgerundeter Lippe. H noch 2,7 cm, M 2, Taf. 16, 25
387. Dunkelgrün patiniertes, schmales Bronzeband, vermutlich Teil eines aufgebogenen Steigbügelringes. Taf. 17, 1
388. Fragment eines hellgrün patinierten Bronzehohlringes mit verengtem, stöpselartigem Verschluß. L noch 8,3 cm, Taf. 17, 2
389. Kleines, an allen Kanten gebrochenes, dunkelgrün patiniertes, dünnes Bronzeblech mit Durchlochung. Breite noch 1,6 cm, Taf. 17, 3
390. Dunkelgrün patiniertes, nietförmiges Bronzefragment. D noch 1,1 cm, H = 0,5 cm, Taf. 17, 4
391. Oblonge Bernsteinperle, nicht durchbohrt, an einem Ende leicht beschädigt. L = 20 mm, D = 9,3 mm, Taf. 17, 5
392. Bronzegußtropfen, L = 1,3 cm, Taf. 17, 6
393. Ultramarinblaue Perle aus nicht durchsichtigem Glas. Taf. 17, 7
394. Hellblaue Perle aus trübem Glas, leicht verschmolzen. Taf. 17, 8
395. Kleiner Bronzegußklumpen, L = 2,5 cm, Taf. 17, 9
396. Auseinandergebogener Bronzeblechstreifen. L = 2,2 cm, Breite = 1,2 cm, Taf. 17, 10
397. Flacher, dunkelgrün patinierter Bronzeanhänger mit verjüngtem, tropfenförmigem Ende. Taf. 17, 11
398. Rundstabiger, quergerippter Bronzeanhänger mit kugelförmigem Ende. Das Stück ist hellgrün patiniert, an einigen Stellen schimmert die unpatinierte, messingfarbene Oberfläche durch. Aufgrund der andersartigen Patinierung und des Materials dürfte der Anhänger nicht vorgeschichtlich sein.
399. Sandsteinbruchstück mit flacher Oberfläche, ohne Abbildung.
400. Teile eines kahnförmigen Stöpselohrringes, zusammengedrückt, Taf. 17, 13

Tierknochen

Wegen ihres besonderen Fundcharakters wurden die bei der Grabung geborgenen Tierknochen nicht zusammen mit dem keramischen Fundmaterial aufgenommen, sondern in einer eigenen Rubrik erfaßt. Zur Bestimmung diente vornehmlich E. Schmid (1972) und R. Nickel, A. Schummer und E. Seiferle (1977 sowie 1982). Die Altersbestimmungen erfolgten hauptsächlich nach K.-H. Habermehl (1975) bei den Haustierresten und K.-H. Habermehl (1985) bei den Wildtierresten. Für die Unterschiede zwischen Schaf und Ziege war J. Boessneck (1969) einschlägig.
Für die freundliche Hilfe und Ratschläge ist Frau cand. med. vet. S. Martin und Frau cand. med. vet. S. Hormuth, für die Mühe der Kontrolle und Verbesserung der Bestimmung Herrn Prof. Dr. K.-H. Habermehl, Institut für Veterinär-Anatomie, -Histologie und -Embryologie der Justus-Liebig-Universität Gießen, zu danken. Für die Bestimmung der Vogelreste ist der Bearbeiter Frau Prof. Dr. A. von den Driesch, Universität München, zu Dank verbunden.

Herd I

401. Prämolar oder Molar, Oberkiefer, Pferd (*equus caballus*), Taf. 22, 1
402. Molarfragment eines kleinen Wiederkäuers, Taf. 22, 2
403. Hornzapfen (Processus cornualis ossis frontalis) eines Wildwiederkäuers, nicht Hirsch. In Frage käme Reh (*capreolus capreolus*), das Stück ist allerdings relativ groß. Hackspuren am basalen Ende, Taf. 22, 12
404. Processus spinosus des Brustwirbels, Rind (*bos taurus*) mit Hackspuren, Taf. 22, 3
405. Gehirnschädelfragment (ossa cranii) eines kleinen Wiederkäuers, Taf. 22, 4
406. Processus coronoideus des Unterkiefers (mandibula), Tierart nicht näher bestimmbar, Taf. 22, 5
407. Unterkiefer-(mandibula-)fragment mit P_4 und M_1 eines Schweines (*sus domesticus*) mit Hackspuren. Altermerkmale: > 16 Monate, Taf. 22, 6
408. Lendenwirbel eines Hundes (*canis familiaris*) mit Hackspuren, Taf. 22, 7
409. Schulterblatt-(scapula-)fragment eines Schweines (*sus domesticus*) mit Hackspuren. Der Knochen ist angekohlt, Taf. 22, 8
410. Phalanx eines Rehs (*capreolus capreolus*), Taf. 22, 9
411. Molar (Oberkiefer) eines Pferdes (*equus caballus*). Altersmerkmale: > 25 Jahre, Taf. 22, 10
412. Oberkiefer (maxilla), links, eines Schweines (*sus domesticus*) mit Hackspuren, Taf. 22, 11
413. Rechter mittlerer Zungenbeinast eines kleinen Wiederkäuers mit Schnittspuren, Taf. 22, 13
414. Rippe (os costale) eines Rehs (*capreolus capreolus*), Taf. 22, 14
415. Speichenbruchstück, proximal (radius), rechts, eines Schafes (*ovis aries*) mit Hackspuren. Altersmerkmal: > 3 Monate, Taf. 22, 15
416. Processus coronoideus des Unterkiefers (mandibula) eines Rothirsches (*cervus elaphus*), Taf. 22, 16
417. P^4, Oberkiefer, eines Rothirsches (*cervus elaphus*), stark abgerieben, älteres Tier, Taf. 22, 17
418. Prämolar, Oberkiefer, eines Rothirsches (*cervus elaphus*), sehr stark abgerieben, altes Tier, Taf. 22, 18
419. Schneidezahn, Unterkiefer, eines Rindes (*bos taurus*) sehr stark abgerieben, Altersmerkmal: > 10 Jahre, Taf. 22, 19
420. Unterkiefer (mandibula) mit P_4, M_1 und M_2 eines Schafes oder einer Ziege (*ovis/capra*), stark abgerieben, ohne Abbildung
421. Prämolar, Oberkiefer, eines Schafes oder einer Ziege (*ovis/capra*), Altersmerkmal: > 17 Monate, Taf. 22, 20
422. – 425. Zahnbruchstücke von kleinen Wiederkäuern, Taf. 22, 21 - 24
426. Unterkieferbruchstück (mandibula) mit durchbrechendem P_4 sowie M_1 und M_2 eines Rindes (*bos taurus*), Altersmerkmal: ca. 2,5 Jahre, mit Hackspuren, Taf. 25, 16

Herd II

427. Talus eines Schafes oder einer Ziege (*ovis/capra*), Taf. 23, 1
428. Caninus des Oberkiefers eines männlichen Schweines (*sus domesticus*), junges Tier, Taf. 23, 2

Herd IV

429. Distales Oberschenkelbeinbruchstück (femur) eines Schweines (*sus domesticus*) mit Hackspuren, Taf. 23, 3

Umgebung Herd I

430. Beckenbruchstück (acetabulum) eines Schweines (*sus domesticus*) mit Hackspuren, Taf. 23, 4
431. Unterkieferbruchstück (mandibula) eines kleinen Wiederkäuers mit Hackspuren, Taf. 23,5

432. Rippe (os costale) eines Rindes (*bos taurus*) mit Hackspuren, Taf. 23, 7
433. Rippe (os costale) eines Schafes oder einer Ziege (*ovis/capra*) mit Hackspuren, Taf. 23, 6
434. Schienbein (tibia) eines Rindes (*bos taurus*) mit Hackspuren, Taf. 23,8
435. Elle und Speiche (radius und ulna), links, proximales Bruchstück,eines Rindes (*bos taurus*) mit Hackspuren an der Ulna. Altermerkmale: > 3,5 Jahre, Taf. 23, 9
436. Metacarpus, rechts, proximales Bruchstück,eines Rindes (*bos taurus*) mit rechts ateralen Schnittspuren, Altersmerkmale: > 2,5 Jahre, Taf. 23, 10
437. Phalanx I, rechts,eines Rindes (*bos taurus*), Altersmerkmale: > 2,5 Jahre, Taf. 23, 11
438. Phalanx I, rechts,eines größen Wiederkäuers, Taf. 23, 12
439. Mandibulafragment mit P_3, P_4 und M_1 eines Schweines (*sus domesticus*), Altersmerkmale: > 20 Monate, Taf. 24, 1
440. Mandibula, rechts,eines Schafes oder einer Ziege (*ovis/capra*), Taf. 24, 6
441. Molar eines Schafes oder einer Ziege (*ovis/capra*), Taf. 24, 2
442. Molar eines kleinen Wiederkäuers, Taf. 24, 3
443. Phalanx I einer Ziege (*capra hircus*), Taf. 24, 4

Fläche zwischen Herd I und II
444. Mandibula, rechts,eines Schafes oder einer Ziege (*ovis/capra*), Taf. 24, 7
445. Oberarmbein (humerus), proximales Bruchstück,eines Rindes (*bos taurus*) mit Hackspuren, Taf. 24, 5
446. Talus, links,eines Schweines (*sus domesticus*), verkohlt, Taf. 24, 10
447. Rippe (os costale) eines Pferdes (*equus caballus*) mit Hackspuren, Taf. 24, 8
448. Beckenfragment (ossa coxae) eines Rindes (*bos taurus*) mit Hackspuren, Taf. 24, 9
449. Rippe (os costale) eines Schafes oder einer Ziege (*ovis/capra*) mit Hackspuren, Taf. 24, 11
450. Oberkiefer (maxilla) mit M^1und M^2 eines Schweines (*sus domesticus*), Taf. 24, 12
451. Metatarsus eines Rothirsches (*cervus elaphus*) mit Hackspuren. Altersmerkmale: > 2 Jahre, Taf. 24, 16
452. Phalanx I eines Pferdes (*equus caballus*), Taf. 24, 13
453. M^2 (Oberkiefer) eines Rindes (*bos taurus*), Altersmerkmale: > 10 Jahre, Taf. 24, 14

Fläche zwischen Herd IV und Herd V
454. Unterkiefer-(mandibula-)fragment, rechts,mit P_3, P_4 und M_1 eines Schafes oder einer Ziege (*ovis/capra*) mit Hackspuren. Altersmerkmale: 3 – 10 Jahre, Taf. 24, 15
455. Unterkiefer-(mandibula-)fragment, rechts, mit P_3, P_4 und M_1 eines Schafes oder einer Ziege (*ovis/capra*) mit Hackspuren. Altersmerkmale: 3 – 10 Jahre, Taf. 24, 17
456. Oberkiefer-(maxilla-)fragment, rechts, mit P^4 und M^1 eines Schweines (*sus domesticus*) mit Hackspuren. Altersmerkmale: > 12 Monate, Taf. 24, 18
457. M^1 (Oberkiefer) eines Rindes (*bos taurus*). Altersmerkmale: > 10 Jahre, Taf. 24, 19
458. M_1 oder M_2 (Unterkiefer) eines Schafes oder einer Ziege (*ovis/capra*), Altersmerkmale: > 4 Jahre, Taf. 24, 21

Abraum
459. Phalanx I eines Kleinpferdes (*equus caballus*), nur Epiphyse. Altersmerkmal: < 1 Jahr, Taf. 25, 1

Nachlese Göhring
460. Rippe (os costale) eines Hundes (*canis familiaris*), Taf. 25, 2
461. dito, Taf. 25, 3
462. Talus eines kleinen Wiederkäuers mit Hackspuren, Taf. 25, 4

Block A
463. M^1 oder M^2 (Oberkiefer) eines Rindes (*bos taurus*), Altersmerkmale: > 12 Jahre, Taf. 24, 20

Probegrabung Gumpert
464. Molar (Oberkiefer) eines Rindes (*bos taurus*), Taf. 25, 5
465. P^3 (Oberkiefer) eines Rothirsches (*cervus elaphus*), Taf. 25, 6
466. Molar eines Rothirsches (*cervus elaphus*), Taf. 25, 7

Ohne Zuweisung
467. Röhrenknochen, vermutlich Radiusfragment eines Rindes (*bos taurus*) mit Hackspuren, Taf. 25, 8
468. Os incisivum des Oberkiefers (maxilla) eines Rindes (*bos taurus*) mit Hackspuren, Taf. 25, 9
469. Sitzbein-(os ischii-)fragment einer weiblichen Ziege (*capra hircus*) mit Hackspuren, Taf. 25, 10
470. Darmbein-(os ilium-)fragment eines Rindes (*bos taurus*) mit Hackspuren, Taf. 25, 11
471. Atlas eines Hundes (*canis familiaris*) mit Hackspuren, Taf. 25, 12
472. Schädelteil (os frontale mit weiterem kleinen Schädelfragment) eines Rindes (*bos taurus*) mit Hackspuren, Taf. 25, 13
473. Unterkiefer-(mandibula-)fragment eines Schafes oder einer Ziege (*ovis/capra*), linke Seite, Taf. 25, 14
474. Unterkiefer-(mandibula-)fragment eines Rindes (*bos taurus*) mit Hackspuren, Taf. 25, 15

Fundeinlieferung „8236“
475. Schienbein (tibia), distales Fragment, eines Rindes (*bos taurus*) mit Hackspuren. Altersmerkmale: > 3 Jahre, Taf. 25, 17
476. Oberkiefer-(maxilla-)fragment eines Rindes (*bos taurus*) mit Hackspuren. Altersmerkmale: ca. 10 Jahre, Taf. 25, 19
477. Os incisivum eines Schafes oder einer Ziege (*ovis/capra*) mit Hackspuren, ohne Abbildung
478. Schulterblatt-(scapula-)fragment eines Schafes oder einer Ziege (*ovis/capra*) mit Hackspuren, ohne Abbildung

Vogelreste
479. Oberarmbein-(humerus-)fragment eines Haushuhnes (*gallus gallus domesticus*) mit Hackspuren, Taf. 25, 18
480. Schulterblatt-(scapula-)fragment eines Haushuhnes (*gallus gallus domesticus*), Taf. 25, 20

Ferner liegen aus der Grabung noch vor:

- mehrere Kilogramm Wandscherben, ohne nähere Lokalisierungsmöglichkeit
- einige gebrannte Lehmstückchen mit Abdrücken, ohne Lokalisierungsmöglichkeit
- einige plangeschliffene Sandsteinbruchstücke, wohl Teile von Mahlsteinen
- zwei Silexklingen mit Rindenrest ohne weitere Zurichtungsspuren
- zahlreiche kleinzerhackte Knochensplitter, meist von Röhrenknochen

ARBERG-GROSSLELLENFELD

Grube 1

1. Randscherbe eines dunkelockerfarbenen Bechers (B 1) mit spitz zulaufender, nach innen gerundeter Lippe. M = 13 cm, H noch 4,3 cm, M 2.5, Taf. 18, 2
2. Zwei Randscherben einer ehemals graphitierten Schüssel (S 4a) mit schwach nach außen verdickter, oben gerundeter Lippe. Unter dem Rand befinden sich herstellungsbedingte Fingernagelkerben. M = 13 cm, H noch 3,9 cm, M 2.5, Taf. 18, 3
3. Ockerfarbener, konischer Spinnwirtel mit basaler Tupfenverzierung. D = 5,7 cm, H = 2,7 cm, M 2, Taf. 18, 4
4. Dunkelbrauner, flacher, doppelkonischer Spinnwirtel mit breiter Tupfenverzierung am Umbruch. D = 4,0 cm, H = 2,1 cm, M 2, Taf. 18, 5
5. Hellockerfarbener, doppelkonischer Spinnwirtel. Am Umbruch sind doppelhalbkreisförmige Stempel eingedrückt. D = 3,0 cm, H = 2,2 cm, M 2, Taf. 18, 6
6. Ehemals graphitierte Bodenscherbe mit eingewölbter Standfläche. B = 12 cm, H noch 2,3 cm, M 2.5, Taf. 18, 7
7. Randscherbe einer ehemals graphitierten Schüssel (S 8) mit oben gerundeter Lippe. R = 24 cm, H noch 3,9 cm, M 1.2.5, Taf. 18, 8
8. Randscherbe eines graphitierten Gefäßes mit steilem, kegelförmigem Hals und oben gerundeter Lippe. H noch 2,9 cm, M 2, Taf. 18, 9
9. Vier Bodenscherben eines graphitierten Gefäßes mit ausladendem Unterteil. B = 9 cm, H noch 3,7 cm, M 2, Taf. 18, 10
10. Zwei Randscherben eines dunkelockerfarbenen Gefäßes mit oben steiler Wandung und nach außen verdickter, nach innen gerundeter Lippe. H noch 2,9 cm, M 2, Taf. 18, 11
11. Ein Teil und eine kleine Randscherbe einer schwarzen Schüssel (S 4a) mit sehr dünner Wandung und nach außen verdickter, nach innen gerundeter Lippe. Unter dem Rand befinden sich herstellungsbedingte Fingernageleindrücke. R = 22,5 cm, H noch 6,7 cm, M 3.5, Taf. 18, 12
12. Randscherbe einer dunkelbraunen Schale mit abgerundeter Lippe. H noch 3,2 cm, M 2.5, Taf. 18, 13
13. Randscherbe einer dunkelbraunen Schale (Sch 2) mit schwach nach außen verdickter, oben abgestrichener Lippe. H noch 2,4 cm, M 2.5, Taf. 18, 14
14. Wandscherbe eines mittelbraunen Gefäßes mit Tupfenverzierung. H noch 3,6 cm, M 1.2, Taf. 18, 15
15. Randscherbe eines schwarzen Gefäßes mit leicht verdickter, oben abgerundeter Lippe. H noch 1,5 cm, M 2, Taf. 18, 16
16. Randscherbe eines schwarzen Gefäßes mit oben gerundeter Lippe. H noch 1,7 cm, M 2, Taf. 18, 17
17. Randscherbe eines schwarzen Gefäßes mit leicht verdickter, oben gerundeter Lippe. H noch 1,9 cm, M 2, Taf. 18, 18
18. Randscherbe eines schwarzen Gefäßes mit leicht geschwungenem Oberteil und nach innen gerundeter Lippe. H noch 1,7 cm, M 2, Taf. 18, 19
19. Drei Randscherben einer schwarzen Schüssel (S 4) mit nach innen gerundeter Lippe. R = 18 cm, H noch 6,5 cm, M 1.2, Taf. 18, 20
20. Wandscherbe eines dunkelockerfarbenen Kegelhalsgefäßes. Brand innen reduzierend, außen oxydierend. H noch 2,6 cm, M 2.6, Taf. 18, 21
21. Randscherbe eines schwarzen Gefäßes mit geschwungenem Oberteil und nach innen gerundeter Lippe. H noch 1,3 cm, M 2, Taf. 18, 22
22. Randscherbe einer graphitierten Schale mit oben flach abgestrichener, nach außen gerundeter Lippe. H noch 1,2 cm, M 2, Taf. 18, 23
23. Wandscherbe eines schwarzen Gefäßes. H noch 1,6 cm, M 2, Taf. 18, 24
24. Schwarz-hellocker geflecktes Bandhenkelbruchstück mit aufgewölbten Kanten. H noch 4,3 cm, M 2.5, Taf. 18, 25
25. Bodenbruchstück eines schwarzen Gefäßes mit ebener Standfläche. B = 11 cm, H noch 3,4 cm, M 2.5.6, Taf. 18, 26
26. Wandscherbe eines schwarzen Kegelhalsgefäßes mit abgebogener, abgesetzter Lippe. H noch 2,8 cm, M 2, Taf. 18, 27
27. Randscherbe eines orangebraunen Gefäßes mit spitz zulaufender Lippe. H noch 2,1 cm, M 2.3.4.6, Taf. 18, 28
28. Randscherbe eines hellorangen Gefäßes mit leicht verdickter, oben abgerundeter Lippe. H noch 2,1 cm, M 2.6, Taf. 18, 29
29. Elf Wandscherben eines hellorangen Wirtschaftsgefäßes. M 1.2.3.6, ohne Abbildung
30. Wandscherben eines schwarzen Gefäßes mit Schlickrauhung. M 2.6, ohne Abbildung
31. Wandscherbe eines orangebraunen Gefäßes mit Resten einer Tupfenverzierung. M 5.6, ohne Abbildung
32. Bodenscherbe eines schwarzen Gefäßes. M 2.5, ohne Abbildung
33. Bodenscherbe eines orangebraunen Gefäßes. M 2.6, ohne Abbildung
34. Wandscherbe eines schwarzen Gefäßes mit steiler Schulter. M 2, ohne Abbildung
sowie zahlreiche weitere Wandscherben verschiedener Gefäße ohne weitere Aussagekraft.

Grube 2

1. Gebogener, hakenförmiger Eisengegenstand. Das Stück ist durch Korrosion stark aufgequollen (Abb. 27, 1). Nach der Restaurierung, die freundlicherweise Herr B. Mühldorfer, Naturhistorische Gesellschaft Nürnberg, übernahm, zeigte sich der Fund als nicht näher eingrenzbarer, länglicher, vierkantiger Eisengegenstand (Abb. 27, 2)
2. Randscherbe einer ehemals graphitierten Schüssel (S 2a) mit nach außen gebogener, nach innen gerundeter Lippe. R = 14 cm, H noch 4,1 cm, M 2.6, Taf. 19, 1
3. Zwei Randscherben einer graphitierten Schüssel (S 2a) mit oben abgerundeter Lippe. R = 13,3 cm, H noch 3,9 cm, M 2.5, Taf. 19, 2
4. Randscherbe einer schwarzen Schale (Sch 1) mit dünner, abgerundeter Lippe. H noch 5,4 cm, M 2, Taf. 19, 3
5. Wandscherbe eines dunkelbraunen Bechers (B 4) mit dünner, abgerundeter Lippe. R = 12 cm, H noch 4,7 cm, M 2.6, Brand innen reduzierend, außen oxydierend, Taf. 19, 4
6. Randscherbe einer graubraunen Schale mit runder Wandung und abgesetzter, leicht nach außen abgestrichener Lippe. R = 24 cm, H noch 4,6 cm, M 2, Taf. 19, 5
7. Randscherbe einer ehemals graphitierten Schale (Sch 3) mit oben abgestrichener Lippe. H noch 3,6 cm, M 2, Taf. 19, 6
8. Randscherbe einer graphitierten, polierten Schüssel (S 7) mit nach innen gerundeter Lippe. H noch 2,7 cm, M 2, Taf. 19, 7
9. Randscherbe einer ockerfarbenen Schale (Sch 1) mit nach außen verdickter, oben abgestrichener Lippe. R = 24 cm, H noch 4,7 cm, M 1.2, Brand innen reduzierend, außen oxydierend, Taf. 19, 8
10. Randscherbe eines graphitierten Gefäßes mit nach innen gerundeter Lippe. H noch 1,6 cm, M 2.6, Taf. 19, 9
11. Zwei Randscherben eines roten Gefäßes mit steiler Wandung und oben flach abgestrichener Lippe. H noch 1,5 cm, M 2, Brand innen reduzierend, außen oxydierend, Taf. 19, 10
12. Randscherbe eines schwarzen Gefäßes mit oben abgerundeter Lippe. H noch 1,6 cm, M 2.6, Taf. 19, 11
13. Randscherbe eines schwarzen Gefäßes mit oben abgerundeter Lippe. H noch 1,4 cm, M 2, Taf. 19, 12
14. Randscherbe einer graubraunen Schale (Sch 3) oder eines Napfes (N 3) mit nach innen gerundeter Lippe. H noch 1,9 cm, M 2.6, Taf. 19, 13
15. Randscherbe eines ehemals graphitierten Gefäßes mit steiler, gerundeter Lippe. H noch 1,5 cm, M 2, Taf. 19, 14
16. Randscherbe einer schwarzen Schüssel (S 7) mit nach innen gerundeter Lippe. H noch 4,0 cm, M 2.5, Taf. 19, 15
17. Randscherbe einer schwarzen Schale (Sch 2) mit abgerundeter Lippe. H noch 2,7 cm, M 2.5, Taf. 19, 16
18. Randscherbe eines schwarzen Bechers (B 1) mit abgerundeter Lippe. R = 15 cm, H noch 6,1 cm, M 2, Taf. 19, 17
19. Randscherbe einer dunkelockerfarbenen Schale (Sch 2) mit nach innen abgestrichener, innen abgesetzter Lippe. H noch 5,6 cm, M 2, Taf. 19, 18

20. Randscherbe eines graubraunen Wirtschaftsgefäßes mit kantiger Lippe. H noch 4,2 cm, M 1.2.5.6, Taf. 19, 19
21. Zwei Randscherben einer schwarz-ocker gefleckten Schüssel (S 7) mit schwach nach außen gezogener, oben abgestrichener Lippe. R = 20,5 cm, H noch 4,0 cm, M 2.5.6, Taf. 2, 20
22. Randscherbe eines schwarzen Gefäßes mit nach innen gerundeter Lippe. H noch 2,4 cm, M 2.5, Taf. 19, 21
23. Randscherbe einer graphitierten Schale (Sch 1) mit spitz zulaufender, innen abgeplatzter Lippe. H noch 3,6 cm, M 2.5, Taf. 19, 22
24. Randscherbe eines graphitierten, großen Gefäßes, möglicherweise Lippenbruchstück eines Kegelhalsgefäßes mit abgerundeter Lippe. H noch 2,3 cm, M 2, Taf. 19, 23
25. Drei Randscherben eines grauockerfarbenen Kegelhalsgefäßes mit abgebogener Lippe. H noch 3,9 cm, M 2, Brand innen reduzierend, außen oxydierend, Taf. 19, 24
26. Randscherbe einer ehemals graphitierten Schale (Sch 2) mit oben abgestrichener Lippe. H noch 3,1 cm, M 2.5, Taf. 19, 25
27. Randscherbe einer ehemals graphitierten Schüssel (S 7) mit oben abgestrichener Lippe. H noch 3,0 cm, M 2, Taf. 19, 26
28. Randscherbe einer graphitierten Schale mit oben steiler Wandung und stark nach außen gebogener, spitz zulaufender, nach innen gerundeter Lippe. R = 20 cm, H noch 2,9 cm, M 2.5, Taf. 19, 27
29. Randscherbe einer graphitierten Schale (Sch 3) mit außen- und innenseitiger Vertikalknubbe am Rand. H noch 3,1 cm, M 2.5, Taf. 19, 28
30. Randscherbe eines dunkelbraunen Gefäßes mit leicht geschwungenem Oberteil und abgerundeter Lippe. H noch 2,5 cm, M 2.4, Taf. 19, 29
31. Teil eines schwarzen, dünnwandigen Wirtschaftsgefäßes mit steilem, leicht geschwungenem Hals und nach innen gerundeter Lippe. Auf der Schulter befindet sich eine umlaufende, schräge Dreieckskerbreihe. R = 12,5 cm, H noch 4,3 cm, M 2.3.4.5, Taf. 20, 1
32. Zwei Randscherben einer schwarz-ocker gefleckten Schüssel (S 4a) mit nach innen gerundeter Lippe. R = 16 cm, H noch 3,9 cm, M 2, Taf. 20, 2
33. Randscherbe einer dunkelockerfarbenen Schüssel (S 6) mit oben abgestrichener Lippe. H noch 4,1 cm, M 2.6, Taf. 20, 3
34. Zwei Randscherben einer graphitierten Schüssel (S 7) mit wulstartig verdickter, nach innen abgestrichener Lippe. R = 14 cm, H noch 3,5 cm, M 2.5, Taf. 20, 4
35. Randscherbe eines graubraunen Bechers (B 2) mit verdickter, oben flach abgestrichener Lippe. R = 15 cm, H noch 3,9 cm, M 2.5.6, Taf. 20, 5
36. Randscherbe einer graunbraunen Schüssel (S 5a) mit innen abgesetzter, spitz zulaufender Lippe. R = 9 cm, H noch 3,1 cm, M 2.5, Taf. 20, 6
37. Randscherbe eines schwarzen Gefäßes mit steilem Oberteil und nach innen verdickter, abgerundeter Lippe. H noch 3,4 cm, M 2.5, Taf. 10, 7
38. Randscherbe eines schwarzen Schüsselchens mit oben steiler, leicht geschwungener Wandung und spitz zulaufender Lippe. R = 9 cm, H noch 2,3 cm, M 2, Taf. 20, 8
39. Randscherbe einer graphitierten Schale mit leicht nach außen gezogener, abgestrichener Lippe. H noch 2,4 cm, M 2, Taf. 20, 9
40. Zwei Randscherben einer graphitierten Schüssel (S 2,mit flau abgesetztem Hals) mit oben abgerundeter Lippe. H noch 2,1 cm, M 2, Taf. 20, 10
41. Zwei Randscherben eines graphitierten Gefäßes mit nach außen gezogener, oben flach abgestrichener Lippe. H noch 2,1 cm. M 2, Taf. 20, 11
42. Randscherbe eines schwarzen Gefäßes, wohl einer Schüssel, mit innen abgesetzter, oben abgerundeter Lippe. H noch 1,8 cm, M 2.6, Taf. 20, 12
43. Zwei Randscherben eines graphitierten Gefäßes mit abgebogener, oben abgestrichener Lippe, der Ansatz eines Kegelhalses ist erkennbar, vermutlich handelt es sich um das Lippenfragment eines großen Kegelhalsgefäßes. R = 16,8 cm, H noch 1,8 cm, M 2.5, Taf. 20, 13
44. Drei Randscherben einer großen, graphitierten Schüssel (S 7) mit oben leicht einziehender Wandung und nach innen gerundeter Lippe. R = 30 cm, H noch 6,4 cm, M 2.5, Taf. 20, 14
45. Randscherbe einer graphitierten Schale (Sch 1) mit oben abgestrichener Lippe. R = 27 cm, M 2.5, Taf. 20, 15
46. Zwei Randscherben eines graphitierten Gefäßes mit geschwungenem Kegelhals und oben abgerundeter Lippe. H noch 3,7 cm, M 2, Taf. 20, 16
47. Randscherbe einer graphitierten Schale mit steiler Wandung und nach innen gerundeter Lippe. R = 19 cm, H noch 4,5 cm, M 2, Taf. 20, 17
48. Randscherbe einer graphitierten Schale (Sch 3) mit leicht nach außen verdickter, oben abgerundeter Lippe. R = 14 cm, H noch 5,2 cm, M 2.5, Taf. 20, 18
49. Zwei Wandscherben eines graphitierten Gefäßes mit breit-kantig profiliertem Bauchumbruch. H noch 2,8 cm, M 2, Taf. 20, 19
50. Randscherbe eines graphitierten Gefäßes mit oben abgerundeter Lippe. H noch 2,7 cm, M 2, Taf. 20, 20
51. Randscherbe einer graphitierten Schale mit leicht nach innen abgestrichener Lippe. H noch 1,8 cm, M 2, Taf. 20, 21
52. Randscherbe eines graphitierten Gefäßes, möglicherweise Lippenbruchstück eines großen Kegelhalsgefäßes, mit verdickter, kantiger Lippe. H noch 2,2 cm, M 2, Taf. 20, 22
53. Randscherbe eines orangefarbenen kleinen Wirtschaftsgefäßes mit kleingetupftem Rand. H noch 1,4 cm, M 2.5, Taf. 20, 23
54. Randscherbe eines graphitierten Gefäßes mit abgerundeter Lippe. H noch 1,7 cm, M 2, Taf. 20, 24
55. Randscherbe eines graphitierten, dünnwandigen Schälchens (Sch 3) mit oben gerundeter Lippe. H noch 1,9 cm, M 2, Taf. 20, 25
56. Randscherbe eines graphitierten, dünnwandigen Gefäßes, wohl einer kleinen Schüssel (S 7) mit spitz zulaufender Lippe. H noch 1,6 cm, M 2, Taf. 20, 26
57. Randscherbe eines schwarzen Gefäßes mit nach innen gerundeter Lippe. H noch 1,7 cm, M 5, Taf. 20, 27
58. Randscherbe eines graphitierten Gefäßes mit nach innen gerundeter Lippe. H noch 1,0 cm, M 2, Taf. 20, 28
59. Randscherbe eines schwarzbraunen Gefäßes mit abgebogenem Rand und gerundeter Lippe. R = 22,5 cm, H noch 2,6 cm, M 3.4.5, Taf. 21, 1
60. Randscherbe eines graphitierten Gefäßes, wohl einer Schüssel (S 2) mit oben gerundeter Lippe. H noch 2,3 cm, M 2, Taf. 21, 2
61. Randscherbe eines schwarzen Gefäßes mit kegelförmigem Hals und abgerundeter Lippe. H noch 2,7 cm, M 2.5.6, Taf. 21, 3
62. Randscherbe eines schwarzen Gefäßes mit abgerundeter Lippe. H noch 2,2 cm, M 2.5, Taf. 21, 4
63. Zwei Wandscherben eines schwarzen Gefäßes mit unregelmäßiger, vertikaler Strichverzierung. D = 18,5 cm, H noch 2,8 cm, M 4.5, Taf. 21, 5
64. Randscherbe einer graphitierten Schale mit nach innen gerundeter Lippe. H noch 2,8 cm, M 2.6, Taf. 21, 6
65. Teil eines mittelbraunen, walzenförmigen Spinnwirtels mit leicht einziehendem Profil. D = 2,7 cm, H = 2,4 cm, M 2.6, Taf. 21, 7
66. Randscherbe eines graphitierten Gefäßes mit oben abgerundeter Lippe. H noch 2,3 cm, M 2, Taf. 21, 8
67. Wandscherbe eines ockergrauen Wirtschaftsgefäßes mit mehrreihig-wechselständig getupfter Leiste. H noch 5,0 cm, M 2.5, Taf. 21, 9
68. Bodenscherbe eines dunkelbraunen Gefäßes mit steil ansteigender Wandung. An der Innenseite befindet sich ein schwarz glänzender, organischer Überzug, vermutlich durch Einbrennen entstanden. B = 9 cm, H noch 3,0 cm, M 2, Taf. 21, 10
69. Wandscherbe eines hellorangefarbenen Wirtschaftsgefäßes mit umlaufender Tupfenreihe. H noch 3,4 cm, M 2.4.5, Taf. 21, 11

70. Randscherbe eines graphitierten Gefäßes, möglicherweise eines großen Kegelhalsgefäßes mit abgesetzter Lippe. H noch 2,2 cm, M 2, Taf. 21, 12
71. Randscherbe eines beige-ockerfarbenen Gefäßes mit steilem Oberteil und oben abgerundeter Lippe. H noch 1,9 cm, M 2, Taf. 21, 13
72. Bodenscherbe eines graphitierten Gefäßes mit flach ansteigender Wandung und innen abgesetzter Standfläche. H noch 1,5 cm, M 2, Taf. 21, 14
73. Bodenscherbe eines graphitierten Gefäßes mit flach ansteigender Wandung. H noch 1,8 cm, M 2.5, Taf. 21, 15
74. Bodenscherbe eines hellockerfarbenen Gefäßes. H noch 2,1 cm, M 2.5, Taf. 21, 16
75. Randscherbe eines ocker- dunkelbraun gefleckten Schüssel (S 7) mit oben unregelmäßig gerundeter Lippe. H noch 3,0 cm, M 2, Taf. 21, 17
76. Wandscherbe eines ockerfarbenen Wirtschaftsgefäßes mit unregelmäßig gequetschter Leiste. H noch 7,1 cm, M 3.4.5, Taf. 21, 18
77. Wandscherbe eines ehemals graphitierten Gefäßes mit abgesetztem, wohl kegelförmigem Hals. H noch 3,0 cm, M 2, Taf. 21, 19
78. Wandscherbe eines graphitierten Kegelhalsgefäßes mit geschwungenem Hals. H noch 3,5 cm, M 2, Taf. 21, 20
79. Wandscherbe eines beige-braunen Gefäßes mit relativ steil ansteigendem Unterteil. H noch 3,4 cm, M 2, Taf. 21, 21

Aus der flachen „Kulturschicht“ außerhalb der Grube:

80. Wandscherbe eines bauchigen, dunkelockerfarbenen Gefäßes mit abgesetztem Hals. H noch 4,4 cm, M 2.5, Taf. 21, 22
81. Wandscherbe eines dunkelbraunen Wirtschaftsgefäßes mit gekerbter Leiste. H noch 4,2 cm, M 2.5, Taf. 21, 35
82. Wandscherbe eines hellgrauen Gefäßes mit plastischer, anthropomorpher Darstellung. H noch 2,6 cm, M 2.6, Taf. 21, 36

Grube 3

83. Wandscherbe eines schwarzen Gefäßes mit steiler Wandung. H noch 3,6 cm, M 2.4, Taf. 21, 25
84. Randscherbe einer graphitierten Schale (Sch 3) mit nach innen gerundeter Lippe. R = 16 cm, H noch 4,2 cm, Taf. 21, 26
85. Wandscherbe eines beige-ockerfarbenen Gefäßes mit steiler, spitz zulaufender Lippe. H noch 5,1 cm, M 2.4.6, Taf. 21, 28
86. Randscherbe eines graphitierten Gefäßes mit abgebogener, spitz zulaufender Lippe. H noch 1,7 cm, M 2.5, Taf. 21, 30
87. Randscherbe eines graphitierten Gefäßes mit abgebogener, spitz zulaufender Lippe. H noch 1,6 cm, M 2.5, Taf. 21, 31
88. Bodenscherbe eines ockerfarbenen Wirtschaftsgefäßes. H noch 2,1 cm, M 2.4, Taf. 21, 32
89. Bodenscherbe eines schwarzen Gefäßes. H noch 2,1 cm, M 2, Taf. 21, 33

Streufunde nahe Stelle 2

Die Fundstücke sind als „Stelle 3“ beschriftet

1. Randscherbe eines graphitierten Gefäßes, wohl einer Schale (Sch 2) mit oben gerundeter Lippe. H noch 3,6 cm, M 1.2.4, Taf. 21, 24
2. Wandscherbe eines orangebraunen Kegelhalsgefäßes. H noch 3,0 cm, M 2.5, Taf. 21, 23
3. Wandscherbe eines dunkelbraunen, steilwandigen Gefäßes, wohl eines Bechers, mit gerundeter Lippe. H noch 4,3 cm, M 2.5, Taf. 21, 27
4. Wandscherbe eines grau-braunen Gefäßes mit steil aufsteigendem Unterteil. H noch 2,9 cm, M 2.5, Taf. 21, 29
5. Bodenscherbe eines orangebraunen Wirtschaftsgefäßes. B = 13 cm, H noch 3,6 cm, M 4.5, Taf. 21, 34

Aus Profil D/E bei Punkt L

Das Fundstück ist als „Stelle 4“ beschriftet

1. Teile einer graphitierten Schüssel (S 7) mit nach innen gerundeter Lippe. R = 12 cm, H noch 7,1 cm, M 2.5, Taf. 18, 1

Tierknochen

Sämtliche Tierknochenreste stammen, soweit bestimmbar, aus Grube 2. Aus Grube 1 sind nur einige wenige nicht ansprechbare Splitter vorhanden. Auf Fundabbildungen wurde verzichtet.

1. M^3, Oberkiefer, eines Schweines (*sus domesticus*), Altersmerkmale: > 3 Jahre
2. M_2, Unterkiefer, eines Schweines (*sus domesticus*), Altersmerkmale: > 3 Jahre
3. M_2, Unterkiefer, eines Schweines (*sus domesticus*), Altersmerkmale: > 3 Jahre
4. M_1, Unterkiefer, eines Schweines (*sus domesticus*), Altersmerkmale: > 3 Jahre
5. P_3, Unterkiefer, eines Schweines (*sus domesticus*), Altersmerkmale: > 3 Jahre
6. P_4, Unterkiefer, eines Schweines (*sus domesticus*), Altersmerkmale: > 3 Jahre
7. Zahnwurzel, Tierart nicht bestimmbar
8. Hornsprosse eines Rehs (*capreolus capreolus*), männliches Tier
9. M_2, Unterkiefer, eines kleinen Wiederkäuers
10. Caninus eines weiblichen Schweines (*sus domesticus*)
11. Oberarmbein-(humerus-) oder Speichen-(radius-)fragment eines Schweines (*sus domesticus*)
12. Phalanx I eines Schweines (*sus domesticus*)
13. Phalanx II eines Schweines (*sus domesticus*)
14. Unterkiefer-(mandibula-)fragment eines Schweines (*sus domesticus*)
15. Oberkiefer-(maxilla-)fragment eines Schweines (*sus domesticus*)
16. Schienbein-(tibia-)fragment eines Schweines (*sus domesticus*)
17. Phalanx, vermutlich eines Schweines (*sus domesticus*)
18. Unterkiefer-(mandibula-)fragment, links mit P_2 - P_4 und M_1 - M_3 eines Schafes (*ovis aries*)
19. Milchprämolar, Pd_4, Unterkiefer, eines Schweines (*sus domesticus*)
20. Speichen-(radius-) oder Schienbein-(tibia-)fragment eines Schweines (*sus domesticus*), nur Diaphyse. Altersmerkmale: Ferkel
21. Rippe (os costale) eines Schweines (*sus domesticus*). Altersmerkmale: Ferkel

ferner liegen von Großlellenfeld noch zahlreiche Wandscherben ohne weitere Aussagekraft, zahlreiche kleine Knochensplitter und zwei klingenförmige Silexabschläge vor

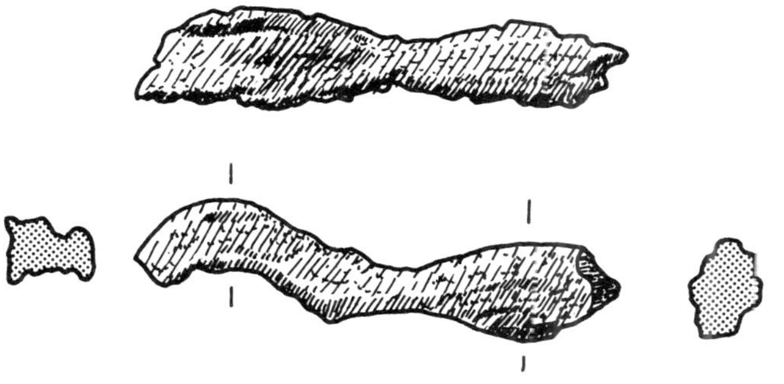

1: Zustand vor der Restaurierung.

2: Zustand nach der Restaurierung.

Abb. 27: Arberg, Großlellenfeld: Eisengegenstand aus Grube 2, Nr. 1, M.: 1 : 1.

CHRONOLOGISCHE AUSWERTUNG

Wegen der Ähnlichkeit der Keramikformen wurde bereits im Katalog eine zusammenfassende typologische Ordnung für den Fundstoff beider Siedlungen erarbeitet. Bei der folgenden chronologischen Auswertung soll dies beibehalten werden, so daß bei der Chronologie der Keramikfunde primär die zeitliche Stellung der jeweiligen Typen dargestellt wird. Eine Übertragung der Ergebnisse auf die beiden Siedlungen erfolgt erst im Anschluß. Vorweg ist die zeitliche Stellung der nichthallstattzeitlichen Funde sowie der Schmuckfunde erörtert.

Vorhallstattzeitliche Funde

OBERASBACH-ALTENBERG

Spätpaläolithikum-Mesolithikum

Aus der Grabung liegen einige Silexartefakte vor, welche jedoch ohne erkennbare Leitformen bleiben. Die Nähe zu dem einschlägig vorgelegten spätpaläolithisch/mesolithischen Fundplatz „Altenberg" macht für die Silexartefakte der Grabung eine entsprechende Datierung möglich[7a].

Urnenfelderzeit

Aus den Keramikfunden lassen sich einige urnenfelderzeitliche Stücke aussondern. Sie fallen bereits durch ihre andere Machart auf. Alle Scherben sind aus ockerfarben gebranntem, mit Sand abgemagertem Ton bei meist sandig-rauh wirkender Oberfläche hergestellt.
Gut datierbar ist die Scherbe mit Riefengruppen und Abrollverzierung Attinger Art (Abb. 26, 2). Letztere gilt allgemein für eine zeitliche Stellung nach Ha A2[8]. In Mittelfranken scheint sie aber auch für Ha B noch belegt[9]. Vermutlich nach Ha A2 gehört auch die Scherbe mit Innenfacettierung[10] (Abb. 26, 3). Zeitlich nicht näher als Urnenfelderzeit eingrenzbar sind die Scherben Abb. 26, 4 und 5 sowie das Schalenfragment mit gekehlter Lippe (Abb. 26, 1).

ARBERG-GROSSLELLENFELD

Neolithikum

Vermutlich in das Neolithikum datiert eine Scherbe mit plastischem Menschenkopfansatz (Taf. 21, 36). Vergleichbare Stücke sind zahlreich, ohne daß eine engere Fixierung möglich wäre. Allerdings tauchen ähnliche Darstellungen auch als Kleinplastiken in hallstattzeitlichem Zusammenhang auf[11].
Die wenigen Silexstücke lassen sich typologisch oder chronologisch nicht fixieren.

Metall-, Glas- und Bernsteinfunde

OBERASBACH-ALTENBERG

Aus der Grabung liegen mehrere als Verlierfunde zu deutende Trachtausstattungsteile vor. Charakteristisch ist das Bruchstück eines Hohlblechhalsringes mit Steckverschluß (Taf. 17, 2), dessen Datierung nach Ha D im nordostbayerischen Raum gesichert ist[12]. Eine feinere Fixierung ist dabei ebenso unmöglich wie bei dem Stöpselohrring (Taf. 17, 13) oder dem vermutlichen Steigbügelarmring (Taf. 17, 1). Immerhin datieren beide nach Ha D[13]. Generell in die gleiche Stufe sind auch Anhänger, wie Taf. 17, 11, zu stellen[14]. Ohne chronologischen Ansatz soll hier der zweite Anhänger (Taf. 17, 12) bleiben, da er nach Augenschein nicht vorgeschichtlich ist. Typologisch wäre er jedoch in hallstattzeitlichem Zusammenhang, wie etwa in Kriegenbrunn[15] nachweisbar. Der scheinbare Widerspruch könnte nur spektralanalytisch gelöst werden.
Auch die übrigen Verlierfunde datieren in die Hallstattzeit, wobei zumindest die oblonge Bernsteinperle (Taf. 17, 5) als nach Ha D gehörig gelten kann[16].

ARBERG-GROSSLELLENFELD

Das kleine Eisenfragment (Abb. 27, 1) ist für eine chronologische Fixierung ungeeignet.

7a. W. Schönweiß, Die spätpaläolithische Fundlandschaft der Bibertmündung bei Altenberg; in: Festschrift zum 100-jährigen Bestehen der Abteilung für Vorgeschichte der Naturhistorischen Gesellschaft Nürnberg e. V., Abhandl. Naturhist. Ges. Nürnberg 39, 1982, zur älteren Lit. vgl. ebd. Anm. 1.

8. Grundsätzlich zur Verzierung immer noch R. Eckes, Eine Töpferei der Urnenfelderzeit zu Atting, B. A. Straubing, Bayerische Ostmark. Festschr. G. von Merhart, Marburger Studien 1938.

9. So beispielsweise in Engelthal, Mühlanger, Hügel 5: H. Hennig, Die Grab- und Hortfunde der Urnenfelderkultur aus Ober- und Mittelfranken, Materialh. Bayer. Vorgesch. 23, 1970, Taf. 54, 2.

10. So beispielsweise in Erlangen-Stadtwald, Grab 1, ebd., Taf. 36, 4; Datierung mit Hennig (ebd. 37) nach Ha A_2.

11. Vgl. L. Wamser, Ein Ensemble hallstattzeitlicher Tonstatuetten von Rottendorf, Lkr. Würzburg, Unterfranken. Das Arch. Jahr in Bayern 1980, Abb. 69; Ch. Pescheck, Die wichtigsten Bodenfunde und Ausgrabungen des Jahres 1974, Frankenland H. 11, 1974, Abb. 14, 1

12. M. Hoppe (1986), 39; W. Torbrügge (1979), 205.

13. Ebd. sowie M. Hoppe (1986), 65 (Steigbügelringe) 34 (Stöpselohrringe).

14. Ebd. 45, ein gutes Vergleichsstück stammt aus dem Behringersdorfer Forst: ebd. Taf. 38, 17.

15. Ebd. Taf. 11, 7.

16. Grundsätzlich schon G. Kossack (1959) 32; ders. Gräberfelder der Hallstattzeit an Main und Fränkischer Saale, Materialh. Bayer. Vorgesch. 24, 1970, 116; unter Korrektur und Beschränkung auf Ha D unlängst W. Torbrügge (1979) 154; für Mittelfranken unter Ausnahme von Einzelstücken ausschließlich Ha D nach M. Hoppe (1986) 46.

Die Keramik

Forschungsstand

Die Bearbeitung hallstattzeitlicher Siedlungskeramik aus Süddeutschland ist weiterhin als Desiderat der Forschung anzusehen[17]. Von allgemein gehaltenen Vorberichten großflächiger Grabungen der letzten Jahre abgesehen[18], liegt keramisches Material aus sicher erschlossenem hallstattzeitlichem Siedlungskontext nur ausnahmsweise vor. Die erwähnten Vorberichte bleiben mangels Fundvorlage unergiebig. Wenn überhaupt, sind nur wenige Scherben als pseudorepräsentative Auswahl abgebildet.
Seltene Ausnahmen sind die Fundvorlagen von Schernau[19] und Kornwestheim[20]. In beiden Fällen sicherte eine Grabung entsprechende Fundvergesellschaftungen in Gruben. Aus Baden-Württemberg ließe sich noch die eine oder andere Stelle nachtragen[21], ohne daß eine breite Basis erreicht würde. Die vorgelegten bayerischen Funde von der Houbirg[22] und von Mintraching[23] sind ohne geschlossene Fundvergesellschaftungen. Besonders bei dem vorgelegten Houbirg-Material wird die Schwierigkeit der Trennung von späthallstattzeitlichen und frühlatènezeitlichen Formen deutlich[24]. Diese mangelnde Trennschärfe allein macht eine Überprüfung hallstattzeitlicher Siedlungsfunde auf das Vorhandensein ausschließlich frühlatènezeitlicher Formen unumgänglich.
Der Forschungsstand zur Frühlatènekeramik in Süddeutschland ist jedoch noch dürftiger. Siedlungsvorlagen fehlen fast völlig[25], die Vorlage der Grabkeramik beschränkt sich auf wenige Einzelberichte[26].

Methode

Der kurz referierte Forschungsstand läßt keine Möglichkeit zu einem Vergleich des hier behandelten Siedlungsmaterials mit zeitgleichen Siedlungen in der Region. Ein Sprung über weite Entfernungen verbietet sich durch die starke Regionalität der Siedlungskeramik[27].
Somit muß mit Grabfunden verglichen werden. Mögliche unterschiedliche Verwendungen der Gefäße bedingen dabei zwangsläufig eine gewisse Unsicherheit. Diese muß jedoch, will man beim gegenwärtigen Forschungsstand überhaupt ein chronologisches Ergebnis erzielen, in Kauf genommen werden. Sprünge über größere Entfernungen verbieten sich selbstverständlich auch hier. Alleine in Mittelfranken als unmittelbarer Region lassen sich schon zwei keramische Zonen unterscheiden[28]. Bei der Auswahl der Vergleichsregion wurde Nordostbayern gewählt. Hierzu zählen Mittelfranken, die Oberpfalz und Oberfranken. Die beiden erstgenannten Räume lassen sich dank aufgearbeiteter Kataloginventare[29] gut überblicken. Oberfranken verschließt sich leider mangels Aufarbeitung einer näheren Einbeziehung.
Für die Überprüfung, inwieweit frühlatènezeitliche Formen in der vorliegenden Keramik erkennbar werden, kommt nur der oberpfälzische Raum in Betracht. Das dortige Material ist aufgenommen, Herrn Dr. H. P. Uenze ist für die bereitwillig gewährte Katalogeinsicht zu danken[30].

Um bei all den genannten Einschränkungen zu einer verlässlichen Chronologie der Keramik zu kommen, wurden als Vergleiche nur Funde aus geschlossenen, durch Metallbeigaben oder keramische Leitformen datierbaren Gräbern herangezogen. Als solche Keramikleitformen können Stufenschalen[31], bauchige Kegelhalsgefäße mit hoher, scharf abgesetzter Lippe[32] und Hochhalsgefäße[33] gelten. Diese Beschränkung verkleinert zwar die Vergleichsbasis erheblich, erhöht jedoch die Datierungssicherheit. Zur Ergänzung wurden gelegentlich noch Siedlungsfunde aus dem böhmischen Gebiet benutzt. Die Verwandtschaft des dortigen Fundstoffes mit dem nordostbayerischen dürfte außer Zweifel stehen[34]. Für die latènezeitlichen Bezüge konnten die oben erwähnten oberpfälzischen Funde nur zweitrangig herangezogen werden, da geschlossene Ensembles derzeit noch vollständig fehlen[35].

17. So unlängst J. Lüning (1980) 31 und H. P. Uenze (1985) 182 mit Anm. 7.
18. Vgl. die einschlägigen Fundnotizen in der Reihe „Das Archäologische Jahr in Bayern", Zusammenstellung südbayerischer Befunde bei K. Leidorf (1983) 136 ff.
19. J. Lüning (1980).
20. W. Joachim (1977).
21. Vgl. die jeweiligen Fundchroniken in den Fundber. Baden-Württemberg mit meist umfänglicher Materialabbildung.
22. H. P. Uenze (1982) und (1985).
23. L. Pauli (1980).
24. H. P. Uenze (1982) 264; ders. (1985) 182; in gleichem Sinn argumentierend J. Lüning (1980) 32.
25. Fundchronik Bayer. Vorgeschbl. 20, 1960, 225, unlängst H. P. Uenze (1984).
26. So z. B. J. Zeidler, Drei frühlatènezeitliche Gräber aus Speikern, Lkr. Nürnberger Land; in: Festschrift ... (wie Anm. 3) 277 ff mit weitergehenden Angaben, insbes. Anm. 27.
27. Zur methodischen Anfechtbarkeit weiträumiger Vergleiche W. Torbrügge, Geleitwort in H. J. Reisenhauer (1976) 5; in gleicher Weise J. Lüning (1980) 30.
28. So unterscheidet M. Hoppe (1986) einen „Ostalbstil" (ebd. 63) und eine „nordostbayerische Keramik" (ebd. 69).
29. W. Torbrügge (1965); ders. (1979) für die Oberpfalz, M. Hoppe (1986) für Mittelfranken.
30. I. F. zitiert als H. P. Uenze (in Vorbereitung).
31. Zur Datierung nach Ha C unter Hinweis auf gelegentliche Ha D-Ausreißer W. Torbrügge (1979) 167 und 191.
32. Zur Datierung nach Ha C ebd. 161 und 191. Auch hier liegen noch nach Ha D zu stellende Exemplare vor, beilspielsweise aus Beilngries, Im Grund Ost, Grab 19/15, W. Torbrügge (1965) Taf. 56, 7 oder aus Schnaittach, Weidenschlag, Hügel 8, Zentralbestattung, M. Hoppe (1986) Taf. 94, 1.
33. Für Bayern nach G. Kossack (1954) 22 mit Abb. 8, 12. 13; Datierung nach Ha D.
34. So schon ebd. 6; zuletzt, allerdings gegen die Bezeichnung als Gruppe W. Torbrügge (1979) 179 f, 229.
35. freundlicher Hinweis von H. P. Uenze.

Einzelchronologie

Schale 1

Schalen dieses Typs zählen zu den häufigen Keramikbeigaben nordostbayerischer Hallstattgräber. Sichere Belege für Ha C liegen aus Kirchensittenbach, Beckerslohe, Hügel 1, Zentralbestattung[36], Hügel 2, Zentralbestattung[37], Hügel 3, Rand der Brandschicht[38] und Hügel 13, Bestattung 2[39], aus Hilpoltstein, Lay-Espan, Hügel 5[40], Schirndorf, Hügel 10, Grabkammer, Erstbelegung[41], Hügel 12, Grabkammer, Erstbelegung[42], Hügel 13, Grabkammer[43], Hügel 33, Grabkammer, Erstbelegung[44], Hügel 38, Grabkammer, Erstbelegung[45], Hügel 42, Grabkammer, Erstbelegung[46] und Hügel 48, Grabkammer, Erstbelegung[47], Götzendorf, Hauptbestattung[48], Beilngries, Im Ried-Ost, Grab 75[49] und Grab 32[50] sowie Dietfurt, Gräber 26[51] und 27[52] vor.

Für Ha D_1 sind Belege aus Weihenzell[53], hier mit Fußbildung, und Schnaittach, Weidenschlag, Hügel 8, Zentralbestattung[54] zu nennen. Generell nach Ha D datiert ferner ein Grab aus Beilngries, Im Grund-Ost, Nr. 19/3[55]. Aus der tschechischen Siedlung von Těšetice, Objekt 6 liegt ein weiterer Ha D-Beleg vor[56].

Ohne Verwendung müssen Parallelen aus den Gräbern von Kirchensittenbach, Hügel 1, Nachbestattung sowie Hügel 13, Bestattung 1 bleiben. Die von Hoppe zugrundegelegte Geschlossenheit hält einer Überprüfung nicht stand[57]. Das gleiche gilt für Speikern, Hügel 2[58].

Schale 2

Vergleichsexemplare zu diesem Typ sind zahlenmäßig geringer. Auch hier streuen die Nachweise von Ha C bis Ha D. Für Ha C liegen Vergleichsstücke aus Speikern, Hügel 3[59], Schirndorf, Hügel 41, Grabkammer[60] und Hügel 42, Grabkammer, Erstbelegung[61] sowie aus Dietfurt, Grab 26[62] vor. Nach Ha D gehören die Nachbestattung D des Hügels von Erlangen, Kriegenbrunn[63] und Simmershofen[64], nach Ha D_1 datiert ein Vergleichsstück aus Schnaittach, Weidenschlag, Hügel 8, Zentralbestattung[65].

36. M. Hoppe (1986) Taf. 48, 13. 14; datiert durch eine Schwanenhalsnadel mit Plattenkopf (ebd. Taf. 48, 5).
37. Ebd. Taf. 50, 3; datiert durch ein eisernes Hallstattschwert (ebd. Taf. 49, 12a).
38. Lt. OA NHG im Gegensatz zu Hoppe von der Zentralbestattung nicht trennbar, letztere datiert durch ein Toilettbesteck nach Ha C (ebd. Taf. 51, 7 – 10).
39. Ebd. Taf. 74, 2. 3; datiert durch eine Schälchenkopfnadel (ebd. Taf. 74, 6) und Toilettstäbchen (ebd. Taf. 74, 7). Die ebd. 139 im Katalog des Inventars von Hügel 13 unter Nr. 12 und Nr. 13 hinzugerechneten Funde müssen laut OA NHG zu einer eigenen Bestattung mit eigener, von Hoppe übersehener Brandschicht gezählt werden.
40. Ebd. Taf. 103, 5; datiert durch eine Kegelhalsgefäß mit hoher, schräg abgesetzter Lippe (im folgenden als „Ha C-Kghgef." abgekürzt; ebd. Taf. 104, 2) und Stufenschalen (ebd. Taf. 103, 6; 104, 1).
41. A. Stroh (1979) Taf. 75, 4. 10; datiert durch Ha C-Kghgefe. (ebd. Taf. 74, 10; Taf. 75, 11).
42. Ebd. Taf. 83, 8; datiert durch eine Stufenschale (ebd. Taf. 86, 5).
43. Ebd. Taf. 89, 7; datiert durch Ha C-Kghgefe. (ebd. Taf. 88, 8. 5; 89, 3. 8) und eine Stufenschale (ebd. Taf. 91, 6).
44. Ebd. Taf. 107, 13; datiert durch ein Ha C–Kghgef. (ebd. Taf. 108, 9).
45. Ebd. Taf. 121, 1. 9; datiert durch eine Mehrkopfnadel (ebd. Taf. 120, 8).
46. Ebd. Taf. 128, 11; datiert durch ein eisernes Hallstattschwert (ebd. Taf. 125, 13) und eine Mehrkopfnadel (ebd. Taf. 125, 15).
47. Ebd. Taf. 130, 6; datiert durch ein Ha C-Kghgef. (ebd. Taf. 131, 8) und Stufenschalen (ebd. Taf. 130, 3. 8).
48. W. Torbrügge (1979) Taf. 135, 1; datierend ist ein Toilettbesteck (ebd. Taf. 136, 6).
49. Ders. (1965) Taf. 13, 12; datiert durch eine Dreikopfnadel (ebd. Taf. 13, 16).
50. Ebd. Taf. 14, 9. Das Inventar ist zwar unvollständig (ebd. 50), die Schale gehört jedoch sicher mit einer Schälchenkopfnadel mit Schwanenhals (ebd. Taf. 14, 8) zusammen.
51. H. P. Uenze (1971) Taf. G 9; datiert durch Ha C-Kghgefe. (ebd. Taf. C 5, D 4) und eine Stufenschale (ebd. Taf. E 9).
52. Ebd. Taf. D 3, G 1; datiert durch Ha C-Kghgefe. (ebd. Taf. D 5, F 8) und eine Stufenschale (Ebd. Taf. F 3).
53. M. Hoppe (1986) Taf. 7, 7; mit Vierpaßspiralschmuckplatte (ebd. Taf. 7, 1).
54. Ebd. Taf. 94, 2; datierend sind ein Melonenarmband (ebd. Taf. 93, 9) und Reste einer Vierpaßspiralfibel (ebd. Taf. 93, 7). Zu Resten mindestens eines Ha C-Kghgef. siehe Anm. 32.
55. W. Torbrügge (1965) Taf. 58, 19; datierend ist ein Steigbügelring (ebd. Taf. 58, 17).
56. V. Podborský (1965) Taf. 2, 9; mit Eisenmesser (ebd. Taf. 2, 4).
57. Bei Hügel 1, Nachbestattung erfaßten die von Hoppe (1986) 131 beiläufig erwähnten Störungen den gesamten Nachbestattungsbereich. Nach den Numerierungen der Ausgräber und den Originalplänen (vgl. OA NHG) waren sämtliche Funde über weite Strecken verlagert, ein Zusammenhang, der einen Rückschluß nur auf eine Nachbestattung gestattete, nicht mehr erkennbar. Die bei Hoppe unterstellte Geschlossenheit ist jedenfalls konstruiert. In Hoppes Bestattung 1 des Hügels 13 sind lt. OA NHG mindestens zwei Bestattungen vereint. Eine Zuschreibung der jeweiligen Gefäße zu den einzelnen Leichenbrandniederlegungen ist aufgrund der Streuung nicht möglich, eine Zusammenfassung zu einer Bestattung bleibt hypothetisch.
58. Das Grab war durch Planierung stark gestört, selbst tiefe Steinlagen waren verschoben (Uenze/Gregor, 1976, 110), ein Großteil der Keramik ist im Originalplan überhaupt nicht enthalten (ebd. 111), die Lage damit unbekannt.
59. M. Hoppe (1986) Abb. 34, 12; datierend ist eine Spiralkopfnadel mit Achterschleife (ebd. Abb. 34, 1), die Geschlossenheit dürfte trotz widersprüchlicher Angaben Vollraths (Uenze/Gregor, 1976, 116) gegeben sein.
60. A. Stroh (1979) Taf. 123, 12; datiert durch zwei Ha C-Kghgefe. (ebd. Taf. 124, 6. 11).
61. Ebd. Taf. 127, 3; Datierung wie Anm. 46.
62. H. P. Uenze (1971) Taf. E 4; Datierung wie Anm. 51.
63. M. Hoppe (1986) Taf. 12, 1; datiert durch einen Bronzeblechhohlring (ebd. Taf. 11, 9), Stöpselohrringe (ebd. Taf. 11, 10. 14) u. a.
64. Ebd. Taf. 26, 4. Das bei Hoppe zusammengelegte Inventar ist ausweislich des von ihm vorgelegten Grabplanes (ebd. Taf. 169, 3) auf zwei Bestattungen aufzuteilen. Die genannte Keramik entstammt der nördlichen Bestattung, diese datiert durch ein Hochhalsgefäß nach Ha D (ebd. Taf. 27, 3).
65. Wie Anm. 54.

Schale 3

Auch Schalen des Typs 3 streuen über die gesamte Hallstattzeit. Aus Speikern, Hügel 3[66], Schirndorf, Hügel 10, Grabkammer, Erstbelegung[67], Hügel 33, Grabkammer, Erstbelegung[68] und Hügel 48, Grabkammer, Erstbelegung[69] sowie Dietfurt, Grab 26[70] liegen Ha C-Parallelen vor. Ein Gefäß aus Obernricht, Grabung 1965[71] datiert nach Ha D_1, ein Stück aus Hilpoltstein, Lay-Espan, Hügel 4, Grab 5 nach Ha D_2[72]. Unklar bleibt die Datierung eines Vergleichsstückes von Riedenburg, Haidhof, Steinsetzung III, da die dortige Keramik Leitformen sowohl der Stufe Ha C als auch der Stufe Ha D enthält[73]. Eine weitere Parallele aus Speikern, Hügel 2 muß aus oben genannten Gründen[74] außer Ansatz bleiben.

Schüssel 1a

Schüsseln mit geblähtem Kegelhals zählen zum üblichen Begleitinventar hallstattzeitlicher Bestattungen. Aus geschlossenem Ha C-Kontext liegen sie in Dietfurt, Grab 24[75] und Grab 26[76] vor. In die gleiche Stufe datiert eine Schüssel mit verkümmerter Halsbildung von Schirndorf, Hügel 42, Grabkammer, Erstbelegung[77]. Nach Ha D_1 gehören die Stücke von Weihenzell[78] und Oberreinbach, Grab 1[79], nach Ha D_2 eine Schüssel aus Grab 3 im Rückersdorfer Forst[80].

Schüssel 1b

Für diesen Typ liegen zahlreiche Parallelen aus Ha C vor. Aus Mittelfranken stammen die Stücke von Kirchensittenbach-Alfalter[81] und Speikern, Hügel 3[82], die Mehrzahl findet sich in oberpfälzischen Gräbern. Hier lassen sich die Funde von Schirndorf, Hügel 1, Grabkammer[83], Hügel 10, Grabkammer, Erstbelegung[84], Hügel 33, Grabkammer, Erstbelegung[85] und Hügel 51[86], Beingries, Im Ried-Ost, Grab 75[87] und Dietfurt, Grab 26[88] nennen. Aus Hersbruck, Grab 33 stammt ein Beleg aus Ha D[89].

Schüssel 1c

Auch für diese Variante läßt sich eine engere Fixierung in der Hallstattzeit nicht erarbeiten. Funde aus Schirndorf, Hügel 31, Grabkammer, Erstbelegung[89a] und Riedenburg-Haidhof, Steinsetzung I[90] datieren nach Ha C, diejenigen von Schirndorf, Hügel 10, Grabkammer, Zweitbelegung[91] und Stelle 50, Ost[92] nach Ha D. Ausweislich der Eisenmesser sind zu den Ha D-Vergleichen noch die Gruben der hallstattzeitlichen Siedlung von Těšetice, Objekt 6 und Objekt 41[93] zu zählen. Aus oben erläuterten Gründen[94] muß ein weiteres Vergleichsstück aus Kirchensittenbach, Beckerslohe, Hügel 13, Bestattung 1 außer Betracht bleiben.

66. M. Hoppe (1986), Abb. 34, 6, Datierung wie Anm. 59.
67. A. Stroh (1979) Taf. 74, 7. 14, Datierung wie Anm. 41.
68. Ebd. Taf. 107, 16; Datierung wie Anm. 44.
69. Ebd. Taf. 133, 17; Datierung wie Anm. 47.
70. H. P. Uenze (1971) Taf. E 2, Datierung wie Anm. 51.
71. W. Torbrügge (1979) Abb. 8, 8; datierend sind eine Schlangenfibel (ebd. Abb. 8, 2) und ein Melonenarmband (ebd. Abb. 8, 3).
72. M. Hoppe (1986) Abb. 42, 2; datiert durch eine Paukenfibel mit Koralleneinlage (ebd. Abb. 41, 1. 2).
73. B. Engelhardt (1983) Abb. 18, 2; nach Ha C datieren eine Stufenschale (ebd. Abb. 25, 2) und die Kegelhalsgefäße (ebd. Abb. 18, 1; 19, 1; 20,4), nach Ha D eine Schüssel mit Hochhals (ebd. Abb. 25, 1) und drei Hochhalsschöpfer (ebd. Abb. 20, 1 - 3). Diese Zusammensetzung zeigt einmal mehr die Schwierigkeit ausschließlich auf keramischen Formen aufbauender Datierungen hallstattzeitlicher Inventare.
74. Wie Anm. 58.
75. H. P. Uenze (1971) Taf. A 8; datiert durch zwei Ha C-Kghgefe. (ebd. Taf. A 9, C 4).
76. Ebd. Taf. E 6; Datierung wie Anm. 51.
77. A. Stroh (1979) Taf. 125, 12; Datierung wie Anm. 46.
78. M. Hoppe (1986) Taf. 7, 2; Datierung wie Anm. 53.
79. W. Torbrügge (1979) Taf. 138, 2; datiert durch ein Melonenarmband (ebd. Taf. 139, 7), ein dick geripptes Armband (ebd. Taf. 139, 1) und zwei Gehängefibeln (ebd. Taf. 138, 7; 139, 3).
80. M. Hoppe (1986) Taf. 41, 10; datiert durch eine Paukenfibel (ebd. Taf. 41, 1)
81. Ebd. Taf. 48, 2; datiert durch Reste eines Toilettbesteckes (ebd. Taf. 47, 3. 4).
82. Ebd. Abb. 34, 5; Datierung wie Anm. 59.
83. A. Stroh (1979) Taf. 57, 2; datiert durch eine Spiralkopfnadel mit Achterschleife (ebd. Taf. 57, 4).
84. Ebd. Taf. 74, 3; das Exemplar hat einen sehr steilen Hals. Datierung wie Anm. 41.
85. Ebd. Taf. 109, 3; Datierung wie Anm. 44.
86. Ebd. Taf. 134, 2; datiert durch ein Ha C-Kghgef. (ebd. Taf. 134, 3).
87. W. Torbrügge (1965) Taf. 13, 17; Datierung wie Anm. 49.
88. H. P. Uenze (1971) Taf. C 3; Datierung wie Anm. 51.
89. M. Hoppe (1986) Taf. 46, 1. Das Stück würde bei dem möglichen Vorliegen einer Doppelbestattung (ebd. 129) zur älteren, durch ein Hochhalsgefäß (ebd. Taf. 46, 8) nach Ha D zu datierenden Bestattung zählen. Die Fundumstände lassen sich jedoch mangels exakter Aufzeichnungen während der Grabung nicht weiter erhellen (OA NHG).
89a. A. Stroh (1979) Taf. 121, 3; Datierung wie Anm. 45.
90. B. Engelhardt (1983) Abb. 11, 13; Exemplar mit kurzem Oberteil. Datierend sind drei Ha C-Kghgefe. (ebd. Abb. 7, 1; 8, 1; 9, 1) und zwei Stufenschalen (ebd. Abb. 6; 10, 2). Trotz schwieriger Bergungsumstände (ebd. 75 f) ist Geschlossenheit wahrscheinlich.
91. A. Stroh (1979) Taf. 76, 14; hier von einem Kegelhalsgefäß, nicht einer Kegelhalsschüssel. Das genannte Grab hatte mindestens eine Doppelbestattung (ebd. 44), die Funde, zwei massive Armringe (ebd. Taf. 76, 1. 2) und eine Fußzierfibel (ebd. Taf. 76, 3), datieren jedoch alle nach Ha D, eine nähere Fixierung soll wegen der möglichen Doppelbestattung unterbleiben.
92. Ebd. Taf. 133, 11; datiert durch einen Ohrring (ebd. Taf. 133, 4), in der Zeichnung bei Stroh als massives Stück abgebildet, vermutlich jedoch ein Stöpselohrring.
93. V. Podborský (1965) Taf. 2, 15. 16 bzw. Taf. 16, 12.
94. Wie Anm. 57.

Schüssel 2

Zahlreich sind Vergleichsstücke für Schüsseln mit steilem Kragenrand. Funde aus Kirchensittenbach, Bekkerslohe, Hügel 1, Zentralbestattung[95], Speikern, Hügel 3[96], Schirndorf, Hügel 12, Grabkammer, Erstbelegung[97], Hügel 13, Grabkammer[98], Hügel 33, Grabkammer, Erstbelegung[99], Hügel 48, Grabkammer, Erstbelegung[100], Hügel 51[101] und Hügel 38, Grabkammer, Erstbelegung[102], Neuhaus, Grabung Maurer, Hügel 2[103], Gaisheim, Hügel 6[104], Matzenhof, Hügel 1/2[105] und Riedenburg-Haidhof, Steinsetzung I[106] datieren nach Ha C. Die Schüsseln aus Zeitlarn, Hügel 1/1[107], Meiern/Oberhofen[108], Beilngries, Im Ried-West, Grab 1[109] und Im Grund-Ost, Grab 26[110] und Simmershofen, Hügel 1[111] sind nach Ha D_1 zu stellen, die Schüssel aus Kirchensittenbach, Alfalter[112] datiert nach Ha D_2. Allgemein in Ha D zu setzen sind die Funde aus Beilngries, Im Grund-Ost, Grab 19/5[113] und aus der hallstattzeitlichen Siedlung von Těšetice, Objekt 6[114]. Aus einer Grube von Černčin stammt ein nach Lt A datierendes Vergleichsexemplar[115].

Schüssel 2a

Gute Parallelen für diese Form sind zwar zahlreich, aus geschlossenen Inventaren jedoch selten. Immerhin ergibt eine Schüssel aus Kirchensittenbach, Beckerslohe, Hügel 1, Zentralbestattung[116] einen Ansatz in Ha C. Auf den gleichen Ansatz weist ein Stück aus Schirndorf, Hügel 10, Grabkammer, Erstbelegung[117]. Eine Entscheidung, ob die Form auf Ha C beschränkt bleibt, kann wegen der geringen Anzahl geschlossener Inventare nicht erfolgen. Die aus Mittelfranken noch vorliegenden Inventare von Kirchensittenbach, Beckerslohe, Hügel 10 und Dormitzer Forst, Hauptbestattung müssen mangels Geschlossenheit außer Ansatz bleiben[118].

Schüssel 3

Schüsseln und Schalen mit deutlicher Halskehle gelten im allgemeinen als Kennzeichen frühlatènezeitlicher Keramik. Mit H. P. Uenze ist jedoch auf hallstattzeitliche Parallelen[119] hinzuweisen. Die meisten Stücke datieren, wie die Funde aus Beilngries, Im Ried-Ost, Grab 46[120] und Grab 39[121] nach Ha D. Aus Obernricht, Grabung 1965[122] liegt ein nach Ha D_1 zu stellendes Vergleichsstück vor. Ein bis Ha D_3 reichender Vergleich stammt aus der hallstattzeitlichen Siedlung von Těšetice, Objekt 34[123]. Aus der gleichen Siedlung läßt sich ein noch nach

95. M. Hoppe (1986) Taf. 48, 11; das Exemplar hat einen leicht nach außen gebogenen Rand, Datierung wie Anm. 36.
96. Ebd. Abb. 36, 2; Datierung wie Anm. 59.
97. A. Stroh (1979) Taf. 84, 4. 9; Datierung wie Anm. 42.
98. Ebd. Taf. 87, 1; 89, 5; wie Anm. 43.
99. Ebd. Taf. 107, 4. 5; Datierung wie Anm. 44.
100. Ebd. Taf. 129, 2; Datierung wie Anm. 46.
101. Ebd. Taf. 134, 2. 6; 135, 1; Datierung wie Anm. 86.
102. Ebd. Taf. 121, 2; Datierung wie Anm. 38.
103. W. Torbrügge (1979) Taf. 19, 9; datiert durch eine Schwanenhalsnadel (ebd. Taf. 19, 3).
104. Ebd. Taf. 158, 1; datiert durch ein eisernes Hallstattschwert (ebd. Taf. 159, 6.
105. Ebd. Taf. 165, 1. 2; 166, 3; datiert durch ein Toilettbesteck (ebd. Taf. 163, 3), eine Schälchenkopfnadel (ebd. Taf. 163, 4) und zwei Schwanenhalsnadeln (ebd. Taf. 163, 5. 6).
106. B. Engelhardt (1983) Abb. 7, 2. 3; Datierung wie Anm. 90.
107. W. Torbrügge (1979) Taf. 100, 6; datiert durch ein Melonenarmband (ebd. Taf. 101, 4).
108. Ebd. Taf. 111, 6; datiert durch einen eisernen Gürtelhaken (ebd. Taf. 111, 2).
109. Ders. (1965) Taf. 39, 1; datiert durch Schlangenfibeln (ebd. Taf. 101, 4).
110. Ebd. Taf. 62, 5; datiert durch einen eisernen Gürtelhaken (ebd. Taf. 62, 4).
111. M. Hoppe (1986) Taf. 26, 15; Datierung wie Anm. 64.
112. Ebd. Taf. 48, 4; Datierung wie Anm. 81.
113. W. Torbrügge (1965) Taf. 57, 9; datiert durch einen (verschollenen) Steigbügelarmring (ebd. 95).
114. V. Podborský (1965) Taf. 2, 17; Datierung wie Anm. 56.
115. J. Meduna (1980) Taf. 12, 4; datiert durch zahlreiche Stücke frühlatènezeitlicher Drehscheibenkeramik.
116. M. Hoppe (1986) Taf. 48, 9; Datierung wie Anm. 36.
117. Randscherbe eines mittelbraunen Gefäßes mit geschwungenem Hals und oben getupfter Lippe. M 2.4, ohne Abbildung
118. M. Hoppe (1986) Taf. 70, 11. Entgegen Hoppe ist ein geschlossenes Grab nicht anzunehmen. Die Nadel mit Schälchenkopf (ebd. Taf. 70, 6) fand sich lt. OA NHG in 1,4 m Tiefe unter der Oberfläche. Benachbart lag in gleicher Tiefe ein Eisenstück (bei Hoppe nicht erwähnt). Die einzigen, im Protokoll sowie in der Erstveröffentlichung enthaltenen Eisenstücke sind Teile eines frühlatènezeitlichen kästchenförmigen Gürtelhakens (vgl. Abb. bei S. von Forster, XV Hügelgräber der Beckersloher Nekropole, Festschrift der Naturhistorischen Gesellschaft Nürnberg 1901, Taf. 26, 8 - 10, dort als „Reste einer Dolchscheide“ interpretiert: ebd. 267), in der Slg. NHG derzeit nicht ausscheidbar. Die daraus zu schließende Verlagerung von Fundmaterial im Hügel spricht für tiefgreifende Störungen bei der Grabung Heilmann. Bei dem Grab im Dormitzer Forst (Vergleichsstück Taf. 14, 10) ist die „Bestattung aus der Kohleschicht“ konstruiert. Teile davon, nämlich Scherben des Kegelhalsgefäßes (ebd. Taf. 15, 7) fanden sich nicht nur bei Stelle 12 (zur Lokalisierung vgl. jeweil ebd. Taf. 168, 1), sondern auch bei Stelle 1. Die bei Hoppe mit Stelle 8 - 14 bezeichneten Funde enthielten auch Teile der bei Hoppe abgebildeten Steilhalsschüssel (ebd. Taf. 15, 1), deren Hauptmenge jedoch von Stelle 16 stammt.
119. H. P. Uenze (1984) 65 unter Aufzeigung hallstattzeitlicher Tradition bei der Graphitierung, unter Berufung auf hallstattzeitliche Parallelen aus Böhmen ders. (1985) 182.
120. W. Torbrügge (1965) Taf. 16, 2; datiert durch eine Hochhalsschüssel (ebd. Taf. 16, 4).
121. Ebd. Taf. 17, 4; datiert durch ein Eisenmesser (ebd. Taf. 17, 2).
122. Ders. (1979) Abb. 8, 16; Datierung wie Anm. 71.
123. V. Podborský (1965) Taf. 9, 23; datiert durch einen geperlten Armring (ebd. Taf. 9, 4). Ähnliche Armringe sind noch im Zusammenhang mit Ha D_3- Fibeln, wie z. B. in Bučany, Grab 1 nachweisbar, vgl. J. Bujna und P. Romsauer, Späthallstatt- und Frühlatènezeitliches Gräberfeld in Bučany. Slovenská Arch. XXXI, 2, 1983, Taf. 1, 2. 5.

Ha C datierendes Stück nachweisen[124]. Nach Ha C gehört auch ein gedrungeneres Exemplar von Dietfurt, Grab 27[125].

Schüssel 4

Auch diese Form datiert von Ha C bis in die Latènezeit. Aus Kirchensittenbach, Beckerslohe, Hügel 2, Zentralbestattung[126], Obernricht, Grabung 1967[127], Schirndorf, Hügel 11, Grabkammer, Erstbelegung[128] und Dietfurt, Grab 27[129] liegen Vergleiche aus Ha C vor. Nach Ha D datiert eine Schüssel von Hersbruck, Grab 33[130], nach Ha D_1 ein Stück aus Zeitlarn, Hügel 1/1[131]. Aus der oben erwähnten Grube von Černčin[132] stammt ein frühlatènezeitlicher Beleg.

Schüssel 4a

Wegen der Herstellung eines Exemplares dieser Form auf der Drehscheibe in der Siedlung von Oberasbach-Altenberg kommt deren chronologischer Zuordnung eine besondere Bedeutung zu. Die älteste Parallele aus Schirndorf, Grab 33, Grabkammer, Erstbelegung datiert möglicherweise noch nach Ha C[133]. Aus Hersbruck, Grab 33[134], Kirchensittenbach, Beckerslohe, Hügel 3, Nachbestattung 2[135], Pillhausen, Grab 8[136] und Beilngries, Im Ried-Ost, Grab 46[137] vorliegende Exemplare sind nach Ha D zu stellen. Einen näheren Ansatz nach Ha D_1 ermöglichen Stücke aus Beilngries, Im Ried-West, Grab 68[138] und Obernricht, Grabung 1965[139]. Parallelen aus dem Dormitzer Forst und aus Kirchensittenbach, Beckerslohe, Hügel 13, Bestattung 1 müssen außer Betracht bleiben[140].

Schüssel 5a

Meist in Ha D-Kontext werden Schüsseln mit „S-förmigem Profil" gesehen. Allerdings existieren sie bereits als Beigabe in Ha C-Gräbern, wie die Bestattungen von Altdorf, Hügel 1, Zentralbestattung[141], Schirndorf, Hügel 13, Grabkammer[142] bzw. Hügel 1, Grabkammer[143] und Kirchensittenbach, Alfalter[144] zeigen. Aus Kirchensittenbach, Beckerslohe, Hügel 3, Nachbestattung 2[145], Simmershofen, Hügel 1, nördliche Bestattung[146] und Těšetice, Objekt 34[147] liegen Belege aus Ha D vor.

Schüssel 5b

Weitaus zahlreicher sind Parallelen für diese Form. Aus den Ha-C Bestattungen sei als kleine Auswahl genannt: Schirndorf, Hügel 48, Grabkammer, Erstbelegung[148], Hügel 13, Grabkammer[149] und Altdorf, Hügel 1, Zentralbestattung[150]. Nach Ha D datieren Vergleiche aus Schmidmühlen, Hügel 1[151], Pillhausen, Grab 13[152] und Těšetice, Objekt 34[153], nach Ha D_2 gehört ein Exemplar aus Hügel 3 im Rückersdorfer Forst[154]. Bereits nach Frühlatène datieren die Stücke von Černčin[155] und Edlhausen[156].

124. V. Podborský (1965) Taf. 6, 18; datierbar durch eine Stufenschale (ebd. Taf. 6, 24), sofern diese keines der allerdings seltenen Ha D-Exemplare dieser Keramikform darstellt.
125. H. P. Uenze (1971) Taf. D 1; Datierung wie Anm. 52.
126. M. Hoppe (1986) Taf. 50, 4; Datierung wie Anm. 37.
127. W. Torbrügge (1979) Abb. 11, 11. 13. Die Geschlossenheit ist wegen schlechter Erhaltungsbedingungen schwierig zu beurteilen (ebd. 248), datierbar wäre die Bestattung durch ein Ha C-Kghgef. (ebd. Abb. 11, 14).
128. A. Stroh (1979) Taf. 81, 10; datiert durch eine Mehrkopfnadel (ebd. Taf. 78, 2).
129. H. P. Uenze (1971) Taf. G 8; Datierung wie Anm. 52.
130. M. Hoppe (1986) Taf. 47, 2; Zuordnung zur jüngeren Bestattung (vgl. Anm. 89), die ältere datiert nach Ha D, die jüngere sicherlich ebenso.
131. W. Torbrügge (1979) Taf. 100, 1; Datierung wie Anm. 107.
132. J. Meduna (1980) Taf. 12, 6; Datierung wie Anm. 115.
133. A. Stroh (1979) Taf. 109, 1; Datierung wie Anm. 44; Im Katalog (ebd. 124, Nr. 39) erscheint das Gefäß unter der Zweitbelegung des gen. Hügels, diese datiert nach Ha D_1 (vgl. Anm. 169).
134. M. Hoppe (1986) Taf. 46, 7; ältere Bestattung; Datierung wie Anm. 89.
135. Ebd. Taf. 54, 8; Datierend ist ein Hochhalsgefäß (ebd. Taf. 54, 6). Die bei Hoppe ebd. 134 zugewiesenen Schlangenfibeln (ebd. Taf. 54, 1. 2) lagen lt. OA NHG 30 cm über Hoppes Nachbestattung 2, die Brandschicht mit sämtlichen anderen Funden dieser Bestattung begann erst in 0,8 - 0,9 m Tiefe.
136. W. Torbrügge (1979) Taf. 122, 11; datierend sind eine Kahnfibel (ebd. Taf. 122, 8) und Stöpselohrringe (ebd. Taf. 122, 9. 10).
137. Ders. (1965) Taf. 17, 6; Datierung wie Anm. 121.
138. Ebd. Taf. 37, 20. Datiert durch zwei Melonenarmbänder (ebd. Taf. 37, 17. 18) und zwei Brillenfibeln (ebd. Taf. 37, 15. 16).
139. Ders. (1979) Taf. 8, 17; Datierung wie Anm. 71.
140. Wie Anm. 57 bzw. Anm. 118.
141. M. Hoppe (1986) Taf. 31, 6; 32, 4; datiert durch ein Ha C-Kghgef. (ebd. Taf. 31, 10) und eine Stufenschale (ebd. Taf. 32, 1).
142. A. Stroh (1979) Taf. 88, 2; Datierung wie Anm. 43.
143. Ebd. Taf. 57, 3; Datierung wie Anm. 83.
144. M. Hoppe (1986) Taf. 48, 1; Datierung wie Anm. 81.
145. Ebd. Taf. 54, 9; Datierung wie Anm. 135.
146. Ebd. Taf. 26, 3; Datierung wie Anm. 64.
147. V. Podborský (1965) Taf. 9, 11; Datierung wie Anm. 123.
148. A. Stroh (1979) Taf. 131, 11; Datierung wie Anm. 47.
149. Ebd. Taf. 88, 3; Datierung wie Anm. 43.
150. M. Hoppe (1986) Taf. 31, 8. 9; Datierung wie Anm. 141.
151. W. Torbrügge (1979) Taf. 28, 5; datiert durch ein Eisenbeil (ebd. Taf. 28, 7).
152. Ebd. Taf. 125, 14; datiert durch eine Pferdchenfibel (ebd. Taf. 125, 12).
153. V. Podborský (1965) Taf. 9, 16; Datierung wie Anm. 123.
154. M. Hoppe (1986) Taf. 41, 9; Datierung wie Anm. 80.
155. J. Meduna (1980) Taf. 12, 11. 12. 16; Datierung wie Anm. 115.
156. H. P. Uenze (1984) Abb. 3, 5; zur Datierung der Grube ausführlich ebd. 64 ff.

Schüssel 6
Schüsseln mit eingezogenem Rand kommen spätestens ab Ha C, wie etwa in Schirndorf, Hügel 10, Grabkammer, Erstbelegung[157] und Hügel 12, Grabkammer, Erstbelegung[158] vor. Sie streuen über Ha D, wie in Obernricht,Grabung 1965[159] bis in die Spätlatènezeit[160]. Für chronologische Versuche bleibt die Form in jedem Fall unergiebig.

Schüssel 7
Diese Variante bildet die wohl häufigste Schüsselform nordostbayerischer Gräber. Mehrere Dutzend Exemplare stammen aus geschlossenen Funden, auf eine vollständige Aufzählung sei schon wegen der großen Menge verzichtet. Aus nicht geschlossenen hallstattzeitlichen Bestattungen geht die Anzahl in die Hunderte. Für Ha C sei auf die Exemplare von Kirchensittenbach, Beckerslohe, Hügel 3, Zentralbestattung[161], Hügel 13, Bestattung 2[162], für Ha D_1 auf Obernricht, Grabung 1965[163] hingewiesen. Auch in der Frühlatènezeit sind, wie z. B. aus der Siedlungsgrube von Černčin, Belege vorhanden[164].

Schüssel 8
Weniger zahlreich sind Entsprechungen zu dieser, der vorigen Form ähnelnden, Variante. Allerdings streuen die Vergleiche ebenfalls chronologisch von Ha C, wie in Kirchensittenbach, Hügel 2, Zentralbestattung[165], Speikern, Hügel 3[166] und Schirndorf, Hügel 1, Grabkammer[167] nach Ha D, wie in Beilngries, Im Ried-Ost, Grab 46[168]. Nach Ha D_1 läßt sich eine Vergleichsform aus Schirndorf, Hügel 33, Grabkammer, Zweitbelegung[169] datieren.

Becher 1
Becherähnliche Formen wurden bislang nur wenig beachtet. Das Augenmerk chronologischer und typologischer Betrachtungen lag meist bei den Schalen- und Schüsselformen. Die Becher, häufig auch als Töpfe bezeichnet, bilden in jedem Fall einen offenbar wichtigen Bestandteil hallstattzeitlicher Grabausstattungen in Nordostbayern, geschlossene Verbände sind jedoch selten vorhanden. Für die Becher mit geschwungenem Oberteil lassen sich Belege aus Ha C, wie z. B. Schirndorf, Grab 38, Grabkammer, Erstbelegung[170] und Grab 42, Grabkammer, Erstbelegung[171] sowie Dietfurt, Grab 24[172] nennen. Die Bestattung von Erlangen, Kriegenbrunn, Nachbestattung D gehört nach Ha D[173].

Becher 1a
Die chronologische Verteilung dieser Form gleicht sich der vorigen an. Belege aus Ha C, wie z. B. Schirndorf, Hügel 10, Grabkammer, Erstbelegung[174] und Hügel 13, Grabkammer[175] sowie Dietfurt, Grab 26[176] liegen ebenso vor wie solche aus Ha D. Hier sei auf Grab 16 aus Beilngries, Im Ried-Ost hingewiesen[177].

Becher 2
Diese Form ist in Grabinventaren der Hallstattzeit Nordostbayerns nur selten belegt. Immerhin sichern die Funde aus Schirndorf, Hügel 1, Grabkammer[178] für Ha C und Beilngries, Im Ried-West, Grab 68[179] für Ha D_1 eine entsprechende Laufzeit. Weitere Belege ließen sich nur aus nicht geschlossenen Inventaren anfügen.

Becher 3
Noch seltener sind Vergleichsfunde für diese Form. Aus geschlossenem Verband liegt nur das Stück von Schirndorf, Hügel 41, Grabkammer[180] vor. Die von Hoppe als geschlossen bezeichnete Zentralbestattung in

157. A. Stroh (1979) Taf. 74, 8; Datierung wie Anm. 41.
158. Ebd. Taf. 85, 10; Datierung wie Anm. 42.
159. W. Torbrügge (1979) Abb. 8, 9. 10; Datierung wie Anm. 71.
160. Vgl. grundsätzlich W. E. Stöckli, Die Grob- und Importkeramik von Manching. Die Ausgrabungen in Manching 8, 1979, 18.
161. M. Hoppe (1986) Taf. 51, 13; Datierung wie Anm. 38.
162. Ebd. Taf. 74, 1. 5; hier von kleinen Schöpfern, Datierung wie Anm. 39.
163. W. Torbrügge (1979) Abb. 8, 7. 21; Datierung wie Anm. 71.
164. J. Meduna (1980) Taf. 13, 4; Datierung wie Anm. 115.
165. M. Hoppe (1986) Taf. 50, 2; Datierung wie Anm. 37.
166. Ebd. Abb. 34, 3. 11; Datierung wie Anm. 59.
167. A. Stroh (1979) Taf. 59, 4; Datierung wie Anm. 83.
168. W. Torbrügge (1965) Taf. 16, 5; Datierung wie Anm. 121.
169. A. Stroh (1979) Taf. 110, 20; datiert durch einen Eisengürtelhaken (ebd. Taf. 110, 16) und eine Kniefibel (ebd. Taf. 110, 5).
170. Ebd. Taf. 121, 9; Datierung wie Anm. 45.
171. Ebd. Taf. 127, 6; Datierung wie Anm. 46.
172. H. P. Uenze (1971) Taf. A 6; Datierung wie Anm. 75.
173. M. Hoppe (1986) Taf. 11, 17; Datierung wie Anm. 63.
174. A. Stroh (1979) Taf. 75, 7; Datierung wie Anm. 41.
175. Ebd. Taf. 88, 4; Datierung wie Anm. 43.
176. H. P. Uenze (1971) Taf. E 7; Datierung wie Anm. 51.
177. W. Torbrügge (1965) Taf. 22, 21; datiert durch einen Fibelfuß (ebd. Taf. 22, 23) und einen Stöpselohrring (ebd. Taf. 22, 22).
178. A. Stroh (1979) Taf. 60, 2; Datierung wie Anm. 83.
179. W. Torbrügge (1965) Taf. 57, 14; Datierung wie Anm. 138, Form etwas gedrungener.
180. A. Stroh (1979) Taf. 124, 5; Datierung wie Anm. 60.

Hügel 7 der Nekropole von Schnaittach, Weidenschlag hält einer Überprüfung nicht stand[181]. Ein daraus stammender Vergleichsfund kann deshalb nicht berücksichtigt werden.

Becher 4

Vergleiche fehlen hier praktisch vollständig. Wegen seiner Sonderform kann ein beutelförmiges Stück aus Schirndorf, Hügel 1, Grabkammer nicht herangezogen werden[182].

Napf 1

Die Seltenheit der Form schränkt auch hier die Vergleichsgrundlage erheblich ein. Lediglich das nach Ha C zu datierende Grab Nr. 24 von Dietfurt[183] liefert eine gute Entsprechung. Für Lt A ist ein Stück aus der Siedlung von Straubing[184] anzufügen. Hallstattzeitliche Belege beschränken sich ansonsten auf nicht geschlossene[185] oder mangels Leitformen nicht genauer datierbare[186] Gräber.

Napf 2

Bei dieser Form können auch, wie bereits im typologischen Teil erläutert, Tassen vorliegen. Die Form ist aus Schirndorf, Hügel 10, Grabkammer, Erstbelegung[187] in Ha C, aus Beilngries, Im Ried-Ost, Grab 46[188] in Ha D belegt. Zahlreiche weitere Exemplare aus nicht geschlossenen Inventaren ließen sich ohne zusätzliche Erkenntnisse anfügen.

Napf 3

Auch für diese Variante kleiner Gefäße ergibt sich lediglich ein genereller Hinweis auf ihr Vorhandensein während der gesamten Hallstattzeit. Schirndorf, Hügel 12, Grabkammer, Erstbelegung[189] und Hügel 48, Grabkammer, Erstbelegung[190] datieren sicher nach Ha C. Nach Ha D gehört ein Vergleichsstück von Hersbruck, Grab 33[191]. In Ha D_2 ist die Form noch aus dem Hügel 3 im Rückersdorfer Forst belegt[192].

Wirtschaftskeramik

Grundsätzlich mit Skepsis zu beurteilen sind feinchronologische Versuche mit Wirtschaftskeramik. Auf das Vorkommem in Ha C-Gräbern in Form der sog. „Scheiterhaufenkeramik" hat Uenze wiederholt hingewiesen[193]. Nachtragen lassen sich allenfalls Belege aus Ha D-Kontext, wie z. B. Vestenbergsreuth[194], Rückersdorfer Forst, Hügel 3[195] und Erlangen, Kriegenbrunn, Nachbestattung D[196]. Eine gleichweite chronologische Streuung zeigen auch die verwendeten Verzierungselemente wie Fingertupfen, alternierend getupfte Leisten und meist dreieckförmige Stempeleindrücke[197]. Das Fehlen typisch frühlatènezeitlicher Graphittonkeramik[198] sowie der auf die Frühlatènezeit beschränkten Verzierungen, so z. B. tiefe S-förmige Stempelmuster, sprechen für eine chronologische Stellung der hier vertretenen Exemplare in die Hallstattzeit.

Latènezeitliche Bezüge der Keramik

Wie oben (S. 53) dargelegt, mangelt es in den frühlatènezeitlichen Funden der Oberpfalz weitgehend an geschlossenen Inventaren. Die Vergleichsstücke dieser Region wurden deshalb bei der bisher vorgetragenen Chronologie der typologisierbaren Keramikformen ausgeklammert. Wichtig werden sie jedoch für die Frage, welche Formen noch latènezeitlich sein können, um eine Art „Maximallaufzeit" der vorhandenen Keramik zu gewinnen.

181. M. Hoppe (1986) Taf. 93, 3. Nach OA NHG war der Hügel tiefgreifend zerstört, die Skelettreste nicht mehr alle in situ. Die bei Hoppe geschilderte Situation einer tiefer gelegenen Brandbestattung ist entweder mißverstanden oder mit Hügel 8 verwechselt. Hörmann verzeichnet in den OA NHG im Inventar des Hügels 7 zusammen 8 Gefäße, so daß die von Hoppe ebd. 153 geschilderten 12 Gefäße nicht stimmen können. 12 Gefäße sind jedoch aus der Brandschicht des benachbarten Hügels 8 in einer zentralen Leichenbrandschüttung berichtet. Möglicherweise verleitete auch der schematisierte Lageplan Hörmanns für Hügel 7 zur Annahme mehrerer Gefäße, auf dem Grabungsphoto sind die Stücke jedoch eindeutig als „Große Scherbenstreuung" bezeichnet. Eine Brandbestattung lag nach ausdrücklicher Erwähnung Hörmanns in Hügel 7 nicht vor.
182. A. Stroh (1979) Taf. 58, 6.
183. H. P. Uenze (1971) Taf. B 2; Datierung wie Anm. 75.
184. W. Krämer, Eine Siedlung der Frühlatènezeit in Straubing a. d. Donau (Niederbayern), Germania 30, 1952, Abb. 2, 15.
185. Schirndorf, Grab 49: A. Stroh (1979) Taf. 133, 12 und Beilngries, Im Ried-Ost, Grab 21: W. Torbrügge (1965) Taf. 11, 7.
186. Těšetice, Objekt 1: V. Podborský (1965) Taf. 1, 27.
187. A. Stroh (1979) Taf. 74, 13; Datierung wie Anm. 41.
188. W. Torbrügge (1965) Taf. 16, 6; Datierung wie Anm. 120.
189. A. Stroh (1979) Taf. 84, 3; Datierung wie Anm. 42.
190. Ebd. Taf. 131, 5; Datierung wie Anm. 47.
191. M. Hoppe (1986) Taf. 46, 6; Datierung wie Anm. 89.
192. Ebd. Taf. 41, 7; Datierung wie Anm. 80.
193. H. P. Uenze (1971) 18 f; ders. und J. Gregor (1970/71) 149; ders. (1982) 264.
194. M. Hoppe (1986) Taf. 19, 5; datiert durch eine Kniefibel (ebd. Taf. 18, 6).
195. Ebd. Taf. 41, 12. 15; Datierung nach Ha D_2 wie Anm. 80.
196. Ebd. Taf. 11, 18; Datierung wie Anm. 63.
197. H. P. Uenze (1982) 264.
198. Ebd. 266.

Häufig vertreten sind Schalen der Form 3 (Sch 3), wie z. B. in Beilngries-Bühlkirchen[199], Kallmünz[200] und Burgweinting, Grube 4[201]. Zu erwarten sind auch Schüssel mit Halskehle (S 3), wie sie z. B. in Thann[202] oder Staufersbuch[203] vorkommen. Ebenso sind Schüsseln der Variante 4a (S 4a) vertreten, so in der bereits erwähnten Grube von Beilngries-Bühlkirchen[204], Pirk[205] oder Taimering[206]. Aus Kallmünz, Schloßberg[207] ist eine Schüssel der Variante 5a (S 5a) ebenso belegt wie aus Pirk[208]. Nachweise für die weniger ausbauchende Form dieser Schüsseln mit S-förmigem Oberteil (S 5b) liegen mit Kallmünz-Osterloch[209], Pirk[210] und Kleinprüfening[211] ebenfalls vor. Wieder aus Beilngries-Bühlkirchen[212] stammt eine Schüssel mit oben einziehender Wandung (S 6). Ein weiteres Stück ist im Inventar des Windlochs bei Hannersreuth[213] vertreten. Selbst die in hallstattzeitlichem Kontext so häufige Schüssel der Variante 7 (S 7) ist noch im frühlatènezeitlichen Material der Oberpfalz belegt, wie ein Stück aus Thann[214] zeigt. Interessanterweise finden sich auch mehrere Becherformen wieder. Variante 1a ist zumindest im Inventar der Grube 1 von Beilngries-Bühlkirchen[215] enthalten. Eine Parallele zur Variante 2 findet sich in Oberwildenau, Hügel 1, Nachbestattung 5[216], diese wird von Uenze aber auch als möglicher Rest einer hallstattzeitlichen Grabausstattung in Erwägung gezogen[217].

Zum Verhältnis von Grab- und Siedlungskeramik

Eine Gleichsetzung der hier gewählten Typengliederung der Siedlungskeramik mit einer solchen der Grabkeramik kann nur teilweise gelingen. Bestimmt werden beide Systeme stets von Vorzugsformen, d. h. häufig oder zumindest mehrfach im Inventar belegten Varianten. Schon aus diesem Grund ist – selbstverständlich – die von M. Hoppe vorgelegte Gliederung mittelfränkischer Grabkeramik[218] von der hier entwickelten unterschiedlich. Die Auswertung beider Systeme bringt jedoch trotzdem ein nahezu gleiches Ergebnis, nämlich das Vorhandensein der meisten Gruppen in beiden Stufen der Hallstattzeit. Bei der Grabkeramik bleiben nach Hoppe[219] einige Formen mehr auf eine Stufe, meist Ha C, beschränkt.

Ziemlich gleichzusetzen sind aus dem hier entwickelten System die unter S 2a vorgestellten Kragenrandschüsseln mit Hoppes Kegelhalsschüsseln KhgS 4 und KhgS 5. Interessanterweise hält auch Hoppe seine Formen auf Ha C beschränkt[220], ein Ergebnis, dem nicht zu widersprechen ist, wenngleich die Basis geschlossener Gräber im Vergleich zum Gesamtauftreten dünn ist. Ebenso gleichsetzbar sind die hier mit S 1a bezeichneten Kegelhalsschüsseln mit einem Teil der bei Hoppe mit KhgS 2 bezeichneten Formen. Hoppes Beschränkung auf Ha D[221] vermag hier jedoch nicht nachvollzogen zu werden (vgl. oben, S. 55). Ein weitergehender Vergleich, insbesondere über die prozentuale Verteilung von Vorzugsformen in der Grab- und Siedlungskeramik, muß an dem geringen Anteil geschlossener Inventare an der Gesamtmenge hallstattzeitlicher Grabfunde aus Mittelfranken scheitern.

Für die Oberpfalz bleibt ein entsprechender Versuch von vorneherein zwecklos. Mit W. Torbrügge[222] ist davon auszugehen, daß zu wenige Inventare als geschlossen gelten können, um eine vernünftige Ausgangsbasis zu erhalten. Wie schon bei der mittelfränkischen Grabkeramik kann jedoch festgehalten werden, daß faktisch alle im Inventar der beiden Siedlungen belegten Formen oft mehrfach, meist sogar zahlreich auch in der Grabkeramik vorkommen.

199. Ders. (in Vorbereitung) Taf. 7, 9. 14 aus Grube 1, Taf. 8, 9 aus Grube 2. Datierbare Stücke fehlen in beiden Gruben, aus Grube 2 scheint ein Stückchen Drehscheibenkeramik in latènezeitlicher Machart (ebd. Taf. 8, 8) vorzuliegen. Das Material wird von Uenze neuerdings (1982) 264 in einen „späthallstatt-frühlatènezeitlichen Übergangshorizont" gestellt.
200. Ders. (in Vorbereitung) Taf. 24, 26; Katalog Nr. 43. Die Funde stammen aus einer Grube mit Frühlatène-Drehscheibenware (ebd. Taf. 24, 13. 14. 15. 17).
201. Ebd. Taf. 119, 12; 120, 13; Katalog Nr. 197 A. Grabung 1911/12 an einem Siedlungsplatz, teilweise wurde das Inventar mehrerer Gruben vermischt und vertauscht. Sofern zugehörig, wird die Grube durch eine Drahtschlingenfibel datiert.
202. Ebd. Taf. 8, 12.
203. Ebd. Taf. 10, 3; aus Grabung Naue, möglicherweise somit auch zu hallstattzeitlichen Inventaren von dort gehörig.
204. Ebd. Taf. 7, 10; Datierung wie Anm. 199.
205. Ebd. Taf. 57, 12; aus Grabung Maurer 1916, Katalog Nr. 93.
206 Ebd. Taf. 135, 12; aus dem Aushub einer Baugrube.
207. Ebd. Taf. 19, 9; Grabung Maurer mit angeblich einer Hausgrube, darin auch Knotenarmring (ebd. Taf. 19, 9), Katalog Nr. 41a.
208. Ebd. Taf. 57, 13.
209. Ebd. Taf. 18, 1. Auflesung und Schürfung Lengfeld 1939, Katalog Nr. 39.
210. Ebd. Taf. 57, 12; im Typenschatz mit S 4a verschwimmend.
211. Ebd. Taf. 116, 8; aus Aufsammlung Dahlem, ohne Fundbericht, Katalog Nr. 182 C.
212. Ebd. Taf. 7, 12.
213. Ebd. Taf. 3, 9; allerdings auch hallstattzeitliche Scherben von dort vorhanden, Katalog Nr. 6.
214. Ebd. Taf. 9, 5.
215. Ebd. Taf. 6, 9.
216. Ebd. Taf. 55, 13; Katalog Nr. 92.
217. Ebd.
218. M. Hoppe (1986) 69 ff.
219. Ebd. 78.
220. Ebd.
221. Ebd.
222. W. Torbrügge (1979) 160.

Bezüge zu anderen Siedlungen

Mangels Vorlage ist die Vergleichsbasis dünn. Die hier besprochenen Formen sind auch im Material von Schernau[223] belegt. Insbesondere die Schüsselformen wiederholen sich geradezu stereotyp, auf eine Aufzählung entsprechender Vergleichsstücke kann verzichtet werden. Chronologisch erhellt der Vergleich das hier besprochene Material jedoch nicht, zumal auch Lüning eher Verbindendes als Trennendes betont[224]. Mit Verschiebungen gilt das soeben festgestellte auch für südwestdeutsche Inventare, wie die Grubenfunde von Kornwestheim bezeugen[225]. In der engeren Region wäre nur ein Vergleich mit Lesefunden, insbesondere von der Houbirg bei Happurg möglich, wo offenbar die in dem hier vorgelegten Siedlungsmaterial keine Entsprechung findenden Schalen und Schüsseln mit abgesetzter Randkehlung[226] eine Vorzugsform bilden. Andere Fragmente zeigen jedoch auffallende Übereinstimmungen[227]. Alles in allem bleibt der Vergleich eher unbefriedigend.

Ergebnis

Scheinbar enttäuschend bleibt eine Zusammenstellung der bislang durchgeführten chronologischen Untersuchungen. Dies kann Tabelle 1 deutlich entnommen werden. Nahezu alle Formen sind sowohl in Ha C als auch in Ha D vorhanden. Eine Ausnahme bilden lediglich die Schüsseln der Variante 2a, wobei die dünne Vergleichsbasis (s. o., S. 56) vor weitergehenden Schlüssen warnt. Möglicherweise lassen sich Schüsseln der Variante 4a auf Ha D beschränken. Die Mehrzahl der untersuchten Formen erlaubt nicht einmal eine Fixierung in die Hallstattzeit, sondern ist ebenso noch in Lt A vertreten. Als echte und wohl auch sichere Ausnahme können lediglich die Kegelhalsschüsseln gelten, deren Vorkommen sich auf die Hallstattzeit, jedoch ohne Differenzierungsmöglichkeit nach Ha C oder Ha D beschränkt. Insgesamt macht die in Tabelle 1 dargestellte Gesamtlaufzeit nur deutlich, was verschiedene Bearbeiter ähnlicher Funde immer wieder feststellen mußten, nämlich das Fehlen trennender Elemente zwischen hallstatt- und frühlatènezeitlicher Keramik. Allerdings läßt sich der eingebürgerte Begriff „Späthallstatt-Frühlatènekeramik“ als solcher[228] nicht aufrechterhalten. Wegen des Vorkommens nahezu aller Formen bereits in Ha C wäre er höchstens auf „Hallstatt-Frühlatènekeramik“ zu erweitern, ohne daß damit überhaupt noch eine Aussage getroffen würde.
Das aus der Tabelle scheinbar zu entnehmende Fehlen vieler Formen in Ha D_2 und Ha D_3 ist ohne echten Bezug zur hallstattzeitlichen Realität. Die Gründe hierfür sind in der weitgehenden Zerstörung der meist in Nachbestattungen vorliegenden Gräber dieser Phasen zu sehen, entsprechend fehlt es weitgehend an geschlossenen Vergleichsinventaren. Für das Laufzeitdiagramm in Tabelle 1 wurde deshalb Ha D als Einheit betrachtet und die Verteilung auf die Phasen D_1 - D_3 nur informativ zur Seite gestellt.

Für die Feinchronologie der beiden Siedlungen läßt sich somit aus der Untersuchung der typologisierbaren Keramik nur sehr wenig gewinnen. Sicher erscheint lediglich ein zeitlicher Ansatz innerhalb der Hallstattzeit. Das Ausbleiben ausschließlich latènezeitlicher Formen sowie das Ende des Auftretens der vorhandenen Kegelhalsschüsseln innerhalb der Hallstattzeit sprechen gegen einen Ansatz oder eine Fortdauer der Siedlung in der Frühlatènezeit. Zur Erweiterung des chronologischen Bildes ist deshalb noch auf einige Einzelformen einzugehen.

Einzelformen

Oberasbach-Altenberg

Zwei bei der typologischen Betrachtung nicht näher differenzierte Formen sind wegen ihrer feinchronologischen Bedeutung hier noch zu untersuchen. Zum einen sind dies die Reste von Hochhalsgefäßen (z. B. Taf. 6, 18; 13, 1). Sie sind alle ohne abgesetzte Lippe und entsprechen somit weitgehend den aus nordostbayerischen Gräbern vorliegenden Formen. Chronologisch sind sie auf Ha D beschränkt[229]. Ebenso nach Ha D datieren die Fußschalen, die im Altenberger Material zweimal belegt sind (vgl. Taf. 6, 30; 15, 10)[230].
Ohne echte Bedeutung bleiben die Verzierungen. Nahezu alle leiten sich von Dreiecksbändern ab, die unterhalb des Randes in den trockenen Ton geritzt wurden. Aus dem Fehlen von Rollrädchentechnik[231] kann vielleicht auf einen Ansatz in Ha D geschlossen werden, die generelle Verzierungsarmut schränkt die Aussagemöglichkeit jedoch erheblich ein. Die schachbrettartige Dreiecksfüllung des Gefäßes Taf. 10, 1 weist auf östli-

223. J. Lüning (1980).
224. Ebd. 33.
225. Für S 3 beispielsweise aus Grube 17, W. Joachim (1977) Abb. 12, 9, aus der gleichen Grube auch S 5b: ebd. Abb. 12, 13.
226. So z. B. H. P. Uenze (1982) Abb. 6, 7. 10. 11. 14; ders. (1985) Abb. 2, 8. 10
227. Z. B. ebd. Abb. 2, 23 zu S 2 passend.
228. Unter Zusammenstellung einschlägiger Literatur zuletzt J. Lüning (1980) 32 mit Anm. 64.
229. Für Mittelfranken vgl. M. Hoppe (1986) 78 (Kgh 5, vgl. ebd. 70 zur Typendefinition).
230. Ebd., für die Oberpfalz W. Torbrügge (1979) 161.
231. In Nordostbayern in der Mehrzahl nach Ha C datierend, ebd. 191 sowie M. Hoppe (1986) Tab. 5, daraus auch nach Ha D datierende Inventare entnehmbar. In Südwestdeutschland scheint die Verzierungsart eher in Ha D anzusiedeln zu sein, vgl. J. Aufdermauer, Drei hallstattzeitliche Gräber von Nenzingen, Lkr. Konstanz. Arch. Nach. Baden 28, 1982, 25.

Typ	Ha C	Ha D			Lt A
		1	2	3	
Schüssel 1a	—	— ■	— ■	—	
Schüssel 1b	—	—	—	—	
Schüssel 1c	—	—	—	—	
Schüssel 2	—	— ■	— ■	—	—
Schüssel 2a	—				
Schüssel 3	—	— ■	—	— ■	—
Schüssel 4	—	— ■	—	—	—
Schüssel 4a	- - (?)	—	—	—	—
Schüssel 5a	—	—	—	—	—
Schüssel 5b	—	—	— ■	—	—
Schüssel 6	—	—	—	—	—
Schüssel 7	—	—	—	—	—
Schüssel 8	—	— ■	—	—	
Schale 1	—	—	—	—	
Schale 2	—	— ■	—	—	
Schale 3	—	— ■	— ■	—	—
Becher 1	—	— ■	—	—	
Becher 1a	—	— ■	—	—	- -
Becher 2	—	—	—	—	- -
Becher 3	—				
Becher 4					
Napf 1	—				—
Napf 2	—	—	—	—	
Napf 3	—	—	— ■	—	

Tafel 12

Tabelle 1: Chronologische Laufzeiten der untersuchten Keramikformen. Die chronologische Verteilung innerhalb Ha D ist durch ■ markiert.

che Bezüge hin[232], die übrigen Muster bleiben entweder zu allgemein[233] oder fehlen in bekannten Inventaren. Selten bleiben die Volutenenden der Dreiecke auf zwei Gefäßen (Taf. 6, 1; 15, 27). Vermutlich handelt es sich um eine eigenwillige Umsetzung der hinlänglich bekannten Hakenenden an Dreiecken[234] Echte Entsprechungen der Voluten sind nur vom Mt. Lassois[235] bekannt. Die große Entfernung voneinander warnt jedoch wieder vor weitergehenden Schlüssen. Rundliche Hakenenden an Dreiecken sind aus der Oberpfalz zweimal, nämlich aus Niederhofen sowie Gottesberg, Hügel 1[236] bekannt. Völlig beziehungslos bleibt die Randritzung des Gef. Taf. 2, 9. Ein Ausbrennen natürlicher Bestandteile muß jedoch ausweislich der Untersuchung unter dem Mikroskop ausscheiden, die Art der Gestaltung ist singulär.

Arberg-Großlellenfeld

Die Kleinstückigkeit der meisten Scherben dieses Fundplatzes erschwert die chronologische Auswertung der Einzelscherben erheblich. Einige Scherben erwecken den Eindruck, Lippenbruchstücke großer Kegelhalsgefäße mit hoher, scharf abgesetzter Lippe zu sein, so Taf. 19, 23; 20, 22; 21, 12. Sicher ist dies jedoch lediglich für eine Randscherbe (Taf. 20, 13). Die Datierung nach Ha C ist somit gesichert, für die gleichartigen genannten Scherben zu vermuten[237].

Chronologisches Gesamtergebnis

OBERASBACH-ALTENBERG

Aus den zusammengestellten chronologischen Vergleichen ergibt sich eine relativ sichere Stellung nach Ha D. Sowohl die vorhandenen Metallfunde, nämlich der Stöpselhohlring, der Hohlblechhalsring, der Anhänger und der vermutliche Steigbügelring, als auch die Reste von Hochhalsgefäßen und Fußschalen ermöglichen einen solchen Ansatz. Die breite Menge der Keramik entzieht sich jedoch einer näheren feinchronologischen Ordnung. Wie erläutert, ist die Ursache hierfür in der Beibehaltung zahlreicher Keramikformen von Ha C bis Lt A zu sehen. Keinesfalls kann von einem Späthallstatt-Frühlatène-Übergangshorizont gesprochen werden. Das Fehlen echter Ha C-Formen, als auch echter Lt A-Formen, in der Keramik unterstützen den Ansatz nach Ha D.

ARBERG-GROSSLELLENFELD

Wenngleich mangels ansprechbarer Metallfunde die Chronologie dieser Siedlung noch mit erheblich mehr Unsicherheiten behaftet ist als die der Siedlung von Oberasbach-Altenberg, so sprechen doch zwei Gründe für eine Stellung nach Ha C. Zum einen, und entscheidenden, sind Reste großer Kegelhalsgefäße mit entsprechender Lippengestaltung vorhanden. Zum anderen scheint die nur hier belegte Form der Kragenhalsschüsseln mit trichterförmigem Hals (S 2a) auf Ha C beschränkt zu sein, wenngleich hier eine größere Anzahl geschlossener Inventare wünschenswert wäre.

VERGLEICH

Trotz unterschiedlichem chronologischen Ansatz bleibt das Material beider Siedlungen auffällig gleichartig. Durch die zusätzlich nahezu identische Machart, insbesondere die Oberflächenbehandlung, wirkt es in weiten Zügen fast austauschbar. Die Gründe hierfür sind jedoch nicht in einer chronologischen Nähe oder gar irgendwelchen hypothetischen Übergangshorizonten, sondern in der herausgestellten langen Laufzeit der Typen zu sehen. Ob sich aus dieser Laufzeit und der Gleichartigkeit der Keramik Schlüsse auf ein mögliches zeitliches Miteinander[238] eines Teils der Ha C- und Ha D-Siedlungsinventare ableiten läßt, muß einer flächendeckenden Aufarbeitung hallstattzeitlicher Siedlungen aus Nordostbayern vorbehalten bleiben.

232. W. Torbrügge (1979) 178.
233. Zum Vorkommen in mittelfränkischen Grabinventaren M. Hoppe (1986) 75.
234. W. Torbrügge (1979) 165 f.
235. R. Joffroy, Das Oppidum Mont Lassois, Gemeinde Vix, Dep. Côte-d'Or. Germania 32, 1954, 59 ff, Abb. 3, 2; eine Umsetzung in Rollrädchentechnik findet sich auch im Ha C-Grab von Thalmässing-Alfershausen, Flur Hirgast (Slg. NHG, unpubl.).
236. W. Torbrügge (1979) Taf. 37, 1; 60, 1. 2.
237. Ebd. 191.
238. Grundsätzlich zum Problem insbesondere bei Grabfunden ebd. 207 f, wobei durch die Angabe einer „Dreiecksformel" Ha C nicht, wie in letzter Zeit häufig mißverstanden, ganz zur Seite gerückt, sondern nur aus einer zwanghaften Abfolge Ha B - Ha C - Ha D genommen werden sollte, siehe ebd.: „... zeitliche Grundstaffelung steht außer Frage."

SIEDLUNGSARCHÄOLOGISCHE AUSWERTUNG

Siedlungsarchäologische Fragen sind im Zusammenhang mit hallstattzeitlichen Funden aus Süddeutschland bislang nur in Ausnahmefällen erörtert worden. Symptomatisch sind G. Kossacks Erwägungen einer wahlweise viehzüchterisch oder eisenerzabbauend spezialisierten hallstattzeitlichen Gesellschaft in Nordostbayern[239]. Ausgangspunkt dürfte die bei Kossack immer wieder in Erscheinung tretende Annahme eines „Weidebauerntums"[240] sein, die möglicherweise von der alten Gleichsetzung Grabhügel = Weidebauern/Viehzüchter geprägt war. Kossacks Ausführungen haben heute eher forschungsgeschichtliche Bedeutung. In neuerer Zeit hat H. G. H. Härke[241] versucht, durch Literaturauswertung großräumige Struktureinheiten zu erfassen. Dieser Ansatz einer „prähistorischen Siedlungsgeographie" ist konzeptionell für Südwestdeutschland brauchbar, für den nordostbayerischen Raum kann jedoch aufgrund des schlechten Publikationsstandes kein Ergebnis erwartet werden. Entsprechend bleiben Härkes Kernaussagen auf Südwestdeutschland beschränkt.

Innere Siedlungsstrukturen sind aus dem gesamten süddeutschen Gebiet nur selten vorgelegt. Eine Ausnahme bildet die Heuneburg[242], wenngleich auch hier nur Vorberichte über siedlungsarchäologische Ergebnisse informieren. Wesentlich älter sind die Untersuchungen G. Bersus[243], jedoch bleiben Vorlagen ebenfalls auf Vorberichte beschränkt. Bei dem besonders gründlich untersuchten Goldberg bei Pflaumloch haben mißliche Umstände eine spätere Auswertung offenbar zunichte gemacht[244]. Auch neuere Arbeiten befriedigen nicht. Ergebnisse bleiben entweder auf Einzelheiten beschränkt[245] oder kommen über eine kurze Fundnotiz nicht hinaus. Letzteres gilt vor allem für die notizenartigen Beschreibungen bayerischer Grabungen[246], deren Vorlage sich meist auf einen „Gesamtbebauungsplan" beschränkt. Für eine siedlungsarchäologische Auswertung des hier behandelten Fundstoffes bedeutet dieser Forschungsstand, daß Erkenntnisse nur durch Einzelanalyse der vorhandenen Strukturen zu gewinnen sind. Die Auswertung kann deshalb nur aus den Grabungsbefunden selbst und nicht durch Vergleiche mit ähnlichen Strukturen anderer Siedlungen erfolgen.

OBERASBACH-ALTENBERG

Baustrukturen

Es bedarf keiner weiteren Erläuterung, daß Gebäudegrundrisse in der ausgegrabenen Fläche nicht erkannt werden können. Zwar sind Reihungen von Pfostenlöchern (z. B. Nrn. 5-4-6) oder Gruben (z. B. Nrn. 2-5-6) vorhanden, diese ergeben jedoch keine geschlossenen Strukturen. Wenngleich die Gesamtfläche groß genug wäre, so sprechen doch zwei Gründe gegen die Existenz von Baustrukturen:

Die Grabungsfläche lag in fast direktem Anschluß an einen natürlichen Steilhang zur Bibert (vgl. Abb. 4). Somit dürfte vermutlich nur der nördlichste Rand einer größeren, sich nach Süden und Westen fortsetzenden Siedlung durch die Grabung erfaßt worden sein.

Durch die Veränderung des Geländes bei Anlage der Siedlung war ein relativ steiles Gefälle (ca. 18 % Durchschnitt) entstanden. Nördlich der in Abb. 28 angegebenen Linie (= Böschungskante) in den Quadraten C 1 und D 1 war die Oberfläche der liegenden Sandschicht um ca. 80 cm tiefer gelegt worden. Die bis zum Steilhang ansteigende Fläche war dann in zwei Teilen verschieden angelegt: Im Bereich der Quadrate C 2 und D 2 war die Oberfläche nahezu eben, während sie im Bereich der Quadrate B 4, C 4, D 4 und C 5 wesentlich steiler als der Durchschnitt, nämlich mit ca. 30 % anstieg (vgl. hierzu Abb. 28 und die Profile Abb. 10; 11). Der letztgenannte Teil ist damit zur Anlage von Bauwerken denkbar ungeeignet. Zumindest diese Fläche muß also in der Siedlungsgesamtheit eine andere Funktion erfüllt haben. In dem ebenen Teil deutet nichts auf die Existenz von Gebäuden hin, so daß auch diese Fläche, so man nicht die Forderungen von spurenlos vergangenen Schwellbalkenkonstruktionen oder Blockbauten auf der Oberfläche erheben will, als unbebaut gelten kann. Die Gesamtfunktion der Fläche kann damit nur nach Diskussion der einzelnen Strukturen geklärt werden.

239. G. Kossak (1954) 6.
240. So vor allem ders. (1959) 63 ff, 87 f.
241. H. G. H. Härke (1979).
242. Ausführliche und vollständige Literaturzusammenstellung bei W. Kimmig, Die Heuneburg an der oberen Donau², Führer zu Arch. Denkmälern in Baden-Württemberg 1, 1983, 222 ff.
243. G. Bersu (1930 a, 1930 b).
244. Forschungsgeschichte bei P. Schröter, Zur Besiedelung des Goldberges im Nördlinger Ries, Ausgr. in Deutschland, Teil 1, Mainz, 1975, 98 ff.
245. So z. B. der Nachweis einer Töpferei durch Verzierungsstempel bei L. Pauli (1980) 86.
246. Vgl. Anm. 18.

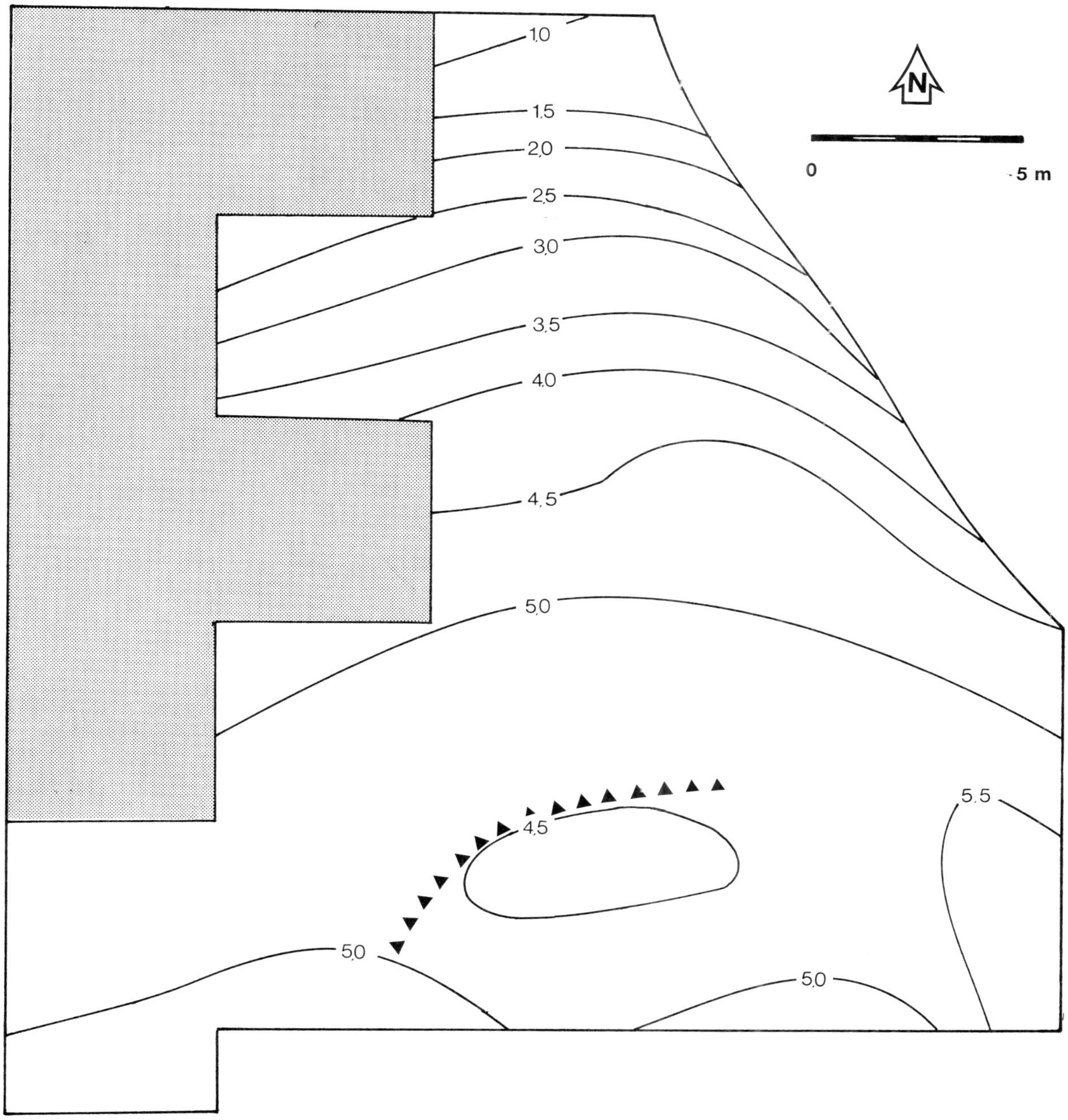

Abb. 28: Oberasbach, Altenberg: Rekonstruierter Gefälleplan der Grabungsfläche auf der Oberfläche der liegenden Sandschicht (= Unterkante der Siedlungsschicht). Alle Maße sind Tiefenangaben und beziehen sich auf den Nullpunkt in der linken oberen Ecke.

Einzelstrukturen

Die Gräben

Alle drei freigelegten Gräbchen sind relativ flach und nur von geringer Breite (vgl. Abb. 16 a - c). Eine fortifikatorische Bedeutung kommt ihnen schon deshalb nicht zu. Die Lage und ihr Bezug zur Hangneigung lassen eher an Drainagegräbchen zur Ableitung von Oberflächenwasser denken. Graben 3 dürfte dabei hauptsächlich hangabwärts fließendes Wasser vor Erreichen der abgesteilten nördlichen Teilfläche gesammelt und im Bogen um diese herumgeleitet haben. Die vermutlich mit dem Grabenaushub errichtete kleine Lehmrippe unterstützte diese Funktion.
Graben 2 diente der Entwässerung des südlichen Randes der abgetieften Fläche. Unklar bleibt die Funktion von Graben 1. Vielleicht stand er in Bezug zu weiter südlich gelegenen, durch die Grabung nicht erfaßten Teilen der Siedlung.
Vergleichbare hallstattzeitliche Strukturen liegen von der Heuneburg[247] sowie der Heuneburgaußensiedlung[248] vor. Eine weitere Deutungsmöglichkeit, nämlich als Palisadengräbchen[249], ist mangels geschlossenem Verlauf und wegen der geringen Tiefe der drei Gräben unwahrscheinlich.

Die Gruben

Der räumliche Bezug der Gruben 2, 4 und 7 zu den als Drainagegräbchen interpretierten Gräben 1 - 3 deutet auf deren Funktion. Für ein zeitliches Nacheinander von Gräben und Gruben ergeben sich aus den Grabungsunterlagen keine Hinweise. Die Gruben 2 und 4 bilden, unter Berücksichtigung der Hangneigung, jeweils das Ende eines solchen Grabens. Auch in Grube 7 mündet ein Graben, dessen evtl. weiterer Verlauf jedoch wegen der Zerstörung durch den Sandabbau unklar bleiben muß. Die drei genannten Gruben dürften somit zur Versikkerung des in den Drainagegräben gesammelten Oberflächenwassers angelegt worden sein. Die jeweiligen Volumina waren sicherlich ausreichend.
Unklar muß die Funktion der übrigen Gruben bleiben. Gumpert deutete sie zwar, wie übrigens auch die Gruben 2, 4 und 7, als große Pfostenlöcher, Hinweise dafür fanden sich jedoch nicht. Bereits A. Mayr widersprach in seiner Korrespondenz mit der Naturhistorischen Gesellschaft Nürnberg dieser Interpretation und wies darauf hin, daß die meisten Gruben sehr homogen verfüllt seien und keine Pfostenspuren enthielten. Für Gumperts Deutung dürfte sein Beruf als Architekt und die damit verbundene Suche nach Hausgrundrissen in einer Siedlung ausschlaggebend gewesen sein. Für die funktionale Deutung lassen sich lediglich Negativaussagen aufstellen. So scheidet eine Funktion als Speichergruben zur Einlagerung von Getreide wegen des besonderen Chemismus[250] und der damit verbundenen notwendigen Tiefe aus. Die in Altenberg ergrabenen Gruben sind in allen Fällen für diesen Zweck zu flach. Ebenfalls ausgeschlossen werden kann die Funktion als Grubenmeileröfen zum Keramikbrand[251]. In diesem Fall hätten sich Holzkohlespuren, Verziegelungen und ähnliches finden müssen. Auch die nur mittelbraune Verfärbung des Grubeninneren spricht gegen diese Deutung.
Eine Ansprache als Abfallgruben trägt zum Problem nichts bei. Zum einen fehlt es auch hier an jeglichem Hinweis, zum anderen würde – unter der Voraussetzung organischen Abfalles – das Problem nur auf die Sekundärfunktion der für den eigentlichen Zweck nicht mehr verwendeten Grube verschoben. Die Primärfunktion bliebe weiterhin ungelöst.

Die Pfostenlöcher

Noch unergiebiger ist die Deutung der zahlreichen Pfostenlöcher. Diese können zwar in drei unterschiedliche Größenklassen, nämlich
- größere kreisrunde Pfosten mit ca. 0,4 bis 0,5 m Durchmesser (Pfostenlöcher 1, 3 und 7)
- ovale Pfostenlöcher größeren Ausmaßes (Pfostenlöcher 4 und 6) sowie
- kleinere kreisrunde Pfostenlöcher mit einem Durchmesser von ca. 25 cm (Pfostenlöcher 2, 5, 8 - 16)

eingeteilt werden. Mangels eindeutiger Zusammenhänge bleibt deren Funktion jedoch unklar.

247. Beschreibung mit den einzelnen Baustadien bei W. Kimmig und E. Gersbach (1971) 75 ff.

248. L. Sperber, Grabungen in den hallstattzeitlichen Fürstengrabhügeln und in der Heuneburg-Außensiedlung auf dem Gießübel bei Hundersingen, Gde. Herbertingen, Kr. Sigmaringen. Arch. Ausgr. in Baden-Württemberg 1979, Abb. 23; S. Schieck, Vorbericht über die Ausgrabung des vierten Fürstengrabhügels bei der Heuneburg. Germania 37, 1959, Beil. 1; S. Kurz, Fürstengrabhügel und die Heuneburg-Außensiedlung. Zum Abschluß der Grabungen in Hundersingen, Gde. Herbertingen, Kr. Sigmaringen. Arch. Ausgr. in Baden-Württemberg, 1982, Abb. 44.

249. Goldberg: G. Bersu (1930 a), Abb. 3; Aiterhofen: R. Christlein und S. Storck, Der hallstattzeitliche Tempelbezirk von Aiterhofen, Lkr. Straubing-Bogen, Niederbayern. Jahresber. Bayer. Bodendenkmalpflege 21, 1980, 43 ff, Abb. 2; Lohfeld bei Neufarn: H. Becker und O. Braasch, Kombination von Luftbildarchäologie und magnetischer Prospektion am Beispiel der hallstattzeitlichen Viereckanlage in Lohfeld bei Neufarn, Lkr. Freising, Oberbayern. Das Arch. Jahr in Bayern 1982, 65 ff, Abb. 5; Eching: R. Christlein, Eine Siedlung der Hallstattzeit bei Eching, Lkr. Freising, Oberbayern. Das Arch. Jahr in Bayern 1980, 84 f, Abb. 5; Kirchheim: ders., Noch ein Herrenhof der Hallstattzeit von Kirchheim, Oberbayern. Ebd. 86 f, Abb. 6; L. Wamser, Wirtschaftshof und Grabhügelfeld der Hallstattzeit bei Wolkshausen-Rittershausen. Das Arch. Jahr in Bayern 1984, 66 ff, Abb. 36; neuerdings auch L. Wamser (1986) Abb. 3; deutlich von dem Begrenzungsgraben der Gesamtanlage mit ca. 4 m Breite unterscheidbar.

250. Zur Funktion P. J. Reynolds, A general report of underground grainstorage pits at the Butser Ancient Farm Research Project, undat. Einzeldruck, 72 f; Kurzfassung auch in: ders., Experimental Iron Age Storage Pits – An Interim Report, Proc. Prehist. Soc. 40, 1974, 118 ff.

251. Generell zum Thema vgl. H. Hingst (1974).

Die Herde

Die sieben freigelegten Herde verteilten sich über den Großteil der ergrabenen Fläche, wobei die Herde I bis V konzentriert innerhalb der versteilten Fläche lagen. Die Herde VI und VII waren – als k eine Gruppe – abgesondert. Allein diese Verteilung sowie das Fehlen weiterer Baustrukturen in der Fläche läßt den Herden eine zentrale Bedeutung für die Gesamtinterpretation zukommen, desweiteren sind sie ohnehin die einzigen sicheren Siedlungsstrukturen. Aus diesen Gründen ist die Deutung ihrer Funktion möglichst genau vorzunehmen.
Nach Beschreibung der Ausgräber handelte es sich bei allen Herden um lockere Sandsteinsetzungen, die teils eben, teils in kleinen Gruben angelegt waren. Die Durchsetzung mit sehr dunklem Sediment und die deutlichen Brandspuren an den Steinen sprechen für eine starke Feuereinwirkung. Funde oder weitergehende Konstruktionsteile, die eine Funktion der Herde erklärbar machen, fehlen jedoch. Somit sind alle denkbaren und möglichen Funktionen zu untersuchen.
Insgesamt kommen fünf Möglichkeiten in Betracht:
- Kochstellen
- Back- bzw. Röstöfen
- Schmiedefeuer
- Holzkohlemeiler
- Töpferöfen

Sehr naheliegend wäre eine Deutung als Kochstellen. In den Herden fanden sich regelmäßig Tierknochen, meist mit mehr oder weniger starken Brandspuren. Zahlreiche Stücke sind durch Hack- und Schnittspuren eindeutig als Schlacht- oder Mahlzeitreste zu bezeichnen.
Das oben diskutierte Fehlen von Baustrukturen spricht jedoch gegen diese Deutung. Kochstellen sind im allgemeinen in den Häusern[252] oder allenfalls unmittelbar davor zu erwarten, wenngleich letzteres bei hallstattzeitlichen Baustrukturen wohl eine „primitive" Ausnahme bilden würde. Selbst wenn man eine Bebauung in dem direkt anschließenden, ungegrabenen südlichen Teil unterstellen würde, wäre die Mindestdistanz von einem solchen angenommenen Haus zur Kochstelle immer noch 10 m. Ebenso unerklärlich bliebe auch die räumliche Konzentration, so man nicht ohne jedes Anzeichen ein zeitliches Nacheinander oder gar eine „hallstattzeitliche Großküche" annehmen will.

Außer Betracht bleiben kann auch die Deutung als Back- oder Röstöfen. Beide Formen benötigen eine aufgehende Struktur aus gebranntem Lehm, sei es als Kuppel oder als Platte. Entsprechende Reste sind im Normalfall auch erhalten[253]. Die wenigen unförmigen, gebrannten Lehmstückchen im Altenberger Fundmaterial können als solche Reste nicht überzeugen.

Ebenso scheidet die Deutung als Schmiedefeuer aus. Zum Ausschmelzen von Buntmetall bzw. Verhütten von Roheisen aus dem jeweiligen Erz wäre eine mit Lehm ausgedichtete Mulde notwendig[254]. Für das Umschmelzen von Buntmetall, insbesondere Bronze, würde zwar auch ein Schmelztiegel genügen, in diesem Fall hätte jedoch eine größere Menge Gußabfall in Form von Schmelztropfen oder metallhaltiger Schlacke anfallen müssen. Der einzige kleine Schmelztropfen im Fundmaterial spricht lediglich dafür, daß entsprechend kleine Stücke von den Ausgräbern nicht übersehen wurden, reicht jedoch zur Rekonstruktion entsprechender Schmiedetätigkeit nicht aus. Analog den Eisenbarrenfunden der Heuneburg[255] könnte noch das Ausschmieden von Fertigprodukten aus Roheisenbarren in Betracht kommen. Das Fehlen von Eisenhammerschlag[256] spricht jedoch gegen diese Interpretation.
Eine Deutung als Holzkohlemeiler muß ebenfalls ausgeschlossen werden, da im Fundament solcher Meiler noch erhebliche Mengen an Holzkohle zu finden sind[257]. Diese wurden in Altenberg jedoch nur in wenigen Stücken beobachtet.

Töpferöfen, die letzte Interpretationsmöglichkeit, geben sich meist durch brandaschehaltige Einfüllungen, eine erhebliche Anzahl von Fehlbränden und eingestürzte Lehmkuppeln zu erkennen[258]. Je nach Art des Ofens liegen zwei Gruben oder auch nur eine Grube vor. Bei den *Zweikammeröfen* erfolgt die Befeuerung in einer eigenen Feuergrube, die durch einen Heizkanal mit dem Brennraum verbunden ist. Bei den *Meileröfen* liegt das Brenngut im gleichen Raum wie das Brennmaterial. Neben dem Brand in Gruben[259] oder lehmgemauerten

252. Ders., Kochen und Backen in vorgeschichtlichen Siedlungen. Die Heimat 82, 1975, 107 ff.
253. Heuneburg: W. Kimmig und E. Gersbach (1971) 74; Goldberg: G. Bersu (1930 a) 141 f; ältere Parallelen z. B. von Rückersdorf: H. J. Reisenhauer (1976) 15; Bogenberg bei Bogen: H. J. Hundt, Der Bogenberg bei Bogen (Niederbayern) in vor- und frühgeschichtlicher Zeit. Bayer. Vorgeschbl. 21, 1955, 37 ff; Eberdingen-Hochdorf: H. J. Küster, Rekonstruktionsversuche zu neolitischen Landwirtschaft nach botanischen Funden aus Eberdingen-Hochdorf (Kr. Ludwigsburg). Arch. Korrbl. 13, 1983, 37 ff.
254. Auf die im Katalog unter Nr. 359 b, 359 c aufgelisteten eindeutigen Schmelzplatzreste wird hier nicht eingegangen, da deren Fundstelle ca. 50 - 100 m von der Grabungsstelle entfernt lag. Sie werden hier eigens später behandelt (vgl. S. 83). Zu Schmelzplatzresten auf der Heuneburg vgl. W. Kimmig und E. Gersbach (1971) 74.
255. Ebd. Taf. 7, 2d.
256. Belegt beispielsweise aus der Lt C/Lt D- Siedlung von Berching-Pollanten: Th. Fischer u. a. (1984) Abb. 12, 4. 5; zur Problematik generell G. McDonnell, Tap Slags and Hearth Bottoms. Current Arch. 8, 1983, 81 ff.
257. Eigene Experimente des Verf., unpubl.
258. Grundsätzlich H. Hingst (1974) 96 sowie J. Drews (1978/1979) 38 ff.
259. Ebd. 34, zur Funktionalität N. Baum und B. Hörmann, Ein Experiment zur prähistorischen Töpferei. Natur + Mensch, Jahresmitt. Naturhist. Ges. Nürnberg 1977, 49.

Töpferöfen[260] ist jedoch auch ein Brand in *ebenerdigen Meilern* und sogar – als sogenannter *Feldbrand* – im offenen Feuer[261] möglich. Belege solcher ebenerdiger Meilerbrände sind selten. Völkerkundliche Parallelen[262] und experimentelle Überprüfungen[263] haben jedoch sowohl die Funktionalität als auch die Zuverlässigkeit solcher Anlagen erwiesen.
Für den konkreten Befund aus Altenberg bedeutet dies, daß eine Deutung der „Herde" als Reste ebenerdiger Meileröfen bei den Nummern I, II, V und VI oder VII bzw. als Reste von Grubenmeilern bei den Herden III, IV und VI oder VII in Betracht kommt. Für diese Interpretation sprechen folgende Beobachtungen der Ausgräber (zur Rekonstruktion vgl. auch die Abb. auf der Umschlagseite):
1. Als Unterlage der Anlagen konnten gesetzte Sandsteine freigelegt werden. Diese dürften der Hitze- und Feuchtigkeitsregulierung gedient haben. Während der Aufheizphase des Ofens zogen sie Bodenfeuchtigkeit an und verhinderten so eine Absorbierung im trockenen Gefäßton. Eine solche Absorbierung könnte leicht zu einem Springen und Platzen des Brenngutes führen. Beim Abkühlen des Brandes gaben die Steine die während der Feuerungsperiode gespeicherte Wärme wieder ab und stabilisierten somit den Temperaturverlauf. Die lockere Setzung der Sandsteine verbesserte während des Aufheizens den Luftdurchzug. Ähnliche Steinsetzungen lassen sich an zahlreichen Töpferöfen nachweisen[264].
2. In der Umgebung der Herde wurde eine intensive schwarze Verfärbung beobachtet. Diese enthielt jedoch nach den übereinstimmenden Beobachtungen von Gumpert und Mayr kaum Holzkohlesplitter oder gar größere Fragmente. Somit wird es wahrscheinlich, daß die dunklen Verfärbungen von einem starken Humusgehalt des betreffenden Sediments herrühren. Dies kann von einer Überdeckung des Meilers mit Grassoden während des Brandes rühren. Eine solche Überdeckung sicherte zum einen eine gleichmäßige Temperaturverteilung während des Brandes, zum anderen führte sie zu einer reduzierenden Atmosphäre und damit zu einer dunklen Farbe der Keramik. Nahezu alle Scherben aus der Grabungsfläche weisen diese charakteristische Dunkelfärbung im gesamten Bruch auf, die wenigen rötlichen Stücke besitzen einen dunklen Kern als Zeichen einer nur oberflächlichen Oxydation.
3. Zahlreiche Scherben sind an der Oberfläche stark beschädigt, gelegentlich ist die gesamte Oberfläche abgeplatzt (vgl. beispielsweise Taf. 8, 3). Weitere Scherben weisen in beträchtlicher Anzahl scharfe Zick-Zack-Brüche auf (vgl. z. B. Taf. 9, 9). Beide Erscheinungen lassen sich neben anderen Ursachen auch auf plötzliche Temperaturveränderungen an der Gefäßoberfläche bzw. im Bereich des ganzen Gefäßes während des Brennens zurückführen. Solche plötzlichen Schwankungen treten in gemauerten Keramiköfen nur selten, sehr häufig dagegen in Meileröfen auf[265].
4. Die Fläche wurde von Gräben systematisch entwässert (vgl. oben, S. 66). Hierbei wurde sowohl hangabwärts fließendes Oberflächenwasser um den Bereich herumgeführt als auch an der Hangsohle sich sammelndes Wasser zusammengeführt und zum Versickern gebracht. Diese Maßnahme ist bei einem Brennplatz mehr als notwendig, da eindringendes Wasser die gesamte Ofenbeschickung zum Platzen bringen kann.
5. In Zusammenhang mit einer Funktion der Herde als Meileröfen läßt sich auch die festgestellte Eintiefung des Hauptteils der Fläche erklären. Zum einen machte die hohe Brandgefahr bei grassodenummantelten Meileröfen einen erhöhten Brandschutz notwendig. Durch das Abtiefen um mindestens einen halben Meter wurden die Öfen in den Windschatten gelegt, wobei die Lage am Hang noch genügend Zug für die Luftführung der Öfen gewährleistete. Zum anderen bildete die Abtiefungskante ein Hindernis für weggetragene Glut und heiße Asche. In gleichem Zusammenhang steht auch die Anlage der Öfen außerhalb der bebauten Fläche, die auch in anderen Siedlungen festgestellt werden konnte[266].

Gesamtinterpretation der Baubefunde

Die von Gumpert und Mayr gegrabene Fläche der sicherlich weitaus größeren hallstattzeitlichen Siedlung stellt sich somit mit hoher Wahrscheinlichkeit als „Brennbezirk" für die keramische Produktion der Siedlung dar. Ungeklärt muß es dabei bleiben, ob es sich hierbei um den Teil einer Töpferei im Sinne einer handwerklichen Spezialisierung handelte oder die Fläche Mitgliedern der Siedlungsgemeinschaft für deren Eigenbedarf zur Verfügung stand. Die arbeitsintensiven Vorbereitungen – alleine für die Eintiefung der Fläche wurden nahezu 100 m^3 Material bewegt – und die Entwässerungsmaßnahmen sprechen dafür, daß die Nutzung des Brennbezirks für einen längeren Zeitraum beabsichtigt war. Ob dabei alle Öfen gleichzeitig in Betrieb waren oder zumindest teilweise in zeitlicher Abfolge stehen, läßt sich leider, mangels Empfindlichkeit der Keramik, nicht klä-

260. J. Drews (1978/1979) 38 ff, P. Duhamel (1978/1979) 52, 54 ff.
261. Ebd. 52, J. Drews (1978/1979) 33 ff.
262. N. David und H. David-Hennig, Zur Herstellung und Lebensdauer von Keramik. Bayer. Vorgeschbl. 36, 1971, 296; A. O. Shepard (1971), 75 f.
263. Ebd. 78 ff, sowie H. E. Selwood, Experiments with Primitive Pottery Kilns. Transactions of the Anglesey Antiquarian Society and Field Club 1971 - 72, 140 ff.
264. H. Hingst (1974) 69, 88.
265. Eigene Experimente des Verfassers (unpubl.), im gleichen Sinne P. J. Reynolds, Farming in the Iron Age. Cambridge University Press, 1976, 34 f.
266. H. Hingst (1974) 100.

ren. Für eine längere Nutzung spricht auch die große Anzahl an Keramikscherben, die zum Großteil Fehlbrände darstellen dürften. Unterstellt man ein Beherrschen der Brenntechnik, so beträgt der Bruchanteil beim Brennen in Meileröfen ca. 10% [267]. Die vorliegenden Reste von ca. 350 Gefäßen wären dann stellvertretend für ca. 3150 gelungene Keramikstücke.

Experimentalarchäologische Gegenprobe

Bedauernswerterweise liegt die Akzeptanz funktionaler Ergebnisse der Siedlungsarchäologie eher im irrationalen Bereich des „Glaubens" oder „Nichtglaubens" als in der argumentativen Auseinandersetzung mit den dargelegten Fakten. Um hier von vorneherein eine Diskussion auf der irrationalen Ebene zu vermeiden, wurden die geisteswissenschaftlich gewonnenen Ergebnisse einer experimentellen Gegenprobe unterzogen. Hierbei wäre eigentlich eher von einem „Test" als einem Experiment zu sprechen. Während nämlich „Experiment" im Sinne einer mehrfach wiederholten Versuchsreihe zur Ermittlung sämtlicher Parameter zu verstehen ist, wurde im vorliegenden Fall nur eine Antwort im Ja-Nein-Sinn auf die Frage nach der Funktionalität gesucht. Der beschrittene Weg, nämlich der Nachbau und die funktionale Überprüfung unter den aus der Grabung Altenberg gewonnenen Ergebnissen, zählt jedoch dessen ungeachtet zu einem Kernbereich der experimentellen Archäologie. Deren Grundüberlegung im Sinn eines cyclischen Gedankenmodells wurde bereits bei P. Reynolds[268] eingehend erläutert. Wegen der schweren Erreichbarkeit dieser Arbeit soll das Schema hier in deutscher Übersetzung[269] wiedergegeben werden.

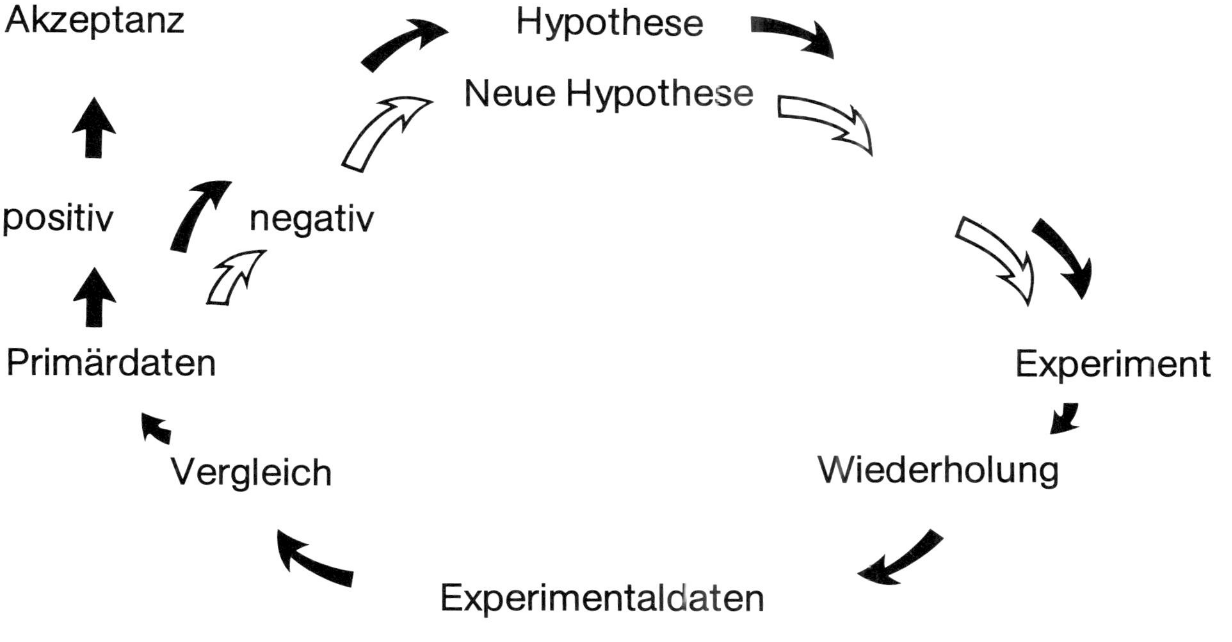

Der Gedankenweg ist durch entsprechende Pfeile gekennzeichnet. Wichtig erscheint, daß hier der Ausgangspunkt der experimentalarchäologischen Denkweise eine Hypothese, also ein gedanklich erzieltes Modell prähistorischer Vergangenheit ist. Insoweit rückt der Weg in gefährliche Nähe zur *„new archaeology"*. Wegen der Überprüfungsmechanismen des Experiments besteht jedoch, bei sorgfältiger Anwendung, nicht die Gefahr, daß die ursprüngliche Hypothese an ihren eigenen Grundlagen überprüft wird, wie dies bei vielen Arbeiten im Stile der *„new archaeology"* zu beobachten ist, deren Ergebnis dann natürlich nur die Stimmigkeit der Hypothese sein kann. Es gilt hier auch noch besonders hervorzuheben, daß bei einer Vergleichbarkeit der Primärdaten mit den Experimentaldaten, hier den Ausgrabungsergebnissen, nur die Stimmigkeit der aufgestellten Hypothese (= Interpretation), nicht jedoch deren über alles erhabene Richtigkeit festgestellt werden kann. Auch hierin liegt eine Abgrenzung zu vielen Ansprüchen einer falsch verstandenen *„new archaeology"*.

267. A. O. Shepard (1971) 91 ff.
268. P. Reynolds, The experimental storage of grain in iron age type underground silos, Ungedr. Dissertation Leicester, 1978, 9 ff.
269. Ebd. Fig. 1, es entspricht im wesentlichen jedem physikalischen Experimentmodell.

Abb. 29: Experimentalmeiler, basale Steinlage vor Durchführung des Experiments.

Abb. 30: Experimentalmeiler, unterste Holzlage.

Abb. 31: Experimentalmeiler mit ungebrannter Keramik.

Abb. 32: Experimentalmeiler, Keramik mit umgebendem Feuerholz.

Abb. 33: Experimentalmeiler, Holzlage mit Reisig.

Abb. 34: Experimentalmeiler mit abschließender Holzlage.

Die Grundfrage des hier durchzuführenden Experimentes ist diejenige nach der Funktionalität der in der Grabung Oberasbach-Altenberg freigelegten Strukturen als Basissetzungen prähistorischer Meileröfen zum Keramikbrand. Es versteht sich schon allein daraus von selbst, daß eine weitgehende Angleichung der Experimentalbedingungen an den Ausgrabungsbefund zu erreichen war. Als Basis der Rekonstruktion wurde Herd I gewählt, der sowohl zeichnerisch (vgl. Abb. 13 a) als auch photographisch (vgl. Abb. 14) dokumentiert ist. Die experimentelle Überprüfung wurde am 9./10. Mai 1987 durchgeführt. Für die Bereitstellung der benötigten Fläche dankt der Autor Frau E. Schreyer, für die Mithilfe bei den experimentellen Arbeiten den Damen A. Bittl, S. Martin, B. Müller und U. Schmidt sowie Herrn N. Baum.
Das gewählte Gelände wies eine leichte Neigung von ca. 5 cm auf 1 m auf. Damit wurde zwar nicht die in Oberasbach-Altenberg vorhandene Geländeneigung erreicht, bei der Setzung der Meilerbasis spielte die Geländeneigung jedoch nur eine untergeordnete Rolle, da Höhenunterschiede durch weitere Sandsteinlagen gut auszugleichen wären. Die Sandsteinlage (Abb. 29) wurde zunächst mit einer Schicht baumfrischer Scheite (Abb. 30) abgedeckt, um ein vorzeitiges Abbrennen der Meilerbasis beim Feuern zu verhindern. Nach Aufstapeln trockener Scheite von ca. 8 cm Durchmesser wurde die lederhart getrocknete Keramik darübergestellt

Abb. 35: Experimentalmeiler mit Grassodenummantelung.

Abb. 36: Experimentalmeiler kurz nach dem Anzünden der oberen Reisiglage.

Abb. 37: Experimentalmeiler, kleine, verziegelte Öffnungen in der Meilerummantelung während des Betriebs.

Abb. 38: Experimentalmeiler gegen Ende der Brennzeit.

(Abb. 31), wobei auf eine dichte „Packung" geachtet wurde, um einen möglichst gleichmäßigen Brand der Gefäße zu erreichen, der auch an der Keramik von Oberasbach-Altenberg zu beobachten war. Die Keramik wurde dann, wie der Scheiterhaufen, mit Holzscheiten umstellt (Abb. 32) und schließlich mit einer weiteren Holzlage, dann mit Reisig zum Anzünden des Meilers überdeckt (Abb. 33). Eine weitere Lage Holzscheite (Abb. 34) umgab die Gesamtstruktur. Diese wurde dann mit Grassoden bis zur Höhe der Reisiglage ummantelt (Abb. 35). Nach dem Anzünden wurde der Meiler auch oben mit Grassoden abgedeckt, so daß eine reduzierende Brennatmosphäre im Inneren entstehen konnte (Abb. 36). Bedingt durch die Feuchtigkeit der Grassoden entwickelte sich sofort ein stark wasserdampfhaltiger Rauch, der in seiner Intensität nach ca. 90 min nachließ. Die an der Basis belassenen Öffnungen zur Erleichterung eines günstigen Zuges im Meiler während der Anfeuerungsphase wurden ca. eine Stunde nach dem Anfeuern verschlossen.

Der Meiler brannte ohne Schwierigkeiten ruhig ab, wobei jedoch kein horizontales Durchglühen, sondern ein Durchglühen von der windzugewandten zur windabgewandten Seite zu beobachten war. Zur Gewährung einer gleichmäßigen Temperaturführung im Meiler wurden bei beobachtbarem Rauchrückgang zwei bis drei Grassoden im Basisteil entfernt. Die danach eintretende Verstärkung der Rauchentwicklung zeigte die Wirksamkeit der Maßnahme. Ca. 5 Stunden 30 Minuten nach Beginn der Feuerung begannen die Scheite an der Basis der windzugewandten Seite zu glühen. An der gleichen Seite brannte nach 11 Stunden 30 Minuten ein ca. 30 x 10 cm messender Spalt durch, der sofort mit Grassoden verschlossen wurde. An anderen Stellen waren jeweils kleine, kreisrunde Öffnungen entstanden (vgl. Abb. 37). Sie wiesen einen Öffnungsdurchmesser von ca. 5 - 10 cm auf, die Ränder waren verziegelt. Bei Grabungen würden solche Stücke wohl als Hüttenlehmbruchstücke bezeichnet.

Etwa 18 Stunden nach dem Anfeuern begann die windabgewandte Seite an der Basis zu glühen. Die windzugewandte Seite zeigte zu diesem Zeitpunkt keinerlei Rauchentwicklung mehr (Abb. 38). Nach weiteren 3 Stunden, also 21 Stunden nach dem Anfeuern, war der Glühprozeß vollkommen beendet, die Rauchentwicklung ging deutlich zurück. Zur rascheren Abkühlung wurden daraufhin die Grassoden im Oberteil des Meilers entfernt (Abb. 39). Nach einer weiteren Stunde konnte mit dem Ausleeren begonnen werden.

Die Keramiklage zeigte sich gegenüber dem Anfangsstadium als nahezu unverändert (vgl. Abb. 40 mit Abb. 31). Sämtliche Objekte waren vollständig reduzierend hart gebrannt (Abb. 41). Eine aus einem Tonbatzen ohne weitere Aufbereitung gefertigte „Backplatte" war zersprungen, wobei dadurch – wohl wegen abspringender Scherben und der hohen Temperatur – zwei weitere Gefäße beschädigt wurden. Bei einem anderen Gefäß war

Abb. 39: Experimentalmeiler am Ende der Brennzeit.

Abb. 40: Experimentalmeiler, Keramiklage nach Durchführung des Experiments.

Abb. 41: Experimentalmeiler, gebrannte Keramik in Originallage nach Beendigung des Experiments, Detail.

Abb. 42: Abplatzung am Boden eines experimentell gebrannten Gefäßes.

Abb. 43: Experimentalmeiler, Sandsteinlage mit umgebender Holzasche und ungebrannten Holzstücken nach Beendigung des Experiments.

Abb. 44: Experimentalmeiler, geputzte Sandsteinlage nach Beendigung des Experiments.

– wohl durch einen Fertigungsfehler bedingt – der Boden entlang der Boden-Wand-Fuge abgetrennt. Ein Gefäß zeigte noch Abplatzungen im Bodenbereich, wobei eine eingeschlossene Luftblase nach den Abtrennspuren als Ursache in Frage kommt (Abb. 42).
Die Reststruktur des Meilers bestand aus der durch den Brand unveränderten Sandsteinsetzung mit einer großen Menge humosen Aschematerials und einigen unverbrannten Holzresten sowie wenig Holzkohle (Abb. 43). Die auffällige Schwarzfärbung des Restsedimentes der Meilerummantelung erinnert dabei an die Beschreibungen Mayrs und Gumperts von den stark schwarz gefärbten Zonen um die Sandsteinsetzungen in Altenberg. Nach Wegräumen der Sedimente blieben lediglich die schwarzgefärbten Sandsteine (Abb. 44).
Im Vergleich zum Grabungsbefund von Altenberg zeigten sich zahlreiche Entsprechungen, die in der folgenden Tabelle 2 zusammengestellt sind.

	Oberasbach-Altenberg	Testergebnis
Sandsteine	„geschwärzt"	dunkle Brandflecken
umgebendes Sediment	„schwarz verfärbt"	Schwarzfärbung
weitere Konstruktionsteile	keine	keine
Holzkohle	wenig	wenig
Keramikbrand	reduzierend	reduzierend
blasig aufgetriebene Keramik	keine	keine
Abplatzungen	vorhanden, v.a. am Boden	vorhanden, u.a. am Boden
gebrannte Lehmstücke	vorhanden	vorhanden

Tabelle 2: Experimentelle Gegenprobe, Synopsis der Ausgrabungsdaten (= Primärdaten) mit den Experimentaldaten.

Neben dem Beweis, daß die vorgeschlagene Rekonstruktion der Grabungsbefunde von Oberasbach-Altenberg als Meilerofen für den Keramikbrand funktionstüchtig ist, konnte der Test eine hohe Übereinstimmung der Primär- und Experimentaldaten liefern. Wenngleich eine Wiederholung auf größerer Basis mit mehr Brennversuchen wünschenswert wäre, so zeigt doch die im Test erzielte Keramik ähnliche Eigenschaften wie die in der Ausgrabung geborgene. Die experimentelle Gegenprobe konnte somit im oben erläuterten Sinn die Stimmigkeit der Hypothese, d. h. die funktionale Deutung der Altenberger Grabungsbefunde beweisen.

Keramiktechnologie

Die aufgezeigte Deutung der Fläche als „Brennbezirk" der Siedlung macht eine ausführlichere Auseinandersetzung mit der Keramikherstellung notwendig. Hierbei sind folgende Abläufe zu unterscheiden:
- Tonaufbereitung
- Gefäßaufbau
- Brand

Tonaufbereitung

Ton ist ein plastischer Werkstoff, der meist in unreiner, d. h. mit anderen Stoffen vermengter Form in natürlichen Lagerstätten gewonnen werden kann. Die Lokalisation dieser Lagerstätten könnte nur durch Schwermineralanalyse gelingen[270], eine dem Bearbeiter leider nicht zur Verfügung stehende Methode. Wegen der natürlichen Verunreinigung muß der Ton meist aufbereitet werden. Hierbei wird durch Schlämmung und Absetzung eine Fraktion erzielt, die sich als Rohmasse zur Keramikherstellung eignet. Die Aufschlämmung erfolgt zweckmäßigerweise in Gruben. Positive Hinweise auf solche Gruben sind selten[271] und auch kaum zu erbringen. Die oben (vgl. S. 66) in ihrer Funktion unklaren Gruben Nummern 1, 3, 5 und 6 kämen grundsätzlich hierfür in Betracht.
Die im Mikroskop an den Scherbenbruchkanten sichtbare Feinheit des Tonblättchengefüges spricht für einen sorgfältig durchgeführten Tonaufbereitungsprozeß. Lediglich bei einigen dickwandigen Scherben von Wirtschaftsgefäßen sind klumpenartige Einschlüsse zu erkennen.
In den meisten Fällen muß dem aufbereiteten Ton zur Steigerung der Stabilität Magerung zugegeben werden. Die Magerung konnte bei den Altenberger Stücken bereits makroskopisch gut erkannt werden. Ihre Gesamtverteilung in Beziehung zu den einzelnen Gefäßformen ist Tabelle 3 zu entnehmen.

270. Beispielhaft für die Heuneburg und Châtillon-sur-Glâne: A. Maggetti und G. Galetti, Composition of Iron Age Fine Ceramics from Châtillon-sur-Glâne (Kt. Fribourg, Switzerland) and the Heuneburg (Kr. Sigmaringen, West Germany) Journ. of Arch. Science 7, 1980, 87 ff.

271. Solche könnten sich teilweise unter den als „Materialentnahmegruben" bezeichneten Objekten befinden.

Magerung / Form		0	1	2	2.5	4	5	6	Organisch	Sand	Sa.+Org.	Sa.+Kalk	Sa.+Son.	Org.+Kalk.	Org.+Son.	Sa+So+Ka	Summe	Summe Typ
Sch	1			8	3												11	
	2		1	3	1												5	25
	3		7	1					1								9	
S	1allg.			2	2												4	
	1a				2												2	
	1b			3							1			1		1	6	
	1c			2	1												3	
	2+2a			3	1												4	
	3			7	1		1				1		1				11	
	4			6	3	1	2			1			1				14	123
	4a			3	3		2									1	9	
	5a			2	1		2	1									6	
	5b			6	4		1						1				12	
	6			6	1					2	1			1			11	
	7	1	1	21	8		1										32	
	8			3	2					1	1	1		1			9	
B	1			3						1							4	
	2			2											2		2	61
	3		1	3							1		1				6	
	4	1		1													2	
N	1			1													1	
	2	1		3	1		1										6	10
	3			1			1			1							3	
W	1				2						1			2		3	8	
	2			1	1	1	4		3		2			2			14	
	3			1							1			1		1	4	63
	4						1										1	
	allg.		1	6	1		3		3	5	7	1		7	1	1	36	
Kegelh.g.				10	4					1				2			17	17
Sonstige			2	36	12		3	1	4	5	12	1	1	4		2	83	83
Summe		3	13	144	54	2	22	2	11	17	28	3	5	23	1	11	339	339

Tabelle 3: Oberasbach, Altenberg: Kombinatorische Verteilung der Mangerungsbestandteile der Keramik auf die Typen.

Deutlich überwiegt die Magerungsart 2 = feiner Quarz ohne weitere Zuschläge. Zwar könnte es sich hierbei auch um einen natürlichen Bestandteil der Tonmasse handeln. Die Hinweise auf die sehr sorgfältige Tonaufbereitung sowie die Tatsache, daß auch Keramik ohne sandige Bestandteile zur Genüge vorkommt, sprechen jedoch gegen diese Annahme. Die Kantenrundung der Körner spricht für Flußsand, der in der benachbarten Bibert- und Rednitzaue leicht zu gewinnen war. Grober Quarz (Magerungsart 1) kommt insgesamt bei 36 Scherben =10,65 % vor[272]. Dies deutet auf eine Auswaschung des Flußsandes zu Gewinnung einer feineren Fraktion hin.

Auffällig bei den Magerungsbestandteilen ist Kalk. Er bildet in 22 Stücken (= 6,5 %) das alleinige Magerungsmittel, in weiteren 91 Stücken (= 26,8 %) kommt Kalk zusammen mit anderen Zuschlägen vor. Insgesamt enthält somit ziemlich genau ein Drittel aller nachweisbaren Gefäße Kalk. Dieser steht am Fundort und in dessen Nähe nicht an. Die nächste Abbaumöglichkeit liegt in 16 km Entfernung in der Nähe von Kalchreuth, Mfr.[273]. Die Kantenschärfe der verwendeten Kalkstückchen spricht für ein Zerklopfen größerer Brocken zur Magerungsgewinnung.

Von Interesse ist auch die Verteilung der Magerungskomponenten auf die hauptsächlich vertretenen Typen. Zur Analyse wurden alle Gefäßtypen bzw. -varianten mit einer Gesamtzahl ≧ 12 ausgewählt und in einem Diagramm die Häufigkeit der Magerungsgruppen aufgetragen (vgl. Diagramm 1).

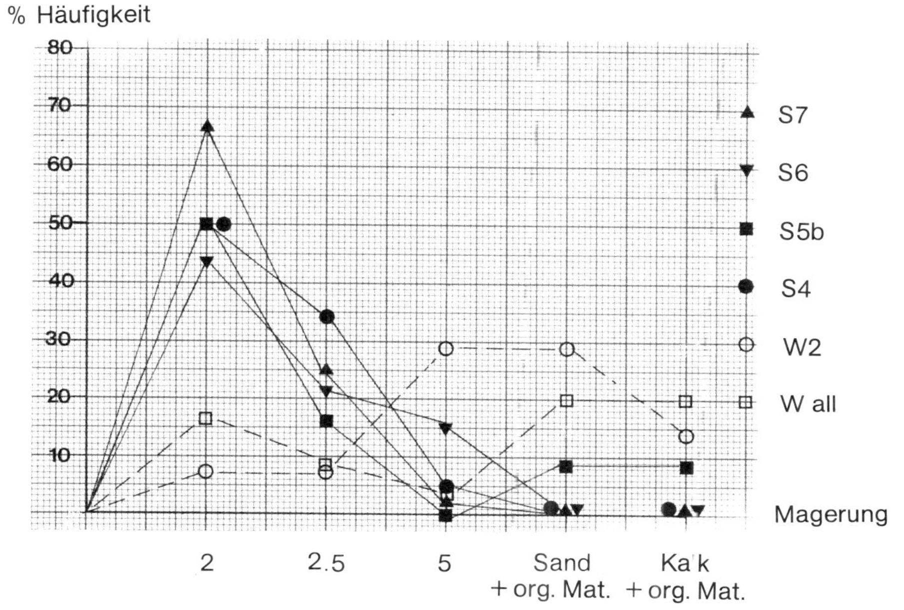

Diagramm 1: Oberasbach, Altenberg: Verteilung der Magerungsgruppen auf die wichtigsten Typenvarianten der Keramik.

Ins Auge fällt dabei der Unterschied zwischen den Schüsseln und der Wirtschaftskeramik. Während bei den Schüsseln die häufigste Magerungsart „Feiner Quarz" stets Werte über 40 % erreicht, bleibt sie bei den in größerer Menge vorliegenden Wirtschaftsgefäßen unter 20 %. Nicht ganz so deutlich auseinander gehen die Werte bei der zweithäufigsten Magerungsart, der Kombination aus feinem Quarz und Kalk. Eine Umkehrung der Verteilungshäufigkeit tritt bei den nächsthäufigen Magerungsarten „Sand + organisches Material" sowie „Kalk + organisches Material" ein. Hier dominiert die Wirtschaftskeramik. Die erstgenannte Magerungsart ist bei den Schüsseln mit Ausnahme der Formen mit oben einziehender Wandung (S 6) überhaupt nicht vertreten. Diese weisen häufig auch eine relativ dicke Gefäßwandung auf.

Grundsätzlich zeigt sich eine Bevorzugung mineralischer Magerungszusätze bei dünnwandiger Feinkeramik und ein gehäuftes Zusetzen organischer Magerung bei dickwandiger Wirtschaftskeramik. Soweit erkennbar, handelt es sich bei den organischen Zusätzen um Häcksel, also zerkleinertes Stroh, ausgedroschene Ährenstückchen und ähnliches. Grobe Häckselreste allein treten hierbei nie als Magerung auf.

Die Bevorzugung organischer Magerung bei der dickwandigen Wirtschaftskeramik dürfte intentionell sein. Durch Auskohlen führt dieser Zusatz zwar zu einer erhöhten Porosität, vermindert jedoch deutlich das Gesamtgewicht der häufig sehr großen Gefäße. Die durch die Porosität gesteigerte Verdunstung führt bei der Aufbewahrung von Flüssigkeiten zu einem sicher nicht unerwünschten Kühlungseffekt.

272. Die Funde aus der Aufsammlung Schönweiß wurden in die Auswertung nicht mit eingerechnet, da sie nicht direkt von der Grabungsstelle stammen.

273. Nach Geol. Karte von Bayern, M.: 1 : 500000, Hrg. vom Bayer. Geol. Landesamt.

Abb. 45 a: Oberasbach, Altenberg: Auf der Drehscheibe gefertigtes Gefäß Nr. 152, Außenseite. M.: 1 : 1.

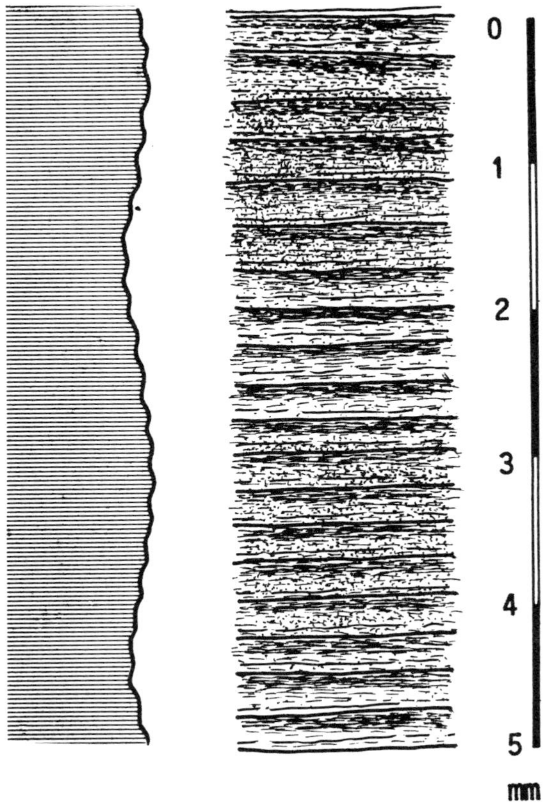

Abb. 45 c: Oberasbach, Altenberg: Auf der Drehscheibe gefertigtes Gefäß Nr. 152. Umzeichnung der mikroskopischen Ansicht des Innenprofiles mit Wulstung und Riefung.

Abb. 45 b: Oberasbach, Altenberg: Auf der Drehscheibe gefertigtes Gefäß Nr. 152, Innenseite. M.: 1 : 1.

Gefäßaufbau

Nahezu alle Gefäße sind frei, d. h. ohne Verwendung einer freilaufenden Töpferscheibe hergestellt. Wegen der oben geschilderten hochwertigen Tonaufbereitung sind Strukturunterschiede in den Scherbenbrüchen nicht erkennbar. Eine Entscheidung, ob Lappen- oder Wulsttechnik beim Aufbauen der Keramik bevorzugt wurde, ist somit nicht möglich.

Drehscheibenware

Aus dem Rahmen fällt die Scherbe Taf. 8,13. Außen- und Innenseite der Scherbe sind mit randparallelen, feinen Riefen überzogen (vgl. Abb. 45 a, b). Solche Riefen weisen im allgemeinen auf die Herstellung des Gefäßes auf einer schnellaufenden Töpferscheibe hin. Sie könnten jedoch grundsätzlich auch durch Verwendung einer Abziehschablone bei aufgebauter Keramik entstehen.

Wegen der hallstattzeitlichen Datierung des Stückes (s. o., S. 57) kommt einem exakten Herstellungsnachweis eine erhebliche Bedeutung zu, da Drehscheibenkeramik – von Ausnahmen abgesehen – latènezeitlich datiert wird. Leider wurde bei den Bearbeitungen der frühen Drehscheibenkeramik der technologische Aspekt kaum berücksichtigt. Auch die Beiträge Rieths[274] bleiben zu allgemein, um Hilfe für die konkrete Frage zu liefern.

274. A. Rieth, Die Entwicklung der Töpferscheibe (1939), ders. 5000 Jahre Töpferscheibe. Konstanz 1980; ohne Bezug zur technischen Seite W. Dehn, Frühe Drehscheibenkeramik nördlich der Alpen, Alt-Thüringen 6, 1962/63, 372 ff, ebenso A. Lang (1974), kursorisch auch E. Guthnick, Erkennungsmerkmale einer Gefäßherstellung auf langsamen und schnellen Drehscheiben an einzelnen Scherben. Ausgrabungen und Funde 30 (1985) 1 ff.

Generell ist bei Drehscheibenkeramik festzustellen:
1. Durch die Rotation der Scheibe und das Hochziehen der Keramikmasse entsteht im Gefäß eine charakteristische *Wulstung*. Diese ist von der Rotationsgeschwindigkeit und dem Tempo des Hochziehens der Form abhängig.
2. Durch die Rotation und die Berührung mit den Fingern oder einem Formwerkzeug drücken sich Unebenheiten und Magerungsbestandteile in die Wand ein und erzeugen eine feine, gleichmäßige *Riefung*.
3. Keramikton hat einen hohen Anteil blättchenförmiger Tonminerale, der durch die spezifische Aufbereitung für drehscheibengeeigneten Ton noch erhöht wird. Bei diesem Ton kommt es darauf an, ein möglichst homogenes Gefüge zu erhalten. Ferner müssen Lufteinschlüsse vermieden werden, da diese zu einem Brechen der Masse beim Hochziehen auf der rotierenden Scheibe führen. Der Ton wird deshalb vor Zentrierung auf der Scheibe vom Töpfer „geschlagen".

Dieses Schlagen richtet die Tonplättchen im Gefüge bereits grob aus. Durch das Drehen auf der Scheibe erfolgt eine weitere mechanische Verformung des Gefüges mit einer weitergehenden Paralleleinregelung. Das Endergebnis ist ein mehr oder minder vollständiges Liegen von Breitseite an Breitseite. Diese spezielle, auf Drehscheibenkeramik beschränkte Einregelung der Tonmineralblättchen wird auch *Textur* genannt.

Können bei dem zur Diskussion stehenden Scherben von Oberasbach-Altenberg nun alle drei Erscheinungen einwandfrei nachgewiesen werden, so ist damit dessen Herstellung auf einer schnellaufenden Töpferscheibe gesichert. Die ersten beiden genannten Kennzeichen sind makroskopisch mehr oder weniger gut erkennbar. Die *Wulstung* des Scherbens kann besonders gut im Binokular bei ca. 20-facher Vergrößerung erkannt werden. Die Umzeichnung des mikroskopischen Befundes (Abb. 45 c) zeigt – neben der feinen *Riefung* im Profil – deutlich eine leicht wellenförmige Oberfläche mit einer Wulstbreite von ca. 2,5 - 2,8 mm. Ebenso wird, wie bereits in der Photographie, die gleichmäßige Anordnung der feinen randparallelen *Riefen* deutlich. Die Untersuchung der *Textur* gilt im allgemeinen als schwierig. Bislang wurde lediglich eine röntgenographische Methode publiziert[275], welche jedoch mit einem erheblichen technischen Aufwand verbunden ist. Nimmt man einen Bruch der Keramik in Kauf, so läßt sich das gleiche Ergebnis auch bei Betrachtung einer exakt randparallelen Bruchfläche im Rasterelektronenmikroskop erzielen.

Die am Institut für Paläontologie der Universität Erlangen-Nürnberg gefertigten Aufnahmen zeigen eindeutig die gesuchten Merkmale. Bereits bei 130-facher Vergrößerung (vgl. Abb. 46) wird die Parallelausrichtung der gröberen Partikel und feinen Hohlräume deutlich. Bei 1300-facher Vergrößerung zeigt sich zusätzlich die oben beschriebene randparallele Ausrichtung der Tonplättchen (Abb. 47). Nur wenige liegen quer, die meisten sind mit der Schmalseite zum Bruch, d. h. mit den Breitseiten zueinander parallel zu den Gefäßwänden eingeregelt. Mit dem Nachweis der speziellen Textur ist somit die Herstellung auf der Drehscheibe gesichert.

Bei dem Gefäß dürfte es sich mit Sicherheit um ein in der Siedlung produziertes Stück handeln. Die zahlreichen Hinweise auf keramische Produktion vor Ort und die Zugehörigkeit zu der mit 6,6 % immerhin sechstgrößten Magerungsgruppe spricht jedenfalls ebenso gegen die Annahme eines Importes wie die anderen, typengleichen, aufgebauten Gefäßfragmente.

Das Vorkommen von Drehscheibenkeramik ist im Vergleich zu anderen hallstattzeitlichen Siedlungen zwar selten, allerdings für den süddeutschen Bereich nicht einmalig. Am besten ausgewertet sind die Funde von der Heuneburg[276]. Das exakte zeitliche Einsetzen ist dort zwar nicht ganz unproblematisch, vermutlich ist jedoch schon in Periode III a = Ha D_2 damit zu rechnen[277]. Auffällig ist bei der Heuneburgdrehscheibenkeramik die Ausbildung als eigene Herstellungsgruppe, die sich typologisch nur teilweise aus älteren Formen am Platze herleiten läßt[278]. Demgegenüber vertritt das Altenberger Bruchstück einen relativ geläufigen Typ hallstattzeitlicher Keramik. Insbesondere stellt die Siedlung Altenberg aber die erste süddeutsche Stelle dar, wo hallstattzeitliche Drehscheibenkeramik nicht im Zusammenhang mit einem Fürstensitz zu sehen ist[279].

Aus der Schweiz liegt Drehscheibenkeramik bislang nur vom Fürstensitz Châtillon-sur-Glâne vor[280], wobei die dortige Produktion mit der Heuneburg übereinstimmt. Wenig Bedeutung kommt der ostslowakischen Drehscheibenkeramik zu, welche mit balkanischen Formen auch die neue Technologie übernimmt[281].

275. A. Dietzel und H. Mostetzky, Vorgänge beim Wasserentzug aus einem keramischen Schlicker durch die Gipsform, Teil IV: Röntgenographischer Nachweis der Scherbentextur. Ber. der Deutschen Keramischen Ges. e. V. 33, 1956, 115 ff.

276. A. Lang (1974), zu weiteren Fundorten ebd. 20 ff.

277. Ebd. 19, zur Problematik der Datierung der Schichten unlängst E. Gersbach, Die Paukenfibeln und die Chronologie der Heuneburg bei Hundersingen/Donau, Fundber. Baden-Württemberg 6, 1981, 213 ff, demgemäß zeigen sich viele Fibeln als umgelagert (ebd. Abb. 1).

278. A. Lang (1974) 26 ff, 38; zur Einheitlichkeit ebd. 16.

279. Ebd. 75.

280. H. Schwab, Châtillon-sur-Glâne, Ein Fürstensitz der Hallstattzeit bei Freiburg im Uechtland. Germania 53, 1975, 79 ff, mit neuerer Literatur vgl. D. Ramseyer, L'habitat protohistorique de Châtillon-sur-Glâne, Arch. der Schweiz 5, 1982, 94 ff, Drehscheibenware Abb. 8.

281. S. Dusek, Mineralogisch-archäologische Untersuchungen zur hallstattzeitlichen Drehscheibenkeramik in der Südwestslowakei, Slovenská Arch. XXVII, 1, 1979, 125 ff.

Abb. 46: Oberasbach, Altenberg: Auf der Drehscheibe gefertigtes Gefäß Nr. 152. REM-Ansicht des Querbruches, 130-fache Vergrößerung. Photo: Institut für Paläontologie der Universität Erlangen-Nürnberg.

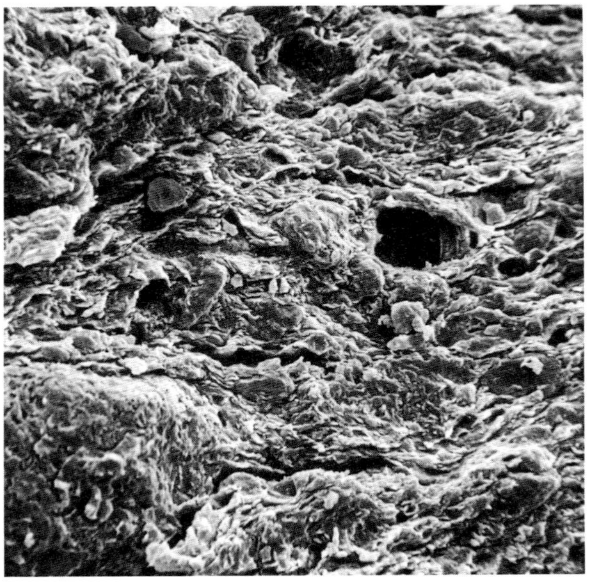

Abb. 47: Oberasbach, Altenberg: Auf der Drehscheibe gefertigtes Gefäß Nr. 152. REM-Ansicht des Querbruches, 1300-fache Vergrößerung. Photo: Institut für Paläontologie der Universität Erlangen-Nürnberg.

Oberflächenbehandlung

Die meisten Stücke haben eine gut geglättete Oberfläche. Insbesondere graphitierte Keramik ist häufig zusätzlich poliert, wobei eine erhebliche Verstärkung des metallischen Effektes der Graphitierung erzielt wurde. Engobenüberzug, wie er auf zahlreichen Gefäßen der mittelfränkischen Grabkeramik nachweisbar ist[282], fehlt. Nach den Spuren an den Scherben wurde die Gefäßwand nach dem Trocknen meist mit einem spachtelartigen Gegenstand nachgezogen und dann – entweder mit einem Glättkiesel oder mit einem Lappen – poliert. Bei der Wirtschaftskeramik fehlt diese Politur.

Eine etwas andersartige Behandlung erfuhr das auf der Drehscheibe gefertigte Gefäß. Hier wurde die Innenseite nicht verändert, die Außenseite wurde nach Anbringen der Tupfen mit einem Lappen in feuchtem Zustand kreuz und quer verstrichen. Entsprechende Wischspuren sind an der Außenseite deutlich erkennbar (vgl. Abb. 45 a).

Bemalung tritt nur einmal (vgl. Taf. 3,14) auf, wobei ein oxydierend brennender Schlickerauftrag gewählt wurde. Alle anderen Verzierungen wurden durch Ritzung in den getrockneten Ton erzeugt. In einem Fall (Taf. 10,1) sind noch Reste der Inkrustierung vorhanden, es handelt sich um Schlämmkalk[283]. Unklar muß bei einer Schüssel die Frage bleiben, ob eine abstrahierende Verzierung vorliegt oder organisches Material ausbrannte (vgl. Taf. 2, 9). Die Kantenschärfe der Ränder spricht ebenso für Einritzen wie die Tatsache, daß die beim Ausbrennen charakteristischen kleinen Abplatzungen im Randbereich fehlen.

Formgebung

Wie Tabelle 3 entnommen werden kann, überwiegen bei den ausscheidbaren Formen deutlich die Schüsseln mit 123 Stück (= 36,4 %). Hiervon ist wiederum der relativ einfach herstellbare Typ 7 mit 32 Stück (= 26,0 %) der häufigste. Das Überwiegen von Schüsseln entspricht dem Ergebnis von der Heuneburg[284]. Weitere Aufarbeitungen bleiben abzuwarten. Generell läßt jedoch die hohe Produktionsrate auf einen entsprechend hohen Verbrauch und damit auf eine höhere Bruchhäufigkeit schließen. Fraglich bleibt, ob die typologisch hier eigens behandelten Schalen nicht von ähnlicher Funktion waren. Bei beiden weisen erhebliche Durchmesservarianzen ohnedies auf unterschiedliche Teilfunktionen hin.

Wie sehr bei typologisch gleichartigen Gefäßen die Lippengestaltung schwanken kann, ist nachstehender Tabelle 4 zu entnehmen. Hieraus könnte sich ein Hinweis auf verschiedene Produzenten ableiten lassen.

Brand

Dieser Aspekt wurde bei der Erörterung der Herde bereits ausführlich behandelt. Zusammenfassend darf festgestellt werden, daß nahezu alle Stücke reduzierend im Meilerbrand hergestellt wurden.

Typ 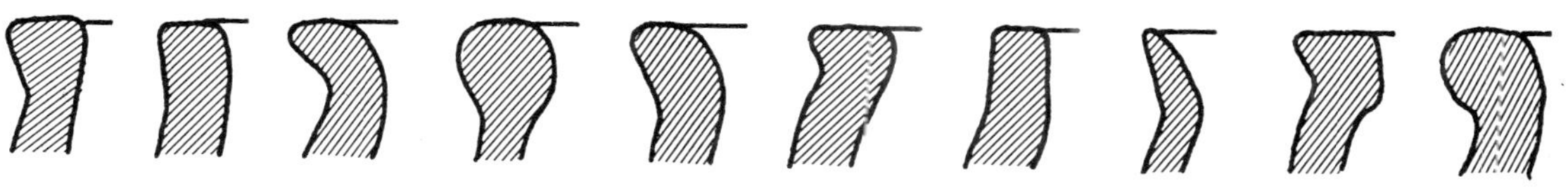										
S7	4	4	1	3	4	5	8	2	1	-
S4	1	1	-	-	1	1	8	2	-	-
S5a	-	2	-	-	-	-	4	-	-	-
S5b	-	2	1	-	-	-	7	1	-	1

Tabelle 4: Oberasbach, Altenberg: Kombination häufiger Schüsselformen mit verschiedenen Lippenvarianten.

282. M. Hoppe (1986) 121 f.

283. Zur Technik vgl. W. Geilmann und W. Gebauhr, Die Inkrustation jungsteinzeitlicher Gefäße. Beiträge zur Aufklärung vor- und frühgeschichtlicher Dekorationstechniken II. Ber. der Deutschen Keramischen Ges. e. V. 31, 1954, 329 ff.

284. D. Fořt-Linksfeiler, Schüsseln und Schalen der Heuneburg. Germania 56, 1978, 444 ff.

Zur Frage der „Töpfer“

Eine Isolierung des Individuums, also des einzelnen Produzenten, ist sicherlich nicht möglich[284 a]. Gleichwohl ergeben sich für die Frage nach den „Herstellern“ einige Aspekte. In jeder der bislang erörterten Einzelfragen wurde deutlich, daß die Keramiktechnologie einen hohen technischen Standard aufwies. Sicherlich liegt in den Gefäßen von Altenberg keine „hausbackene Bauernkeramik“ vor. Andererseits entsprechen Formgebung und Gestaltung durchaus dem regional zu erwartendem Spektrum. Lediglich die Verzierungen weisen eigentümliche Besonderheiten auf, die jedoch ohne breite Kenntnis weiterer Siedlungskeramik der Region ohne Bedeutung bleiben müssen. Die Frage, ob mit den Altenberger Funden Reste einer hallstattzeitlichen Töpferei im Sinne eines spezialisierten Handwerksbetriebes oder nur einer Siedlungsgemeinschaft mit entsprechend hoch entwickelter Keramiktechnologie vorliegen, muß deshalb noch ungeklärt bleiben.

Zwei Gesichtspunkte weisen jedoch auf mindestens einen Teil der beim Keramikbrand tätigen Personen hin. Zum einen fällt die Geschlechtsspezifität der als Verlierfunde zu deutenden Schmuckreste auf. Halsringe, meist in größeren Sätzen, gehören ebenso zur weiblichen Trachtausstattung der Hallstattzeit[285] wie Steigbügelarmringe[286] und Stöpselohrringe[287]. Gleiches gilt in besonderem Maße auch für die als Amulette anzusprechenden Anhänger, Perlen und das Ammonitbruchstück[288].

In die gleiche Richtung deuten auch die Spinnwirtel. Sie könnten durchaus als Verluste der beim Brennen tätigen Personen, also Frauen, angesehen werden. Genausogut kann es sich natürlich auch um übersehenes Brenngut handeln.

Pflanzliche Ernährung

Vegetabile Reste fehlen im Grabungsmaterial. Nur die wenigen flachgeriebenen Sandsteinbruchstücke, Reste von Mahlsteinen, weisen auf den für die Ernährung sicherlich wichtigen pflanzlichen Produktionssektor hin.

Tierhaltung

Sowohl aus den Herden wie auch aus der allgemeinen Grabungsfläche liegen zahlreiche Tierknochen vor. Bei der Mehrzahl handelt es sich jedoch um unbestimmbare kleine Splitter in der Größenordnung weniger Zentimeter. Meist sind dies Röhrenknochenbruchstücke und Rippen ohne weitere Charakteristika. Dies sowie die zahlreichen Hackspuren an diesen Splittern weisen sie als Abfall bei der Fleischzerlegung in kleinere Portionen aus.

Die bestimmbaren Knochen erlauben den in Tabelle 5 gegebenen Überblick. Generell ist die Mindestindividuenzahl (MIZ) gering. Dies dürfte an der Funktion der Fläche als Brandplatz, also nicht primären Schlacht-, Zerlegungs- oder Eßplatz einerseits, der Kleinstückigkeit und damit verbundenen Unbestimmbarkeit der Mehrzahl der Knochen andererseits liegen. In letzerem dürften auch die Ursachen für ein scheinbares Überwiegen der Schlacht- vor den Zerlegungsabfällen zu suchen sein, die bei praktisch allen Tierarten deutlich wird. Die bereits beim Schlachten von Rumpf und stark muskelbesetzten Gliedmaßen abgetrennten Stücke, vorwiegend Kopf und Phalangen, unterlagen teils keiner, teils nur einer geringfügigen weiteren Zerlegung. Sie scheinen deshalb, durch bessere Bestimmbarkeit, überrepräsentiert. Wegen der geringen Stückzahl bestimmbarer Knochen und deren meist nur teilweisen Erhaltung wurde auf ein Ermitteln von Indices verzichtet. Als Haustiere sind Schwein, Rind, Schaf, Ziege, Pferd, Huhn und Hund nachweisbar. Wegen der geringen Mindestindividuenzahl ist eine größenmäßige Relation der Arten zueinander ohne Bedeutung. Generell dürften die auf der Heuneburg angetroffenen Verhältnisse, nämlich das Überwiegen der Rinderhaltung[289], übertragbar sein.

Von den drei sicher bestimmbaren R i n d e r n aus Altenberg haben zwei mit >10 Jahren und >12 Jahren ein relativ hohes Schlachtalter. Die kann als Hinweis auf Milchviehhaltung gelten. Auch die anderen, den genannten Individuen nicht zuweisbaren Extremitätenknochen weisen auf zumindest nicht junges, die Abkauungsgrade der Zähne generell auf ein Alter um 10 Jahre hin. Das dritte ausscheidbare Individuum mit einem im Durchbruch befindlichen P_4 bildet mit einem Schlachtalter von ca. 2,5 Jahren eine Ausnahme.

284a. Zur Problematik der Isolierung von „Werkstattzentren“ vgl. S. Champion, Production and exchange in Early Iron Age central Europe, in: T.C. Champion und J.V.S. Megaw (Hrg.), Settlement and Society: aspects of West European prehistory in the first millennium B.C., Leicester, 1985. 135

285. W. Torbrügge (1979) 97.

286. Zum gelegentlichen Vorkommen in Männergräbern vgl. M. Hoppe (1986) 50 f.

287. W. Torbrügge (1979) 89.

288. Zu Amuletten vgl. L. Pauli, Untersuchungen zur Späthallstattkultur in Nordwürttemberg. Hamburger Beitr. zur Arch. 2/1, 1972, 12 f; ders. Keltischer Volksglaube. Amulette und Sonderbestattungen am Dürrnberg bei Hallein und im eisenzeitlichen Mitteleuropa. Münchener Beitr. zur Vor- und Frühgesch. 28, 1975, passim; zu Ammoniten ebd. 128 sowie W. Torbrügge (1979) 155.

289. J. Scabell, Die Rinderknochen von der Heuneburg, einem frühkeltischen Herrensitz bei Hundersingen a. d. Donau, Grabungen 1959 und 1963. Naturwiss. Unters. zur Vor-und Frühgesch. in Württemberg und Hohenzollern 1, 1966, 1, 51.

	Schädel	Maxilla	Mandibula	P 3	P 4	P all.	M 1	M 2	M allg.	M oder P	Schneidezahn	Caninus	Metacarp./-tars./Tal	Phalanx	Wirbel	Scapula	Rippe	Becken	Darmbein	Sitzbein	Humerus	Radius	Ulna	Femur	Tibia
Rind	1	2	2		1		2	3	3		1		1	2	1		1	1	1		1	2	1		2
Pferd										2				2			1								
Schwein		3	2	1	3		4	1				1	1			1		1						1	
Schaf																						1			
Ziege														1						1					
Schaf/Ziege		1	5	2	2	1	2		3	1			1			1	2								
Hund															2		2								
Haushuhn																1					1				
Reh														1			1								
Rothirsch			1	1	1	1			1				1												

Tabelle 5: Oberasbach, Altenberg: Anatomischer Verteilung der bestimmbaren Tierknochen nach Tierarten.

Bei den Schweinen erlaubt der Vergleich der Kieferreste eine Mindestindividuenzahl von vier. Die Altersmerkmale geben wenig Ansatzpunkte, die meisten Tiere waren zumindest älter als 20 Monate. Lediglich das einzige geschlechtsbestimmbare Tier, ein Eber, dürfte ausweislich der Caninusbildung jünger gewesen sein. Die Knochengröße liegt jeweils im Bereich der deutlich kleineren Hausschweine[290], echte Nachweise für das Wildschwein fehlen.
Bei den Schafen konnte nur ein Individuum, und auch nur durch einen einzigen Radius, sicher nachgewiesen werden. Das gleiche gilt für die Ziegen, wo ein Sitzbeinfragment eine weibliche Geschlechtsbestimmung ergab. Die Mehrzahl der Tiere versteckt sich sicher unter dem Sammelbegriff Schaf/Ziege, hier sind anhand der rechten Unterkieferhälften mindestens vier Tiere nachweisbar. Ob die weitere, linke Mandibula zugehörig ist, bleibt fragwürdig. Sämtliche Altersmerkmale deuten auf relativ alte Tiere hin, in einem Fall ergibt sich ein Mindestschlachtalter von 17 Monaten, in allen anderen Fällen ein Schlachtalter zwischen 3 und 10 Jahren. Dies spricht weniger für eine Fleisch- als für eine Gemischtnutzungshaltung, wobei bei den Schafen an Wolle und Milch zu denken ist. Für die Wollgewinnung bei den Schafen sprechen auch die oben mehrfach erwähnten Spinnwirtelfunde.
Nur wenig kann über die Pferde ausgesagt werden. Ein sehr altes Großpferd mit einem Alter > 25 Jahren steht einem jungen Pony gegenüber. Leider kann aus dem Epiphysenfragment die Widerristhöhe nicht berechnet werden, der Vergleich mit rezentem Material spricht jedoch eindeutig für Pony. Solche sind auch auf der Heuneburg nachgewiesen und somit keinesfalls eine Seltenheit[291]. Das einzig in dieser Hinsicht ergiebige Stück, eine Rippe, weist Hackspuren auf. Dies deutet auf einen Verzehr von Pferden hin.
Ebenfalls zur Bereicherung des Speiseplanes dienten offenbar Hunde, die wenigen Fragmente erlauben jedoch keine weitergehenden Aussagen. Größenmäßig liegen die Hundereste etwa in der Varianz rezenter Schäferhunde bzw. etwas darunter.
Relativ selten, aber auf der Heuneburg belegt[292], sind hallstattzeitliche Reste des Haushuhns. Die beiden Knochenreste ermöglichen keine weitergehenden Aussagen.

290. J. Boessneck, Zur Entwicklung vor- und frühgeschichtlicher Haus- und Wildtiere Bayerns im Rahmen der gleichzeitigen Tierwelt Mitteleuropas. Studien an vor- und frühgeschichtlichen Tierresten Bayerns 2, 1958, 94 ff.
291. B. Reiss, Tierknochenfunde von der Heuneburg, einem frühkeltischen Herrensitz bei Hundersingen a. d. Donau, Grabungen 1964 und 1965, Nichtwiederkäuer. Naturwiss. Unters. zur Vor- und Frühgesch. in Württemberg und Hohenzollern 4, 1967, 18.
292. E. Schüle, Eisenzeitliche Tierknochen von der Heuneburg bei Hundersingen (Donau), Stuttgarter Beitr. zur Naturkunde 33, 1966, 26, B. Reiss, a.a.O. 21.

Abb. 48: Oberasbach, Altenberg: Schematische Darstellung der bestimmbaren Haus- und Wildtierarten.

Relativ gering sind auch die Wildtierreste. Immerhin zählten R e h und H i r s c h zur Jagdbeute, wobei durch die geringe Knochenzahl eine Mindestindividuenzahl nicht berechnet werden kann. Alle vorhandenen Reste stammen von ausgewachsenen Tieren, beim Hirsch ist zumindest einmal ein Tier mit hohem Alter vertreten.

Insgesamt ist somit in Oberasbach-Altenberg eine durchaus zu erwartende Zusammensetzung von Haus- und Wildtieren vorhanden (vgl. Abb. 48). Die aus dem Schlachtalter zu erschließende Rolle der Milchwirtschaft spricht für eine Tierhaltung zur Selbstversorgung zumindest bei den Rindern. In die gleiche Richtung gehen sicher auch die Nachweise von Schaf und Ziege. Deutlich wird auch die Produktion von Nahrungsmitteln außerhalb der Fleischgewinnung. Offensichtlich wurden die Tiere erst dann geschlachtet, wenn sie für andere Zwekke nicht mehr tauglich waren.

Diese Deutung steht in klarem Gegensatz zu den auf G. Kossack aufbauenden Überlegungen einer in der Hallstattzeit dominierenden Waldweidewirtschaft, die unlängst von G. Nobis erneuert wurde[293]. Diese Ausführungen bleiben indes methodisch mehr als anfechtbar. Der von Nobis gezogene Schluß von Reh, Hirsch und Wildschwein auf Waldnähe bleibt trivial und ohne Kenntnis hallstattzeitlicher Jagdgewohnheiten ohnedies ohne Bezug zur tatsächlichen Entfernung des Waldes. Die 16 Schweineknochen ermöglichen keinerlei Rückschluß auf die vorhandene Individuenzahl, für einen Schluß „aus der Zusammensetzung der Tierarten" liefern sie keinerlei argumentative Grundlage. Die dabei unterdrückten zahlenmäßig „dominanten" 17 Knochen von kleinen Hauswiederkäuern, also Schaf oder Ziege, sind bei Waldweidewirtschaft ohnedies merkwürdig. Alles in allem dürften die hallstattzeitlichen Landwirtschaftsmethoden wohl wesentlich entwickelter gewesen sein, als dies die trügerische Fundüberlieferung suggeriert, wobei für exakte Aussagen größere Fundmengen unabdingbar wären.

Metallverarbeitung

Aus den obigen Betrachtungen zur hallstattzeitlichen Nutzung ausgeklammert wurden zwei sichere Nachweise einer Metallverarbeitung. Die mit 50 - 100 m relativ große Entfernung zu der Grabungsfläche läßt jedoch keine andere Wahl, als sie einem eigenen, grabungsmäßig nicht erschlossenen Produktionsbezirk der hallstattzeitlichen Siedlung zuzuweisen. Die Bronzemasse auf dem Flußschlackenstück weist deutlich darauf hin, daß nicht nur Altmaterial umgeschmolzen wurde, sondern auch Rohschmelzen erzeugt wurden. Ob hierbei Erz oder gereinigte Gußkuchen eingeführt wurden, bleibt verborgen. Die nächsten verwertbaren Erze wären im Frankenwald bzw. im Bayerischen Wald zu suchen. Besonders hervorzuheben ist das Tondüsenbruchstück (Taf. 17, 14). Dieses findet einen guten Vergleich in einem Fragment von Hagenich, Gde. Thalmässing, Lkr. Roth[294]. Auf urnenfelderzeitliche Nachweise der Metallproduktion hat A. Jockenhövel unlängst verwiesen[295], dabei ist nur eine Tondüse vermerkt.

Sonstiges

Im siedlungsarchäologischen Zusammenhang interessieren noch zwei keramische Produkte aus der Grabungsfläche. Zum einen ist dies der Tonlöffel Taf. 2, 7. An der hallstattzeitlichen Datierung ist ausweislich der oberpfälzer Parallelen[296] nicht zu zweifeln. Die Fundumstände dort machen in einigen Fällen eine Zuweisung dieser Stücke zur Kinderausstattung wahrscheinlich. Denkbar wäre auch die Verwendung als Gußlöffel[297], doch fehlt es dem Altenberger Material hierfür an anhaftenden Gußresten. Ohne überzeugenden Verwendungsvorschlag müssen die beiden Tonscheiben (Taf. 2, 16; Taf. 6, 26) bleiben[298].

Zusammenfassung

Die Funde und Befunde der Altenberger Siedlung weisen auf eine großflächige, arbeitsdifferenzierte Anlage der späten Hallstattzeit am Hochufer der Bibert im überflutungsfreien Bereich hin. Aus der Grabungsfläche des Jahres 1928 kann die Herstellung einer zahlenmäßig erheblichen Keramikmenge mit entwickelter Töpfereitechnik erschlossen werden, die in wenig aufwendigen Töpferöfen gebrannt wurde. Auffällig ist die Verwendung der Töpferscheibe. Lesefunde in der Nähe bezeugen nicht nur die flächenmäßig erhebliche Ausdehnung, sondern als zweiten Produktionszweig auch die Metallverarbeitung. Hinweise auf die Ernährungsgewohnheiten und den landwirtschaftlichen Bereich lieferten die sekundär als Brennmaterial verwendeten Tierknochen. Neben dem üblichen Haustierspektrum ist auch das Haushuhn bezeugt. Eine ausgesprochene Fleischproduktion scheint bei keinem der Tiere vorgelegen zu haben, Milch- und Wollerzeugung dürften im Vordergrund gestanden zu haben. Die Getreideverarbeitung ist nur durch wenige Mahlsteinreste bezeugt.

293. G. Nobis, Die nachneolithischen Haustiere aus Schernau; in: J. Lüning (1980) 45.
294. Vgl. Fundnotiz W. Ullmann in Bayer. Vorgeschbl. 17, 1948, 75 f; die Keramik dieser Fundstelle datiert ausweislich Überprüfung in der Slg. der NHG in die Hallstattzeit.
295. A. Jockenhövel, Struktur und Organisation der Metallverarbeitung in urnenfelderzeitlichen Siedlungen Süddeutschlands; in: Siedlung, Wirtschaft und Gesellschaft während der jüngeren Bronze- und Hallstattzeit in Mitteleuropa, Veröffentl. Mus. für Ur- und Frühgesch. Potsdam 20, 1986, 213 ff, Tondüse Abb. 4, 1.
296. Zusammenstellung bei W. Torbrügge (1979) 162.
297. A. Jockenhövel a.a.O. 223.
298. Vergleiche mit und – wie die Altenberger Exemplare – ohne Durchlochung bei W. Torbrügge (1979) 181 m. Anm. 725, hierzu noch ein Stück aus Schernau: J. Lüning (1980) Abb. 12, 8.

ARBERG-GROSSLELLENFELD

So differenzierbar und detailfreudig sich Funde und Befunde der Altenberger Siedlung zeigten, so lückenhaft müssen die siedlungsarchäologischen Erkenntnisse für die zweite hier vorgelegte Fundstelle bleiben. Als Baubefunde können nur die drei Grubenreste angesprochen werden. Wegen der schlechten Erhaltung kann zur Funktion Definitives nicht ausgesagt werden. Grube 1 und Grube 2 könnten die untersten Reste kleiner Grubenhäuser darstellen, die als Nebenanlagen zu interpretieren wären. Entsprechende Befunde stammen aus der allerdings mittel- und spätlatènezeitlichen Siedlung von Berching-Pollanten[299] und neuerdings auch, allerdings mit Eckpfosten, aus dem hallstattzeitlichen Herrenhof von Wolkshausen-Rittershausen[300].
Die Keramik kann in der zu vermutenden Siedlung selbst hergestellt worden sein. Direkte Hinweise darauf fehlen jedoch. Zumindest die häufiger vorhandene Magerung mit einem relativ grobkörnigen, rotbraunen Mineral spricht immerhin für technische Gemeinsamkeiten. Bei vermuteter Herstellung vor Ort wäre der Kalk – wie schon bei der Altenberger Keramik – als ortsfremdes Material auffällig. Das nächste Vorkommen liegt in ca. 10 km Entfernung am Hesselberg. Nur durch die keramischen Funde, nämlich die Spinnwirtel, kann Wollverarbeitung wahrscheinlich gemacht werden.
Ebenso dürftig bleiben die Auswertungsmöglichkeiten der Tierknochen. Haus- und Wildtiere sind überliefert, wobei die Stücke häufig Hackspuren aufweisen. Es dürfte sich somit um Schlacht- und Zerlegungsabfälle gehandelt haben. Die Mehrzahl der Knochen stammt vom Hausschwein. Sicher nachweisbar sind drei Individuen, nämlich zwei Schweine im Alter über drei Jahren und ein Ferkel. Ansonsten ist noch ein Schaf erwähnenswert. Lediglich die Hornsprosse eines Rehs weist auf die Jagdausübung hin.

GESAMTERGEBNIS

Insgesamt läßt sich dieses in drei Bereiche untergliedern. Typologisch bleibt festzuhalten, daß trotz der Entfernung von ca. 45 km die Keramik beider Siedlungen nahezu identisch ist. Unterschiede, die in der Grabkeramik sich im „Ost-Alb-Stil" und der „Nordostbayerischen Keramik" äußern, treten hier praktisch nicht zu Tage, obwohl die Altenberger Funde aus dem Gebiet der Nordostbayerischen Keramik, die Großlellenfelder Funde aus dem Gebiet des „Ost-Alb-Stils" stammen. Offenbar glich sich die Siedlungskeramik nicht in allen Fällen dem jeweiligen Stil der Grabkeramik an. Allerdings konnte auch belegt werden, daß typologisch die Formen der vorhandenen Siedlungskeramik sich durchaus in der Grabkeramik wiederfinden. Vorzugsformen bei Schalen und Schüsseln dürften dabei in beiden Quellenkategorien in etwa die gleiche Verteilung aufweisen. Allerdings sind die in den Gräbern häufig belegten und wohl zum Trinkgeschirr zählenden Kegel- und Hochhalsgefäße im Material beider Siedlungen spärlicher belegt. Sie scheinen bei der Zusammensetzung des Grabgeschirrs eine weitaus höhere Rolle als im täglichen Leben gespielt zu haben. Die Kenntnis geschlossener Hausinventare wäre hier jedoch dringend nötig, zeigt sich doch auf der Heuneburg ein durchaus häufiges Vorkommen dieser Getränkebehältnisse.

Chronologisch läßt sich zusammenfassend folgendes festhalten:

1. Die üblicherweise vertretenen Formen nordostbayerischer Siedlungskeramik lassen sich feinchronologisch nicht trennen. In Ha C auftretende und verbreitete Formen laufen bis Ha D durch. In den meisten Fällen dauert die Verbreitung sogar bis Lt A an.
2. Der Terminus „Späthallstatt-Frühlatènekeramik" läßt sich nach Untersuchung geschlossener nordostbayerischer Gräber zumindest für diesen Raum nicht beibehalten. Formen, die nur auf die Späthallstattzeit beschränkt bleiben, sind darin praktisch nicht vorhanden. Die als Ausnahme herausgestellten Kegelhalsschüsselformen gehören dem „Horizont" nicht an. Die von Kersten[301] betonte „Profilverflauung" ist bereits in Ha C vorhanden.
3. Bedeutung wächst damit bei der chronologischen Beurteilung hallstattzeitlicher Keramikinventare den Sonderproduktionen zu. Hierunter sind insbesondere Kegel- und Hochhalsgefäße sowie die Fußschalen zu sehen. Anhand solcher Sonderproduktionen sowie der Metallfunde konnte die Siedlung von Oberasbach-Altenberg nach Ha D datiert werden. Für das Material aus Arberg-Großlellenfeld liegt ein Ansatz in Ha C nahe.

299. Vgl. Th. Fischer u.a. (1984) Abb. 6 - 9.
300. Vgl. L. Wamser (1986) Abb. 6.
301. W. Kersten, Der Beginn der Latènezeit in Nordostbayern, Prähist. Zeitschr. 24, 104 ff.

Siedlungsarchäologisch wird die Abhängigkeit der Aussage von der Überlieferungsqualität der Befunde deutlich. Trotz sorgfältiger Grabung konnten aus dem Großlellenfelder Material eigentlich nur Trivialaussagen erschlossen werden. Bei dem durch überdeckende Sedimente wesentlich besser geschützten Fundplatz in Altenberg konnten dagegen wichtige Einzelheiten hallstattzeitlicher Siedlungen erkannt und analysiert werden. Wesentlich ist dabei vor allem der Nachweis der Töpferscheibe in Ha D außerhalb eines Fürstensitzes. Ebenso von Wichtigkeit ist der Nachweis von Brennstellen der offenbar vor Ort erzeugten Keramik. Daneben weisen Lesefunde auf Metallproduktion in einem sicherlich nicht unerheblichen Ausmaß hin. Gebäudegrundrisse wurden durch die Grabung nicht erfaßt. Ernährungswirtschaftlich konnte aus dem Tierartenspektrum und der Schlachtaltersverteilung ein erheblicher Anteil an Milchproduktion wahrscheinlich gemacht werden. Gleichfalls gelang ein weiterer Nachweis für die Existenz des Haushuhnes in der Hallstattzeit.

Summary

Hallstatt settlements are one of the most badly published sources for prehistoric research. Usually, only small preliminary reports bring the existence of some mere dozens of them to our knowledge.
This work deals with the possibilities of find-typology, chronology and settlement-archaeology of two hitherto unknown excavations. The settlements of Oberasbach-Altenberg, located on the high terrace of the river Bibert in the vicinity of Nuremberg was excavated as early as 1928 by two amateurs, C. Gumpert and A. Mayr-Lenoir. Beside pits and postholes, their dig revealed seven structures of burnt sandstones filled with ash and dark sediment.
The other excavation, at Arberg-Großlellenfeld in southern Franconia, was a rescue-excavation on a building site, undertaken by H. Thoma in 1980. The lower parts of three pits could be discovered underneath the modern plough zone.

Besides some stray finds, most objects could be dated roughly into the Hallstatt period (i.e. Early Iron Age). Because of the lack of any suitable and reliable ceramic chronology for this chapter of prehistory, a type-chronology for the different shapes of pottery of both settlements was built up as a basis for fixing the chronological limits of the settlements. Compared with the pottery from contemporary burials from the same region (i.e. Middle Franconia and the Oberpfalz), the settlement types fitted well into these sets. Surprisingly, the often stated "transitional phase" (= *Übergangshorizont*) from late Hallstatt to Early La Tène could not be confirmed. The analysis of the ceramic finds from the burials showed the existence of types hitherto claimed as typical for this transitional phase as early as Hallstatt C. This transitional phase has therefore to be considered as a product of modern material analysis and not as a reflection of any prehistoric "event". Consequently, most of the finds from the two settlements could not be fixed more precisely than within the long span of the Hallstatt period.

The key for the chronology of both settlements lies in the bronze finds from Oberasbach-Altenberg and in some special ceramic types found in various amounts in both settlements. While types such as long-necked bowls (*Hochhalsschüsseln*) and ring-based bowls (*Fußschalen*) cp. Tab. 6, 18; 13, 1; 6, 30; 15,10 from Oberasbach-Altenberg represent types restricted to Hallstatt D, fragments of large pots with a short, conical neck and separated lip (*Bauchige Kegelhalsgefäße*) from Arberg-Großlellenfeld (cp. Tab. 20, 13; 19, 23) belong to Hallstatt C. The bronze objects from Oberasbach-Altenberg, especially a bronze tin neck-ring (*Hohlblechhalsring*), cp. Tab. 17, 2, an elongated bronze pendant (*Länglicher Bronzeanhänger*), cp. Tab. 17, 11 and a bronze tin earring (*Stöpselohrring*), cp. Tab. 17, 13 certify the youger dating of this settlement. The absence of ceramic types attributable to the Early La Tène in both settlements indicates an end of the use of the excavated area before the end of the Hallstatt period.

In the analysis of the different sources of an anatomy of the settlements and their functions, the concentration was focused on the use of the structures from Oberasbach-Altenberg, especially the sandstone settings. Possibilities, such as cooking areas, metal forging hearths, baking/roasting ovens and charcoal clamps were discussed and proven improbable. In comparison with the given archaeological data (dark sediment, ashy infill, burnt animal bones, small pieces of charcoal, light basal sandstone settings with space between the single stones and finally many fragments of broken pots, often with cracked surfaces), the explanation for the function of the sandstone settings as a basis for pottery-firing clamps seems to be most probable.
To test this archaeological hypothesis, a small experiment was carried out rebuilding a clamp according to the "instructions" gathered from the archaeological data and their interpretation. The function of the structures as pottery-firing clamps could be proven, therefore the hypothesis could be tested as valuable.
The analysis of the ceramic technique showed one pot to be wheel-thrown. The fabric-particles were orientated parallel to the outer and inner surface of the pot, as could be shown under the Scanning Electron Microscope. Together with the grooves on the inside and the regularity of the curves shaping the pot, wheel production is the only possible explanation for these signs.

Important information about a part of the diet could be gathered from the animal bones of both settlements. Cattle, pig, sheep, goat, horse, dog and chicken were found in Oberasbach-Altenberg as well as roe deer and red deer. Most bones, including a dog vertebrae, showed cut and slash marks – remains from the slaughtering process. The age of the domesticated species showed different uses of them in the settlement of Oberasbach-Altenberg, while in Arberg-Großlellenfeld the total number of bones was too small for further information.
Pigs were usually killed at 20 months, suggesting meat production, while cattle reached an age of approximatly 10 - 12 years. Obviously, these animals were kept for milk production and/or traction power. The sheep/goat species falls into the same category showing a considerable high killing age of 3 - 10 years, suggesting a preference for milk/wool usage and only a secondary function for mutton production.

The lack of publications of contemporary settlements makes any comparison impossible. Undoubtedly, both excavations revealed only parts of the complete structures – the pottery-firing zone in Oberasbach-Altenberg and perhaps substructures of small buildings in Arberg-Großlellenfeld. Stray finds of pottery and a tyere from a metal smelting furnace close to the excavation area of Oberasbach-Altenberg pinpoint towards the existence of a somewhat larger and more complex settlement on the spot.

LITERATURVERZEICHNIS

G. Bersu (1930 a), Vorgeschichtliche Siedlungen auf dem Goldberg bei Nördlingen; in: G. Rodenwaldt (Hrg.), Neue deutsche Ausgrabungen, Deutschtum und Ausland 23/24 (1930) 130 ff.

G. Bersu (1930 b), Der Goldberg bei Nördlingen und die moderne Siedlungsarchäologie. Das Archäologische Institut des Deutschen Reiches, Bericht über die Hundertjahrfeier 21. - 25. April (1929) 313 ff.

J. Boessneck (1969), Osteological Differences between Sheep (Ovis aries Linné) and Goat (Capra hircus Linné); in: D. Brothwell and E. Higgs (Hrg.), Science in Archaeology 2, London (1969) 331 ff.

J. Drews (1978/1979), Entwicklung der Keramikbrennöfen. Acta Praehist. et Arch. 9/10, 1978/79, 33 ff.

P. Duhamel (1978/1979), Morphologie et évolution des fours céramiques en Europe Occidentale. Acta Praehist. et Arch. 9/10, 1978/79, 49 ff.

B. Engelhardt (1983), Das hallstattzeitliche Gräberfeld von Riedenburg-Haidhof, Lkr. Kelheim. Arch. Denkmalpflege in Niederbayern, Arbeitsheft 26 des Bayerischen Landesamtes für Denkmalpflege (1983) 74.

Th. Fischer, S. Rieckhoff-Pauli und K. Spindler (1984),Grabungen in der spätkeltischen Siedlung im Sulztal bei Berching-Pollanten, Lkr. Neumarkt, Oberpfalz. Germania 62, 1984, 311 ff.

K.-H. Habermehl (1975), Die Altersbestimmung bei Haus- und Labortieren[2], Berlin (1975).

K.-H. Habermehl (1985), Die Altersbestimmung bei Wild- und Pelztieren[2], Berlin (1985).

H.G.H. Härke (1979), Settlement types and patterns in the West Hallstatt province. BAR, Int.Ser. 57, 1979.

H. Hingst (1974), Töpferöfen aus vorgeschichtlichen Siedlungen in Schleswig-Holstein. Offa 31, 1974, 68 ff.

M. Hoppe (1986), Die Grabfunde der Hallstattzeit in Mittelfranken. Materialh. Bayer. Vorgesch. R. A, Bd. 55, 1986.

W. Joachim (1977), Untersuchung einer späthallstatt-frühlatènezeitlichen Siedlung in Kornwestheim, Kreis Ludwigsburg. Fundber. Baden-Württemberg 3, 1977, 173 ff.

W. Kimmig und E. Gersbach (1971), Die Grabungen auf der Heuneburg 1966-1969. Germania 49, 1971, 21 ff.

G. Kossack (1954), Zur Hallstattzeit in Bayern. Bayer. Vorgeschbl. 20, 1954, 1 ff.

G. Kossack (1959), Südbayern während der Hallstattzeit. Röm.-Germ. Forsch. 24, 1959.

A. Lang (1974), Geriefte Drehscheibenkeramik der Heuneburg 1950-1970 und verwandte Gruppen. Heuneburg-Studien III, Röm.-Germ. Forsch. 34, 1974.

K. Leidorf (1983), Südbayerische Herrenhöfe der Hallstattzeit. Archäologische Denkmalpflege in Niederbayern, Arbeitsheft 26 des Bayerischen Landesamtes für Denkmalpflege (1983), 129 ff.

J. Lüning (1980), Siedlungsfunde aus Schernau. Bayer. Vorgeschbl. 45, 1980, 14 ff (Hallstattzeit)

J. Meduna (1980), Die latènezeitlichen Siedlungen und Gräberfelder in Mähren (Katalog). Fontes Arch. Mat. 11, 1980.

R. Nickel, A. Schummer und E. Seiferle (1977), Lehrbuch der Anatomie der Haustiere I, Bewegungsapparat[4], Berlin (1977).

R. Nickel, A. Schummer und E. Seiferle (1982), Lehrbuch der Anatomie der Haustiere II, Eingeweide[5], Berlin (1982).

L. Pauli (1980), Eine Siedlung mit hallstattzeitlicher Töpferei bei Mintraching; in: K. Spindler (Hrg.), Vorzeit zwischen Main und Donau, Erlanger Forsch., R. A, Bd. 26, 1980, 159 ff.

V. Podborský (1965), Die Hallstattsiedlung in Těšetice. Fontes Arch. Pragensis 9, 1965.

H.J. Reisenhauer (1976), Bronze- und urnenfelderzeitliche Siedlungen im Unteren Pegnitztal, Abhandl. Naturhist. Ges. Nürnberg 36, 1976.

E. Schmid (1972) Atlas of Animal Bones, Amsterdam (1972).

A.O. Shepard (1971), Ceramics for the Archaeologist, Carnegie Inst. of Washington Publ. 609, (1971).

A. Stroh (1979), Das hallstattzeitliche Gräberfeld von Schirndorf, Ldkr. Regensburg. Materialh. Bayer. Vorgesch. R. A, Bd. 35, 1979.

W. Torbrügge (1965), Die Hallstattzeit in der Oberpfalz II. Die Funde und Fundplätze in der Gde. Beilngries. Materialh. Bayer. Vorgesch. 20, 1965

W. Torbrügge (1979), Die Hallstattzeit in der Oberpfalz I. Materialh. Bayer. Vorgesch. R. A, Bd. 39, 1979.

H.P. Uenze (1971), Ein hallstattzeitliches Gräberfeld bei Dietfurt, Lkr. Riedenburg/Opf. Bayer. Vorgeschbl. 36, 1971, 1 ff.

H.P. Uenze (1982), Die Besiedelung der Houbirg im Lichte der Neufunde; in: Festschrift zum 100-jährigen Bestehen der Abteilung für Vorgeschichte der Naturhistorischen Gesellschaft Nürnberg e.V., Abhandl. Naturhist. Ges. Nürnberg 39, 1982, 253 ff.

H.P. Uenze (1984), Frühlatènezeitliche Siedlungsfunde von Edlhausen, Gde. Laaber, Lkr. Regensburg/ Opf. Bayer. Vorgeschbl. 55 ff.

H.P. Uenze (1985), Weitere Neufunde von der Houbirg; in: H. Koschik (Hrg.), Die Houbirg im Nürnberger Land. Schr. der Altnürnberger Landschaft 32, 1985, 167 ff.

H.P. Uenze (in Vorbereitung), Die Latènezeit in der Oberpfalz. Materialh. Bayer. Vorgesch., in Vorbereitung.

H.P. Uenze und J. Gregor (1974), Die frühlatènezeitlichen Grabfunde von Weißenbrunn, Ldkr. Nürnberger Land. Natur + Mensch, Jahresmitt. Naturhist. Ges. Nürnberg 1974 11 ff.

L. Wamser (1986), Untersuchung eines hallstattzeitlichen Wirtschaftshofs bei Wolkshausen-Rittershausen, Ldkr. Würzburg. Aus Frankens Frühzeit, Festgabe für P. Endrich, Mainfränkische Studien 37, 1986, 91 ff.

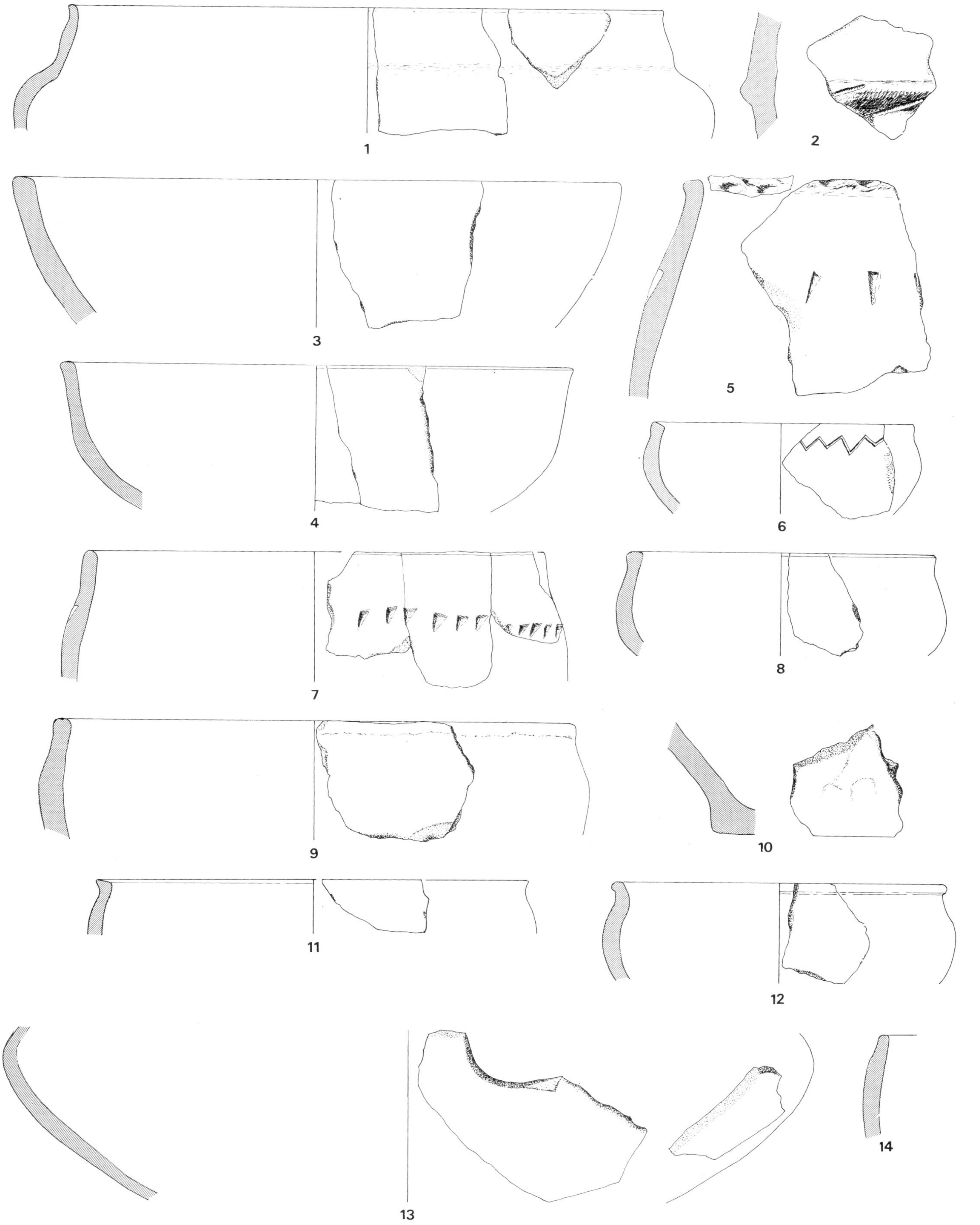

Oberasbach, Altenberg, 1 - 10: Herd 1, 11 - 14:Herd 2, Keramik, M.: 1 : 2

Tafel 2

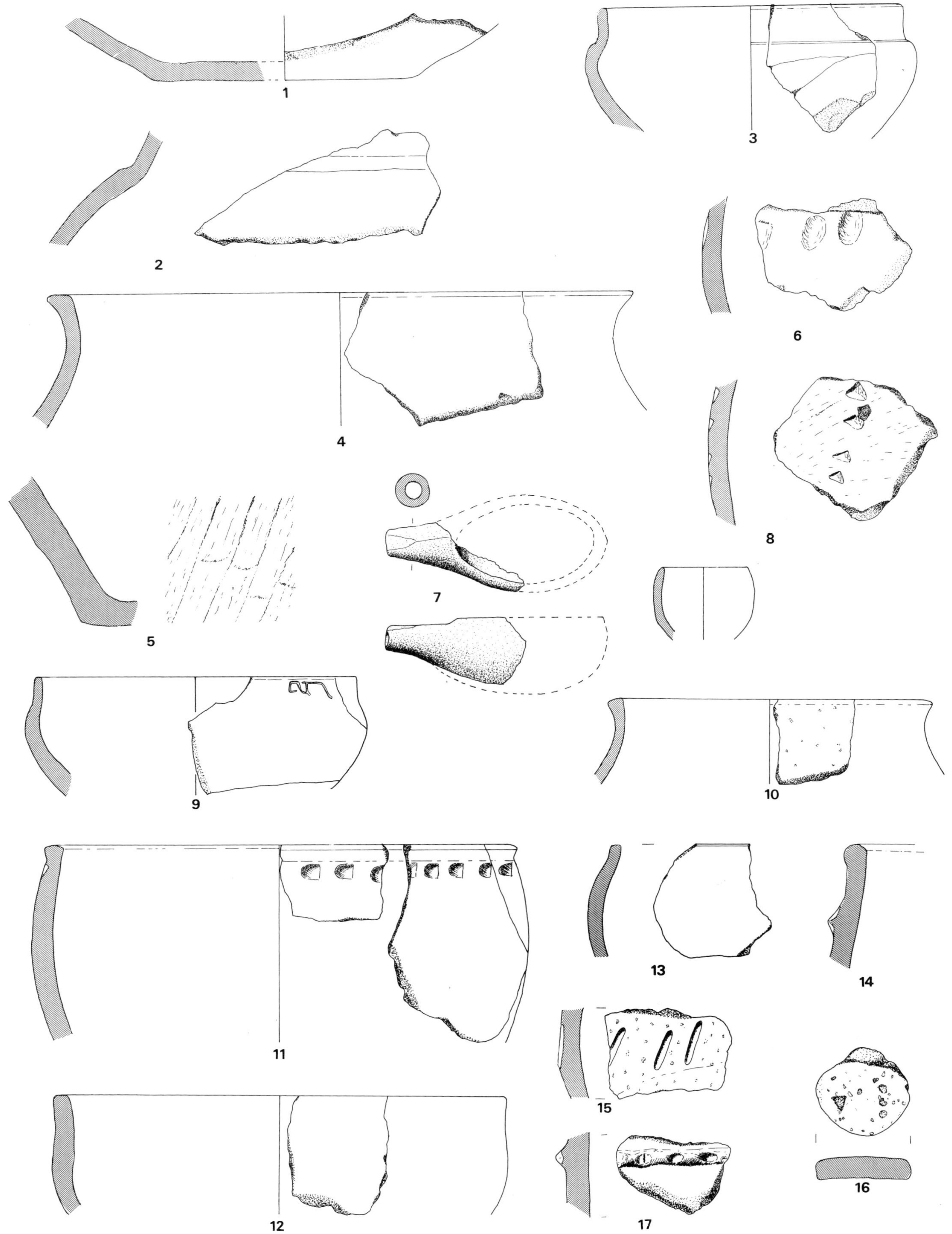

Oberasbach, Altenberg, 1: Herd 2, 2 - 6: Herd 5, 7: Nähe Herd 1, 8: Nähe Herd 4/5, 9 - 17: Umgebung Herd 6/7
Keramik, M.: 1 : 2

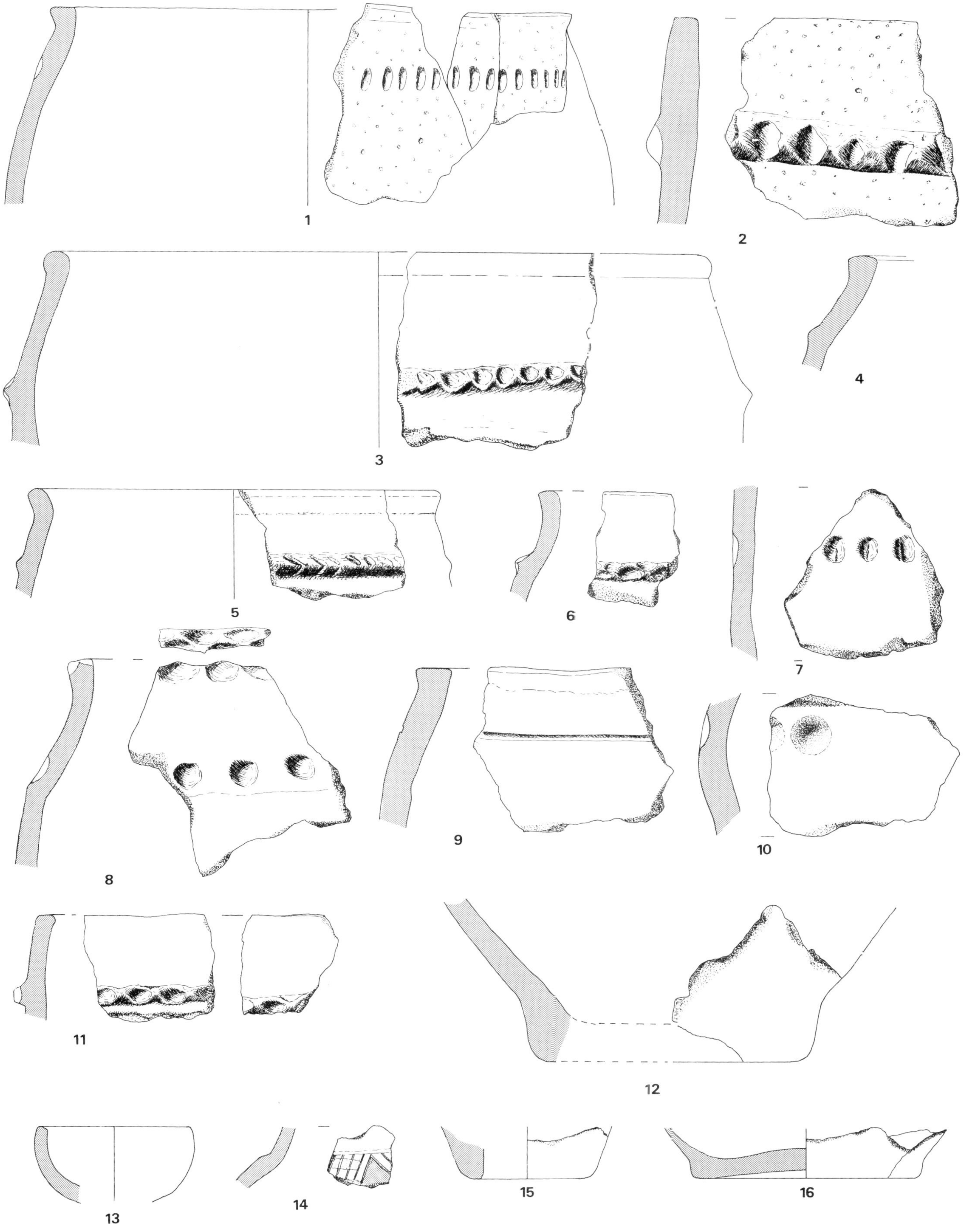

Oberasbach, Altenberg, 1 - 16: Fläche zwischen den Herden 1 und 2, Keramik, M.: 1 : 2

Tafel 4

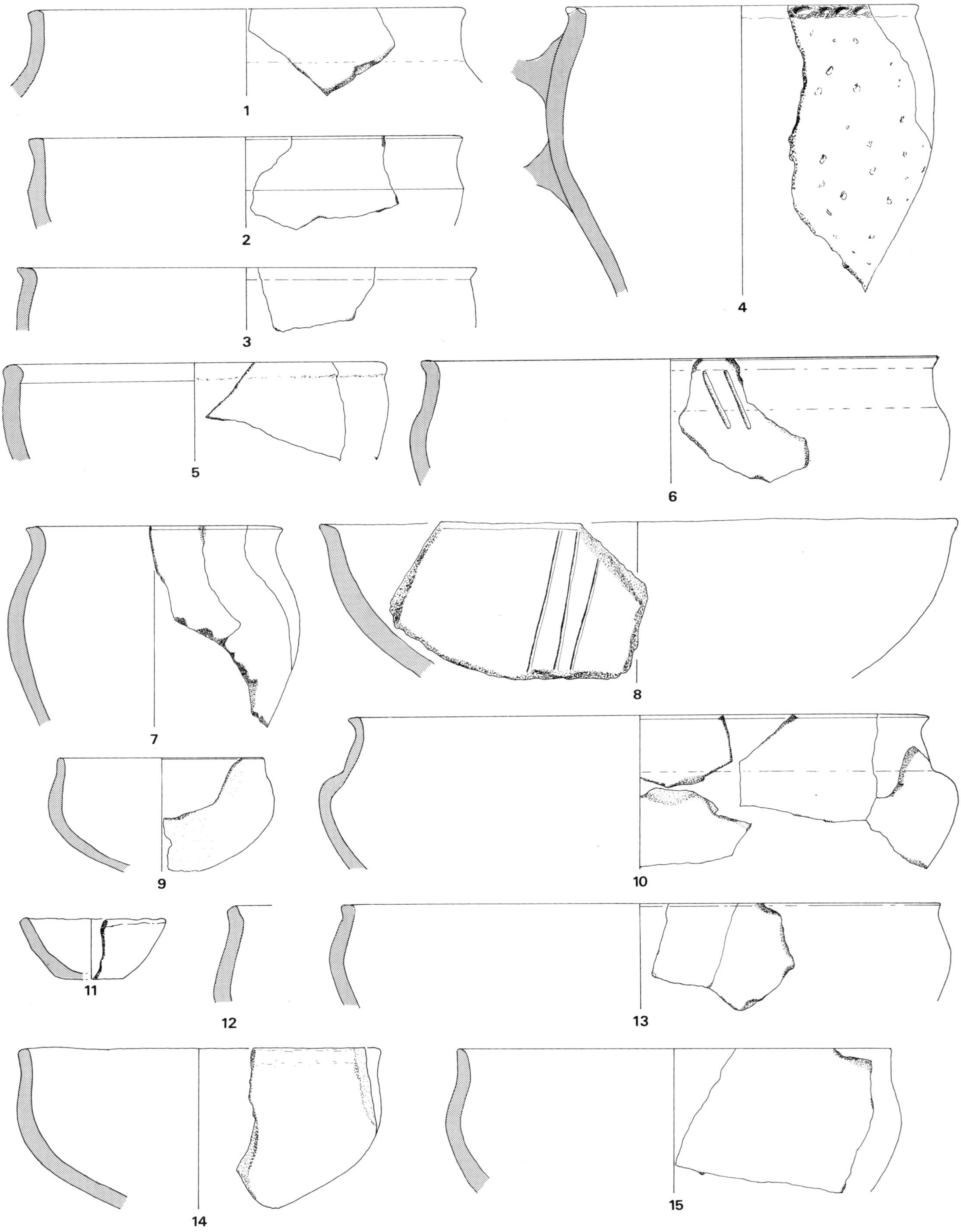

Oberasbach, Altenberg, 1 - 15: Fläche zwischen den Herden 1 und 2, Keramik, M.: 1 : 2

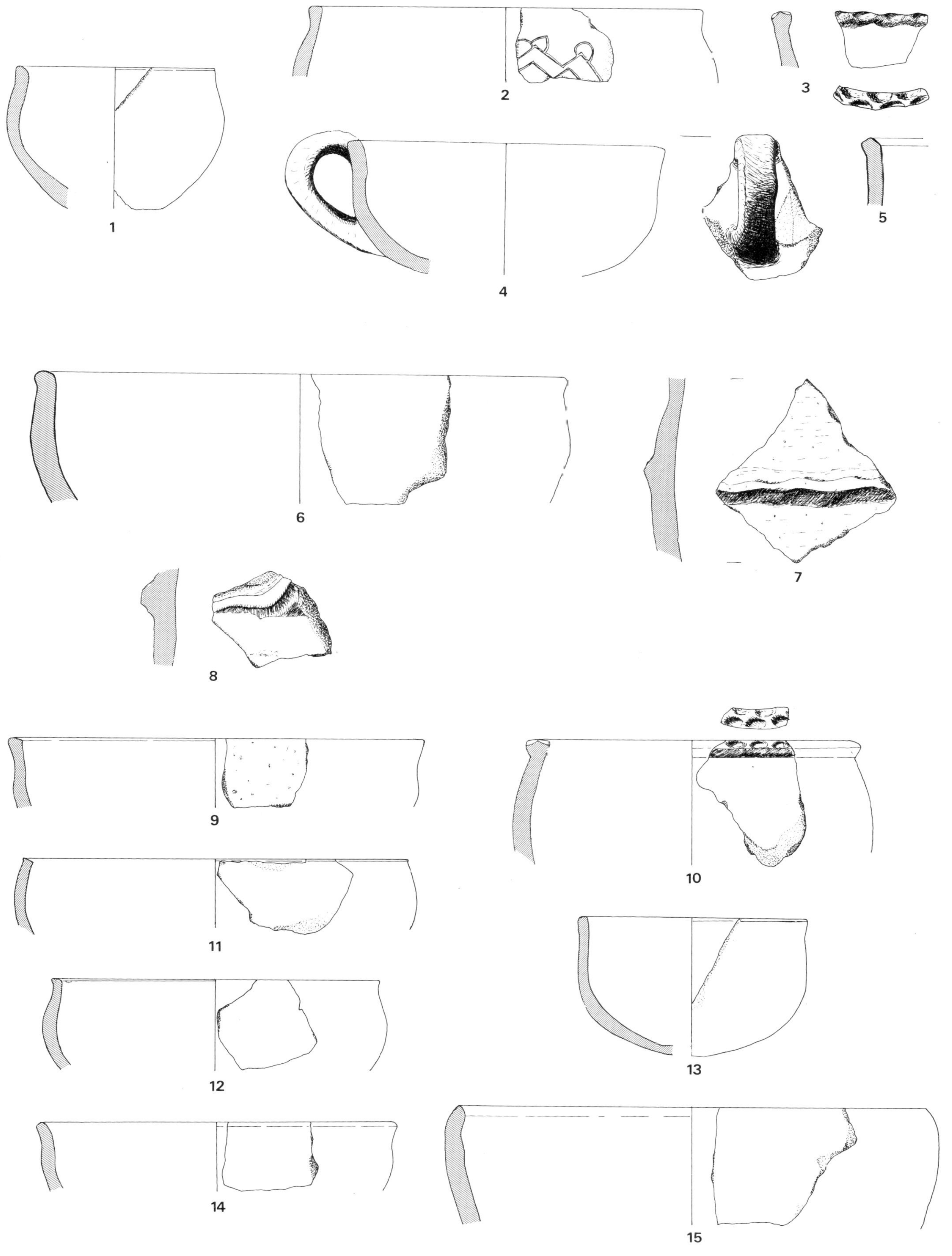

Oberasbach, Altenberg, 1 - 5: Herd 4/5, 6,7: Nähe Herd 4/5, 8: Herd 6/7, 9 - 15: Südfuß, Keramik, M.: 1 : 2

Tafel 6

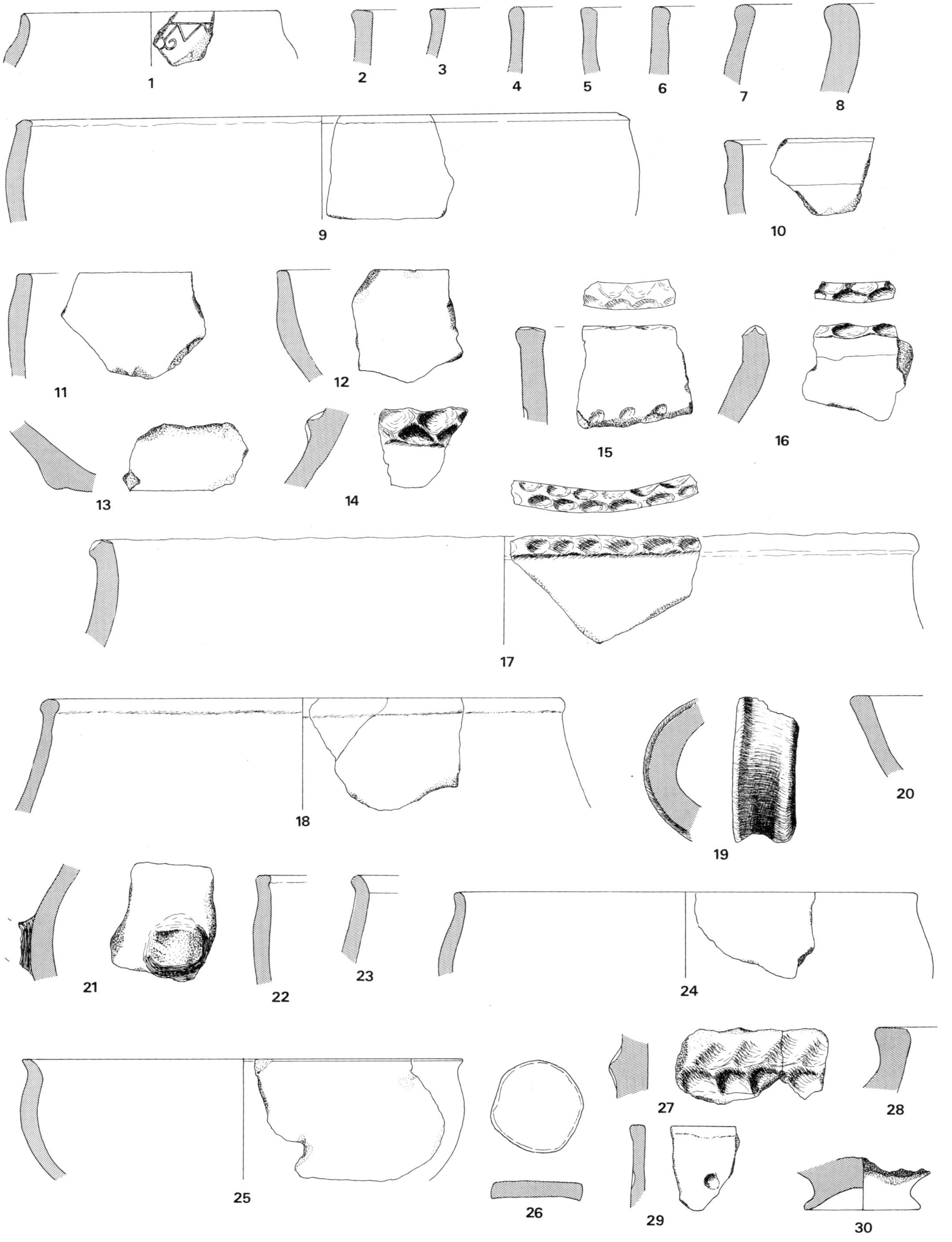

Oberasbach, Altenberg, 1 - 17: Südfuß, 18 - 25: nördlicher Block, 26 - 30: westlicher Block A/B, Keramik, M.: 1 : 2

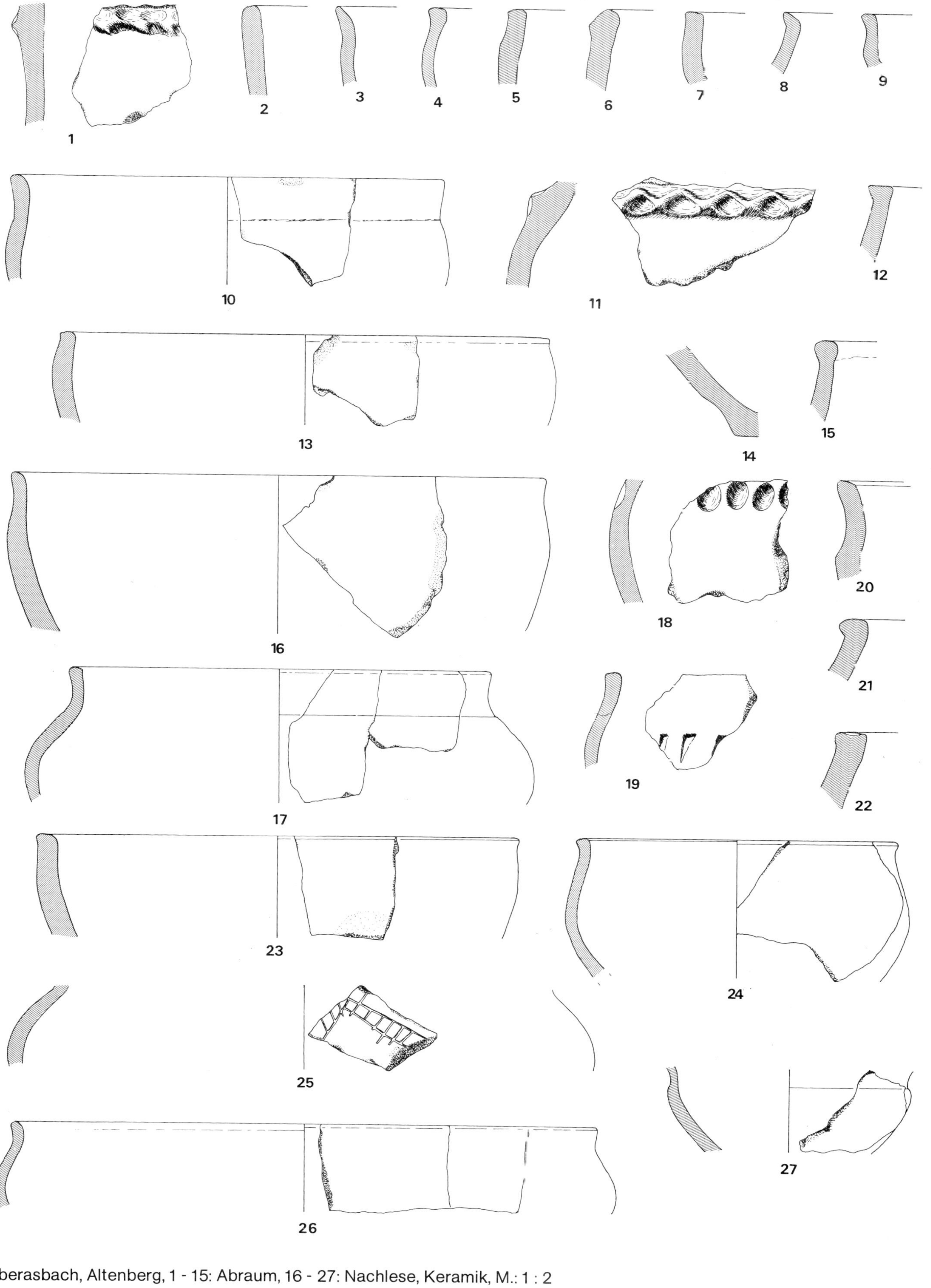

Oberasbach, Altenberg, 1 - 15: Abraum, 16 - 27: Nachlese, Keramik, M.: 1 : 2

Tafel 8

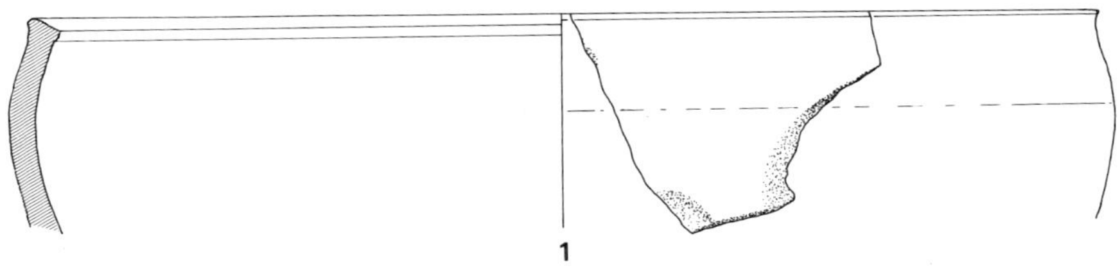
1

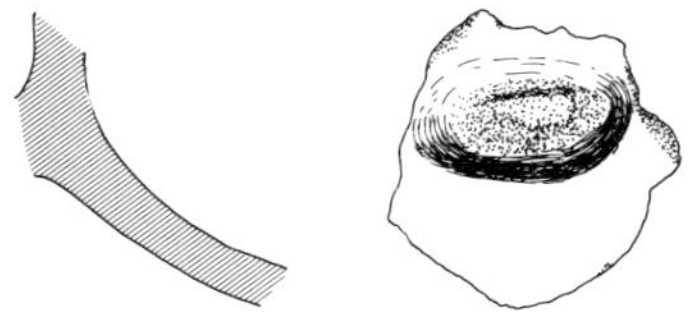
2

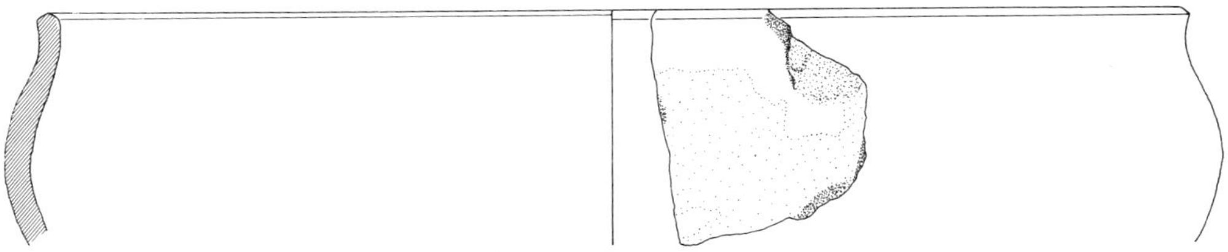
3

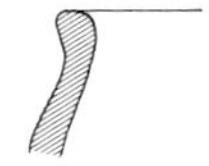
5

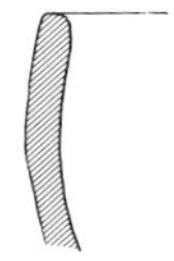
6

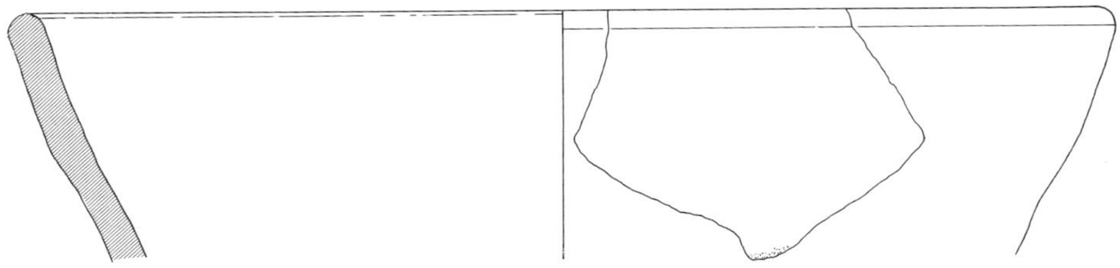
4

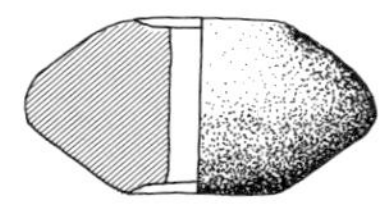
7

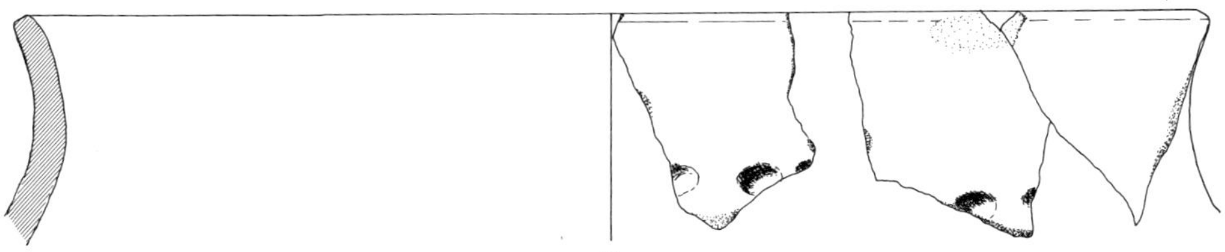
8

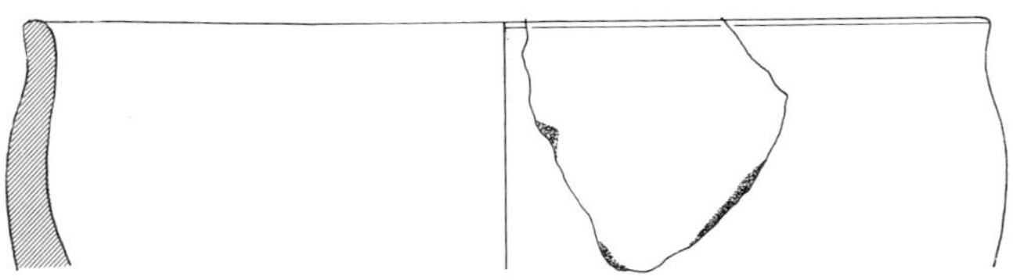
9

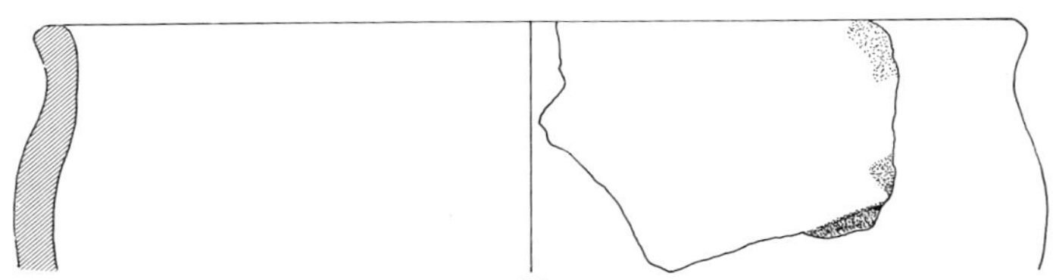
10

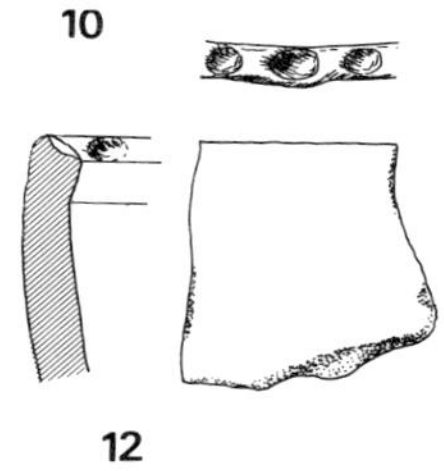
12

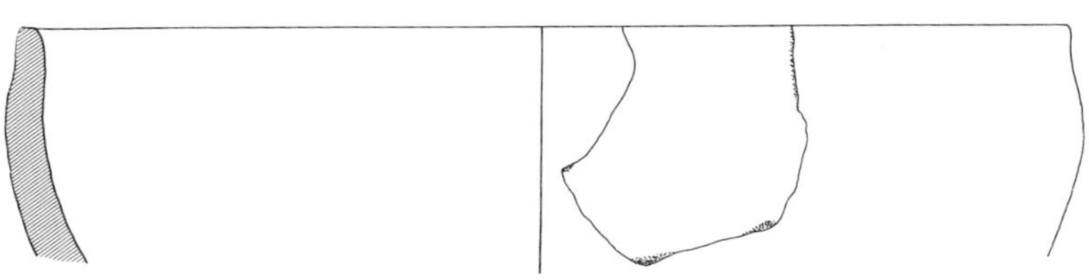
11

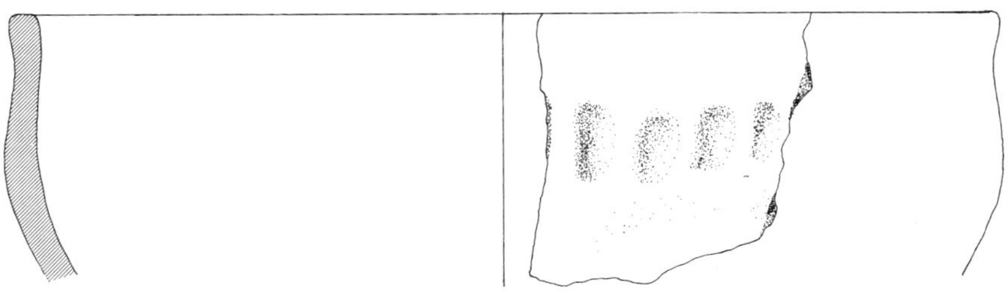
13

Oberasbach, Altenberg, 1 - 12: Nachlese, 13: Abraum, Keramik, M.: 1 : 2

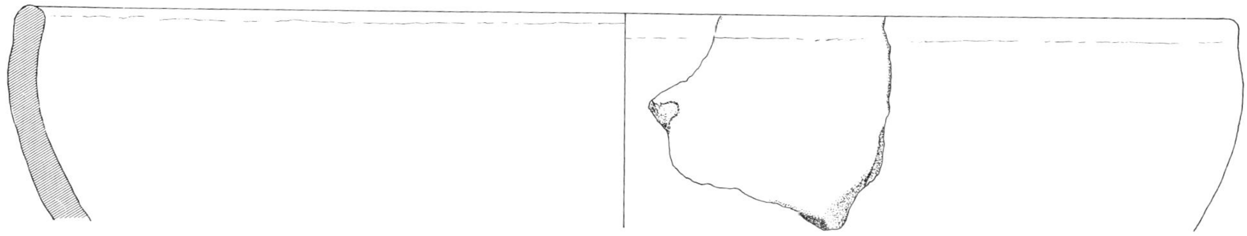

1

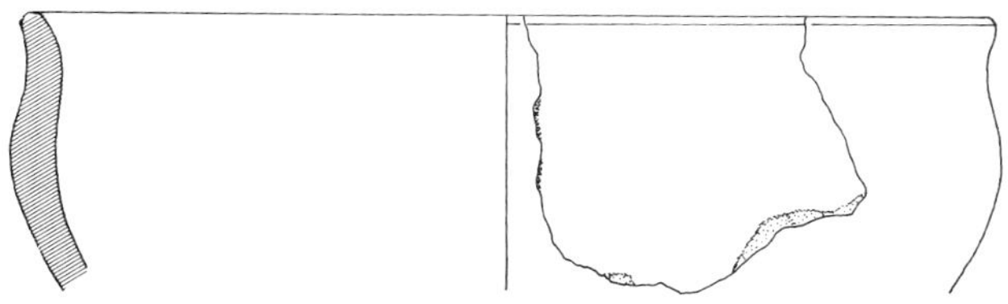

2

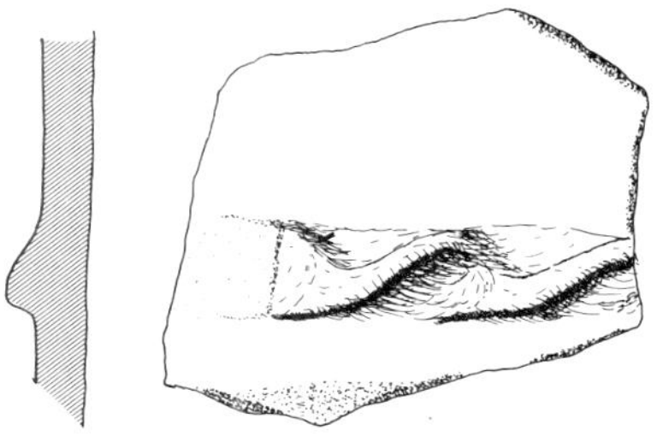

5

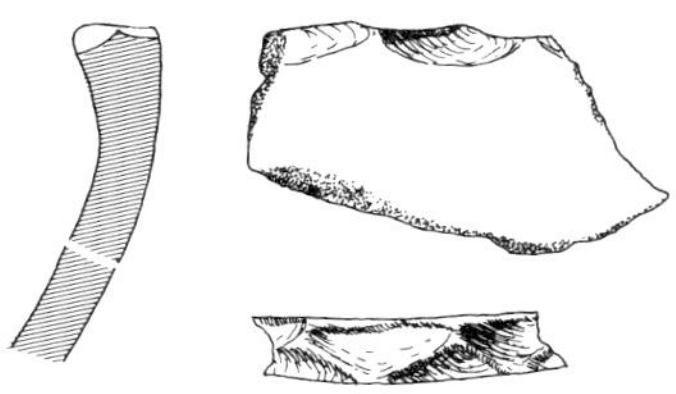

3

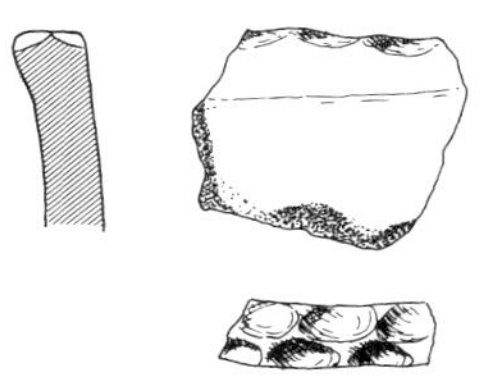

4

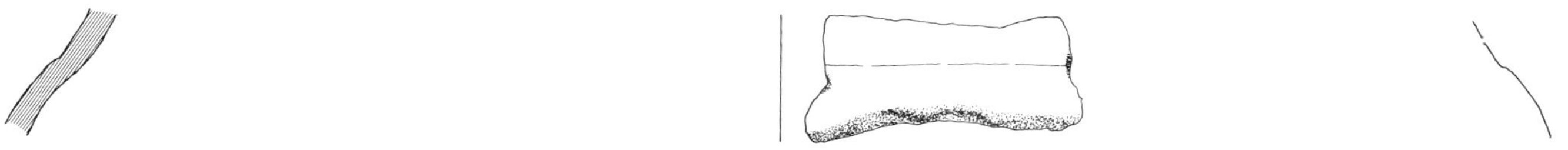

6

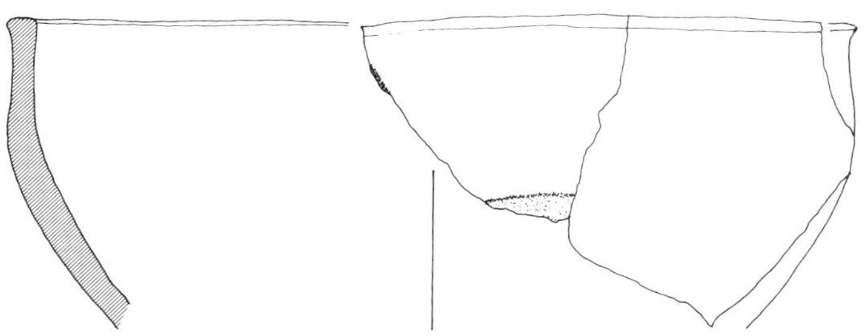

7

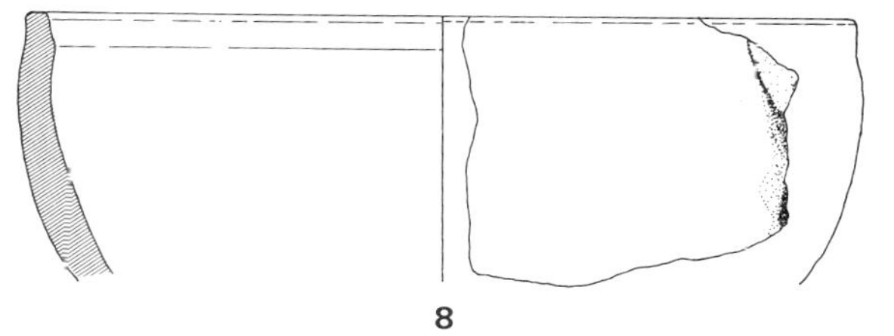

8

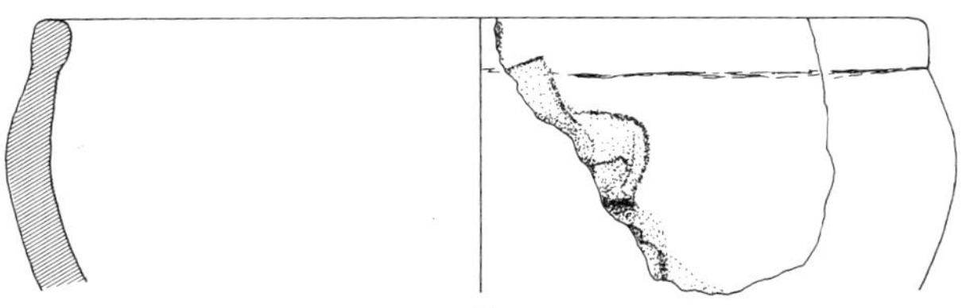

9

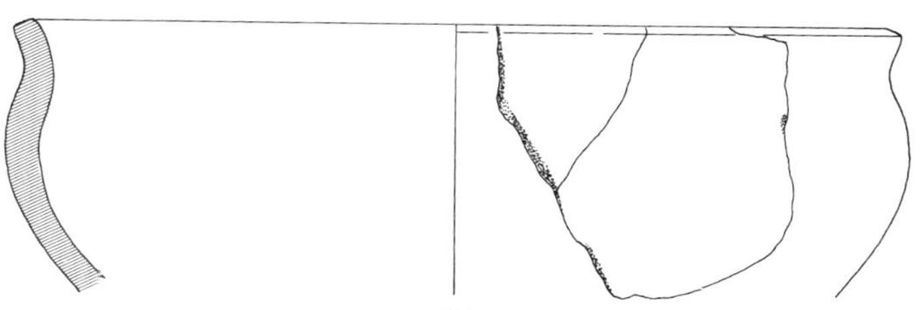

10

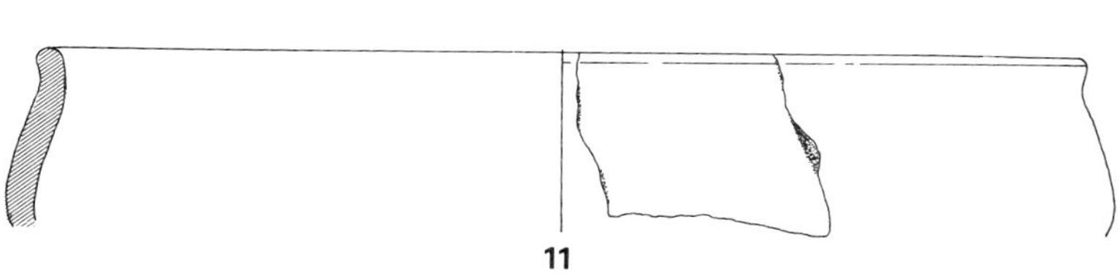

11

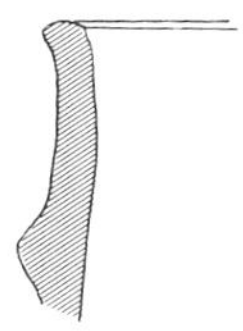

12

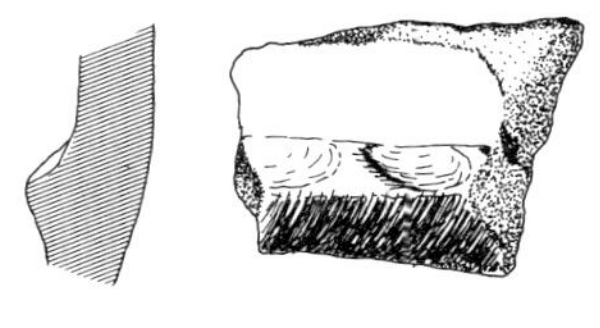

13

Oberasbach, Altenberg, 1 - 6: Block A, 7 - 13: Probegrabung Gumpert, Keramik, M.: 1 : 2

Tafel 10

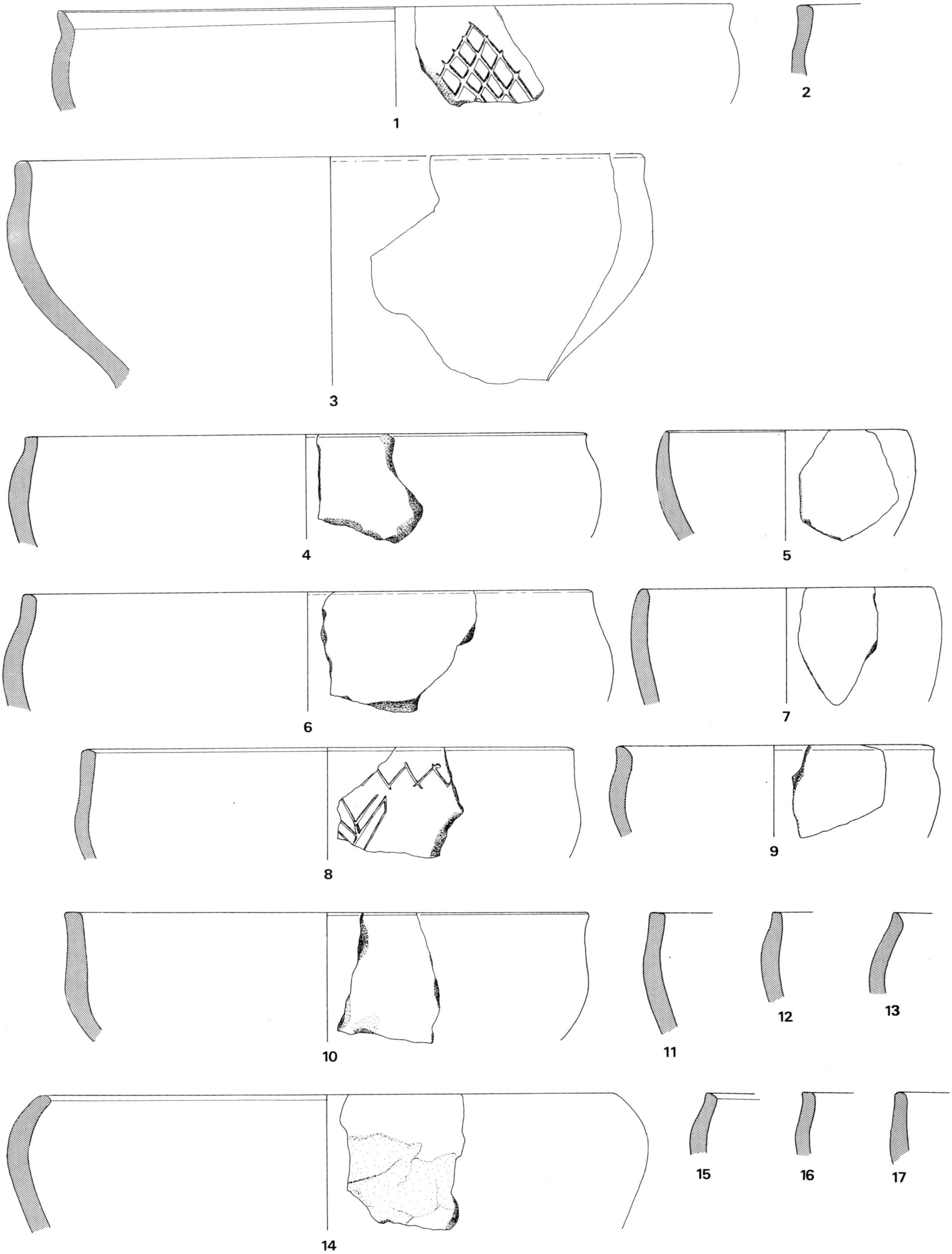

Oberasbach, Altenberg, 1 - 17: ohne Angaben, Keramik, M.: 1 : 2

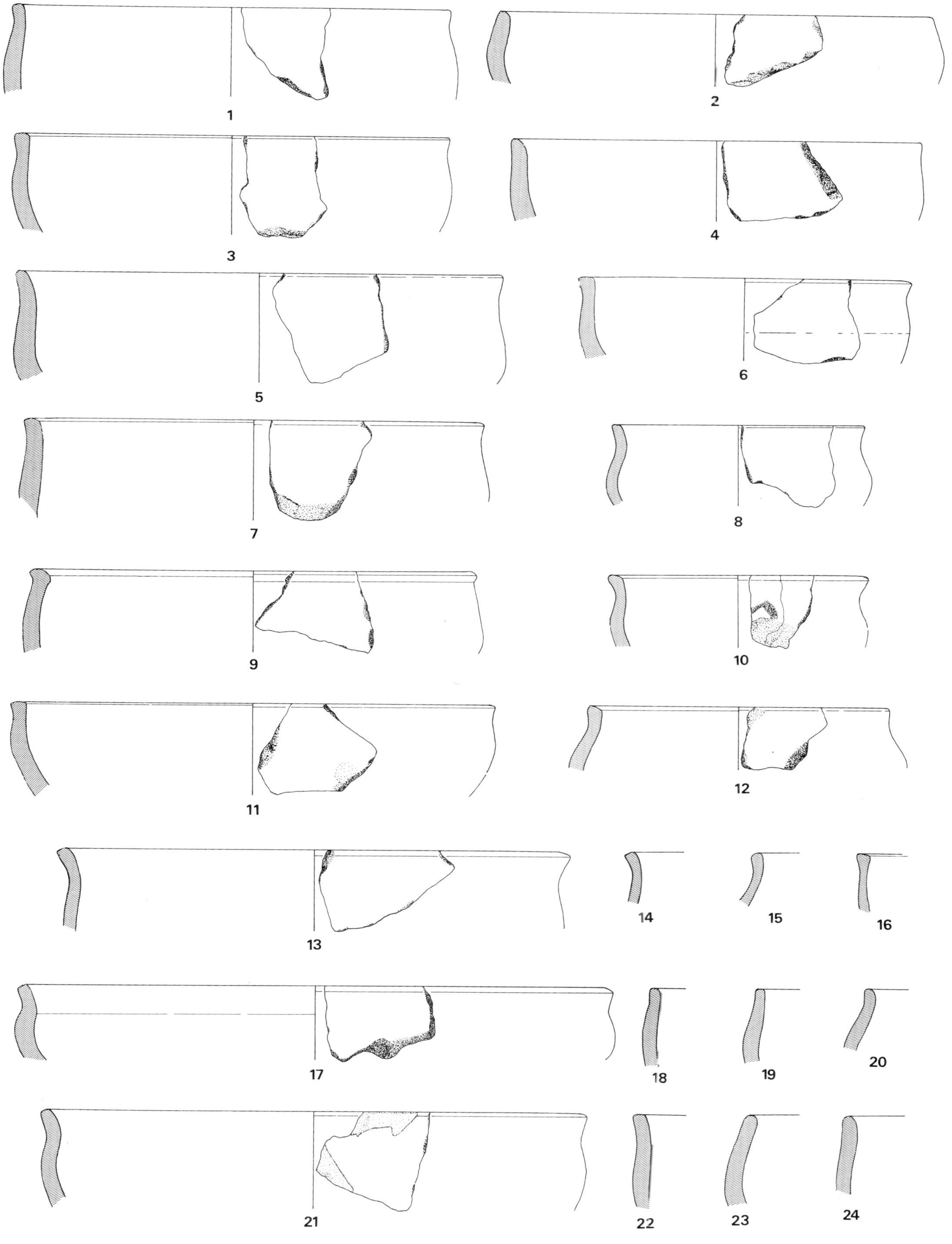

Oberasbach, Altenberg, 1 - 24: ohne Angaben, Keramik, M.: 1 : 2

Tafel 12

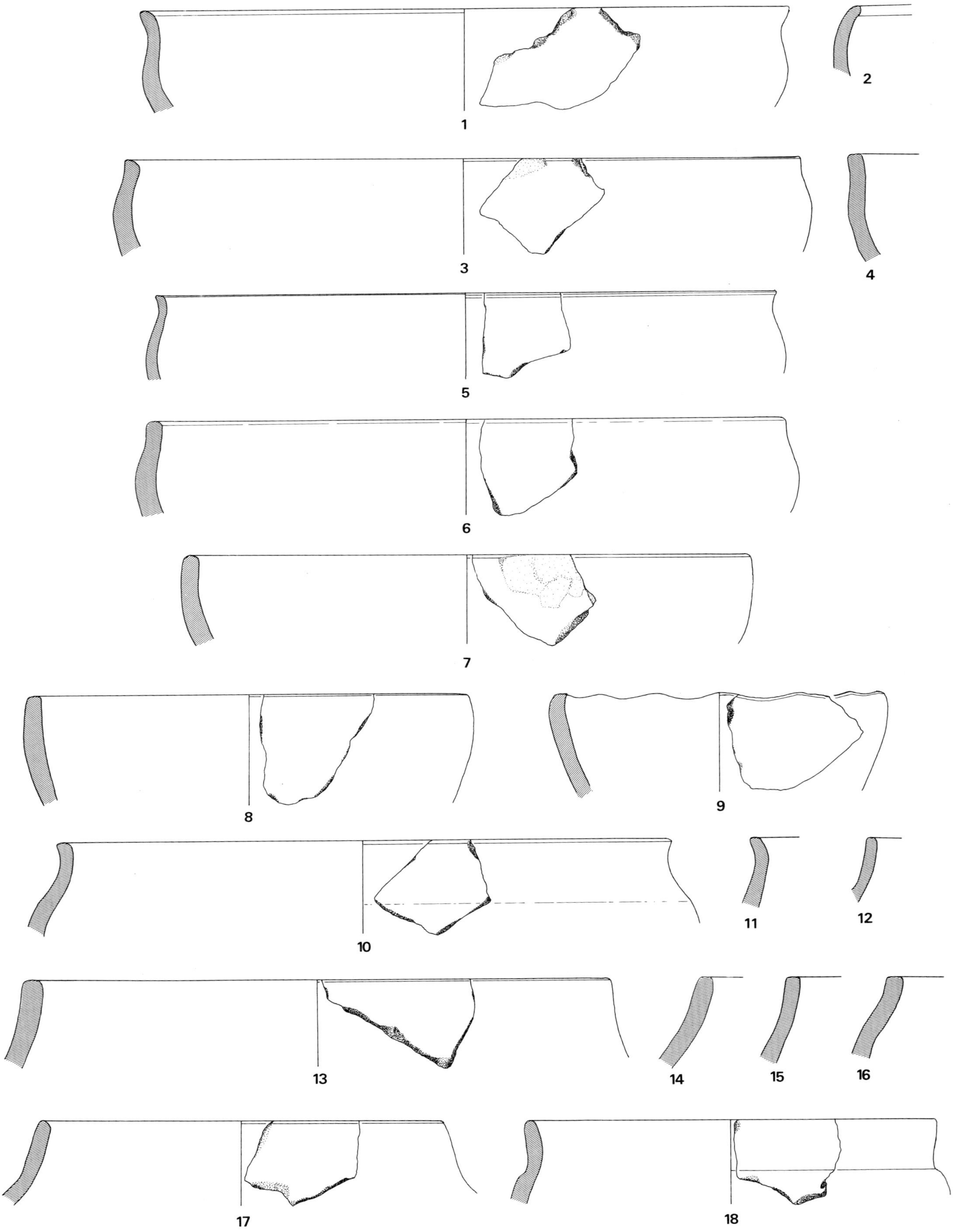

Oberasbach, Altenberg, 1 - 18: ohne Angaben, Keramik, M.: 1 : 2

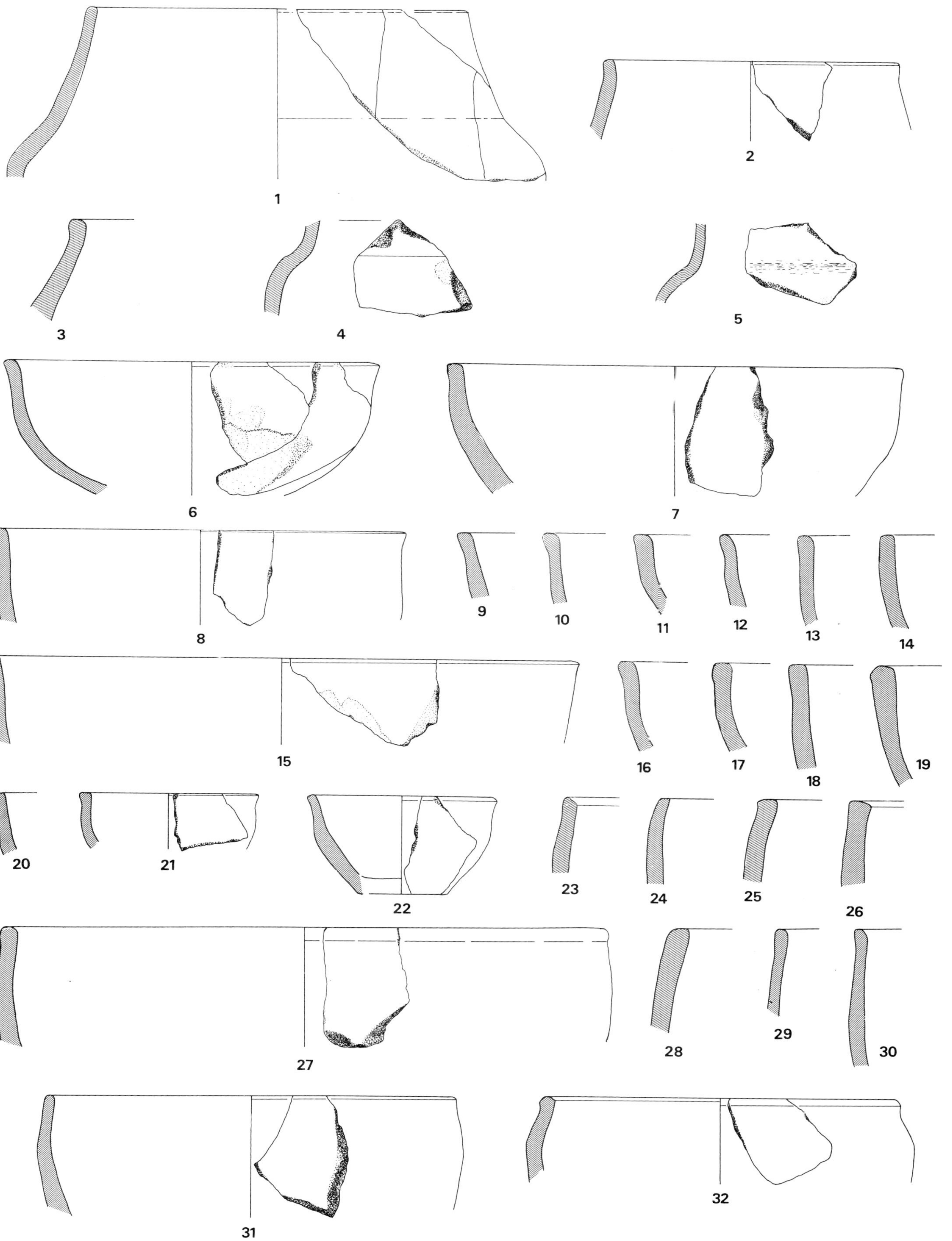

Oberasbach, Altenberg, 1 - 32: ohne Angaben, Keramik, M.: 1 : 2

Tafel 14

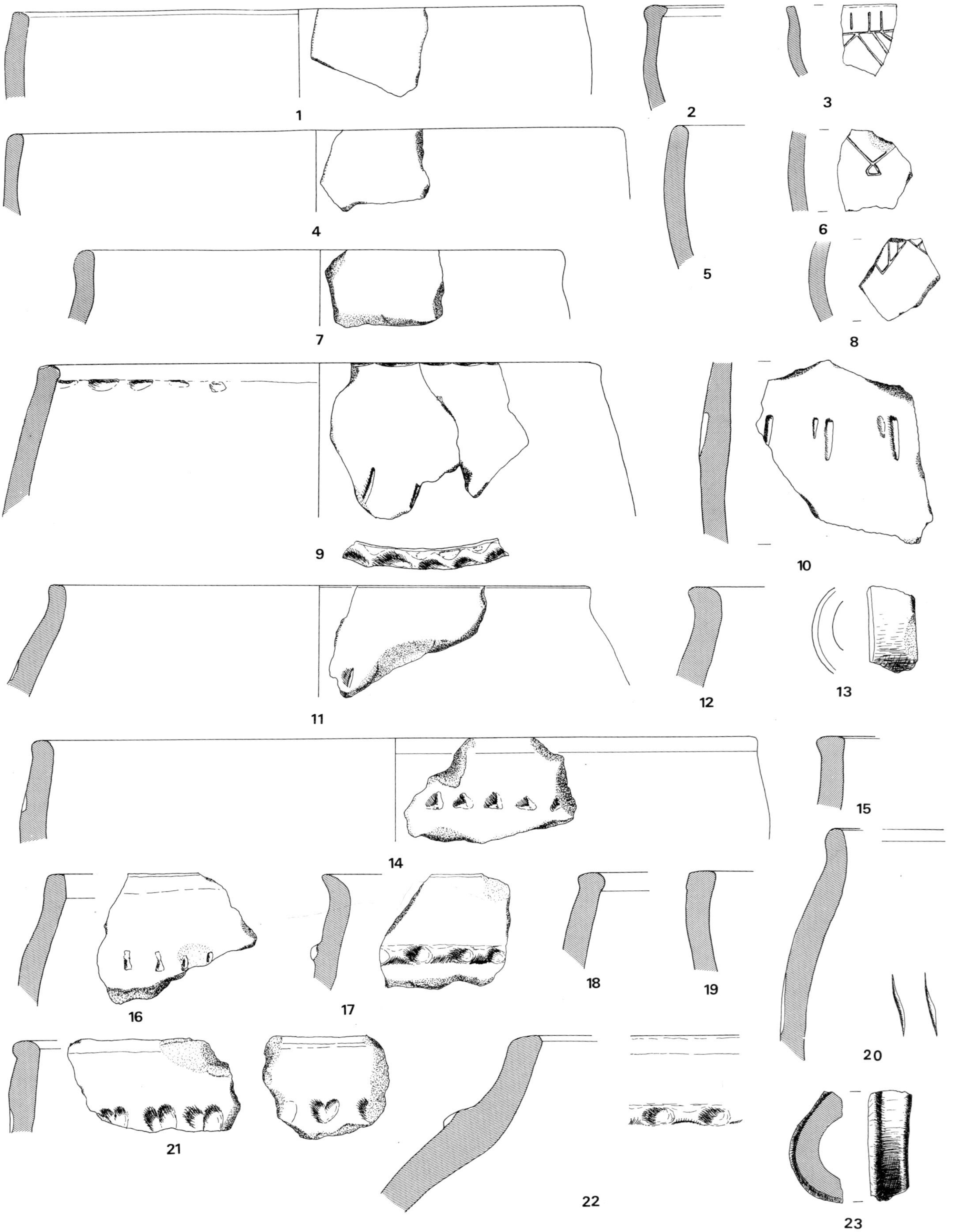

Oberasbach, Altenberg, 1 - 23: ohne Angaben, Keramik, M.: 1 : 2

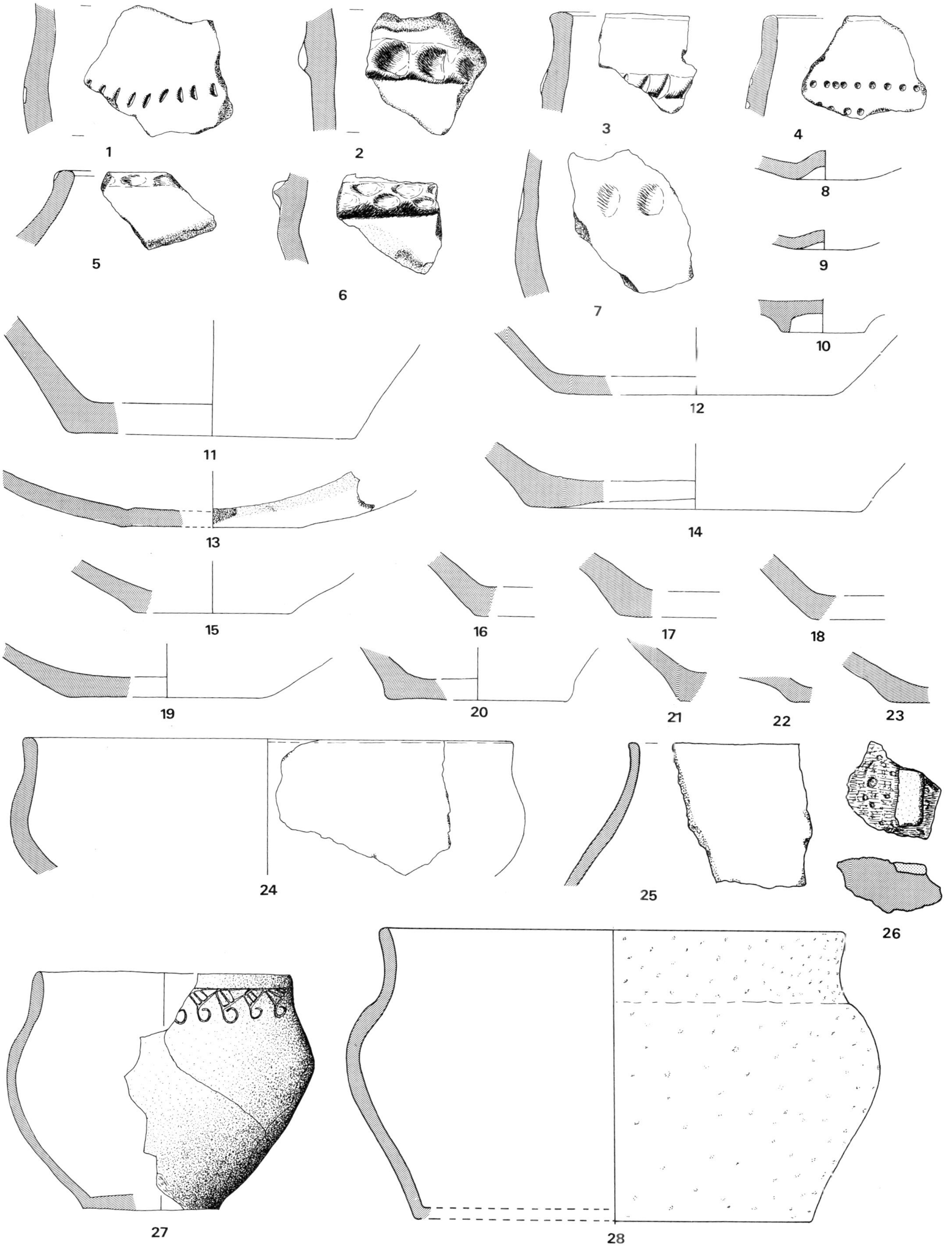

Oberasbach, Altenberg, 1 - 23: ohne Angaben, 24: westl. Block A, 25 - 28: Lesefunde Schönweiß, 1 - 25, 27, 28: Keramik, 26: Schlacke und Bronze, M.: 1 : 2

Tafel 16

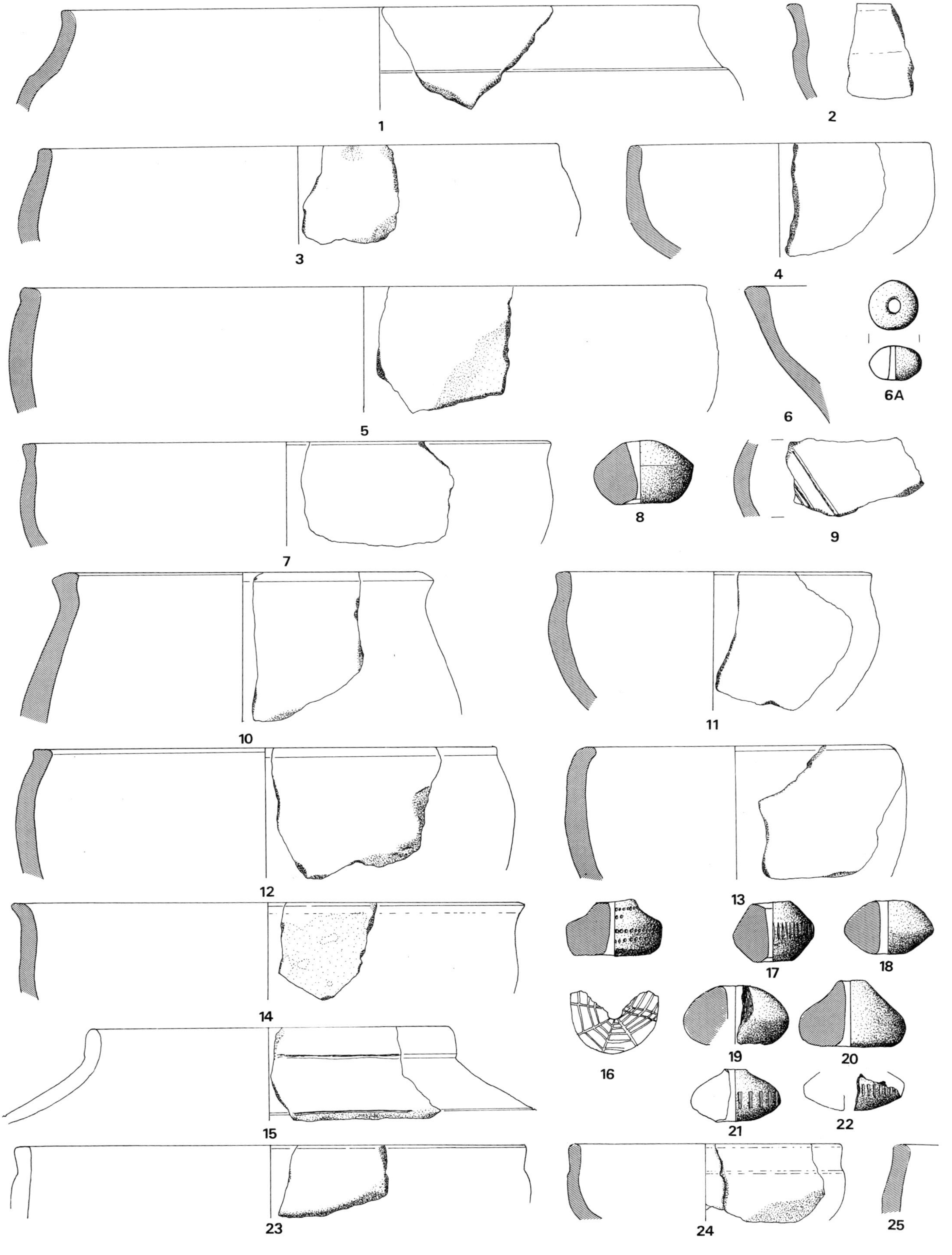

Oberasbach, Altenberg, 1 - 25: Fundeinlieferung A. Mayr, 1 - 6, 7 - 25: Keramik, 6A: Kalk, M.: 1 : 2

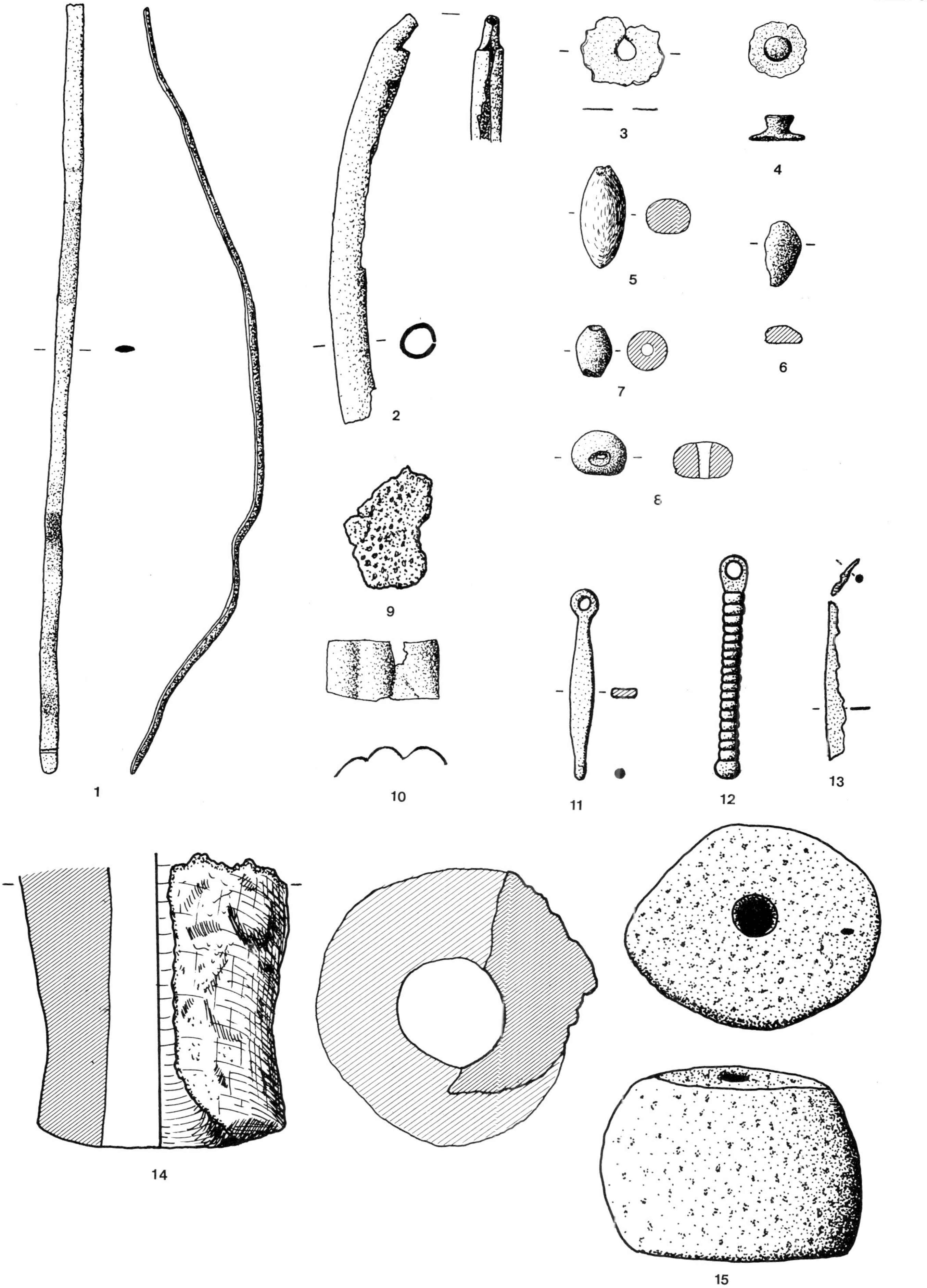

Oberasbach, Altenberg, 1 - 13, 15: Fundeinlieferung A. Mayr, 14: Lesefund W. Schönweiß, 1 - 4, 6, 9, 10 - 13: Bronze, 5: Bernstein, 7, 8: Glas, 14: Ton, 15: Sandstein, M.: 1 : 1

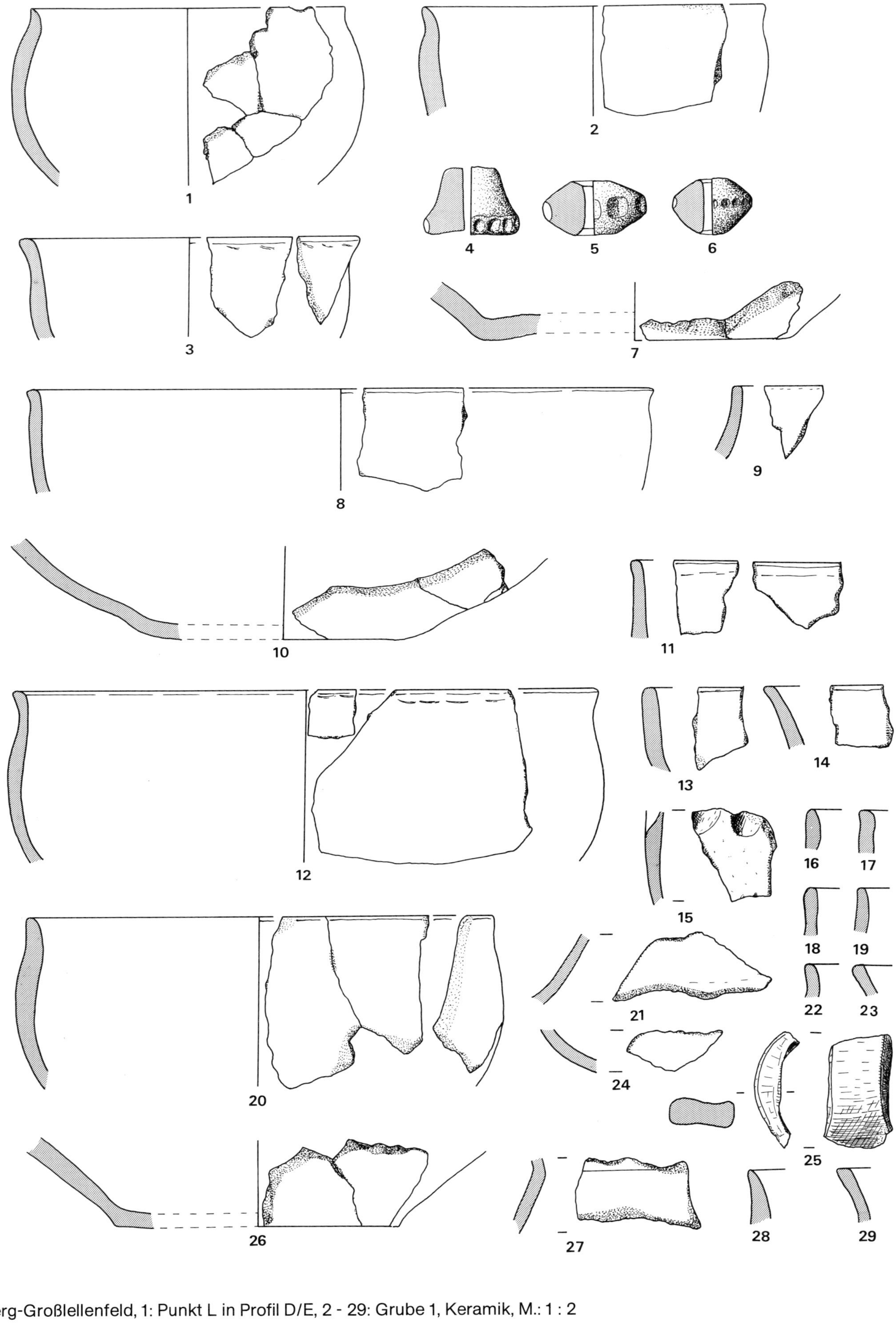

Arberg-Großlellenfeld, 1: Punkt L in Profil D/E, 2 - 29: Grube 1, Keramik, M.: 1 : 2

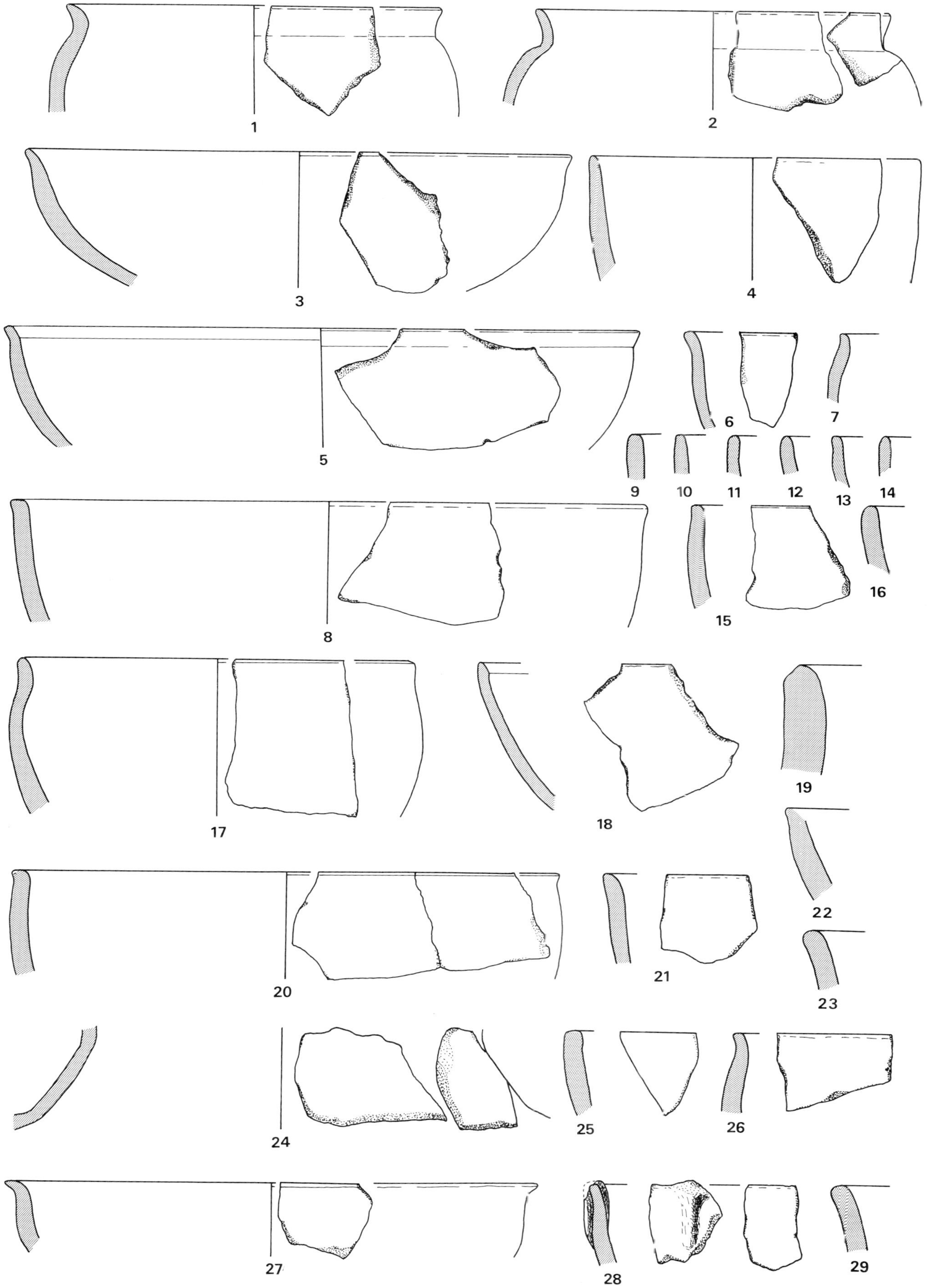

Arberg-Großlellenfeld, 1 - 29: Grube 2, Keramik, M.: 1 : 2

Tafel 20

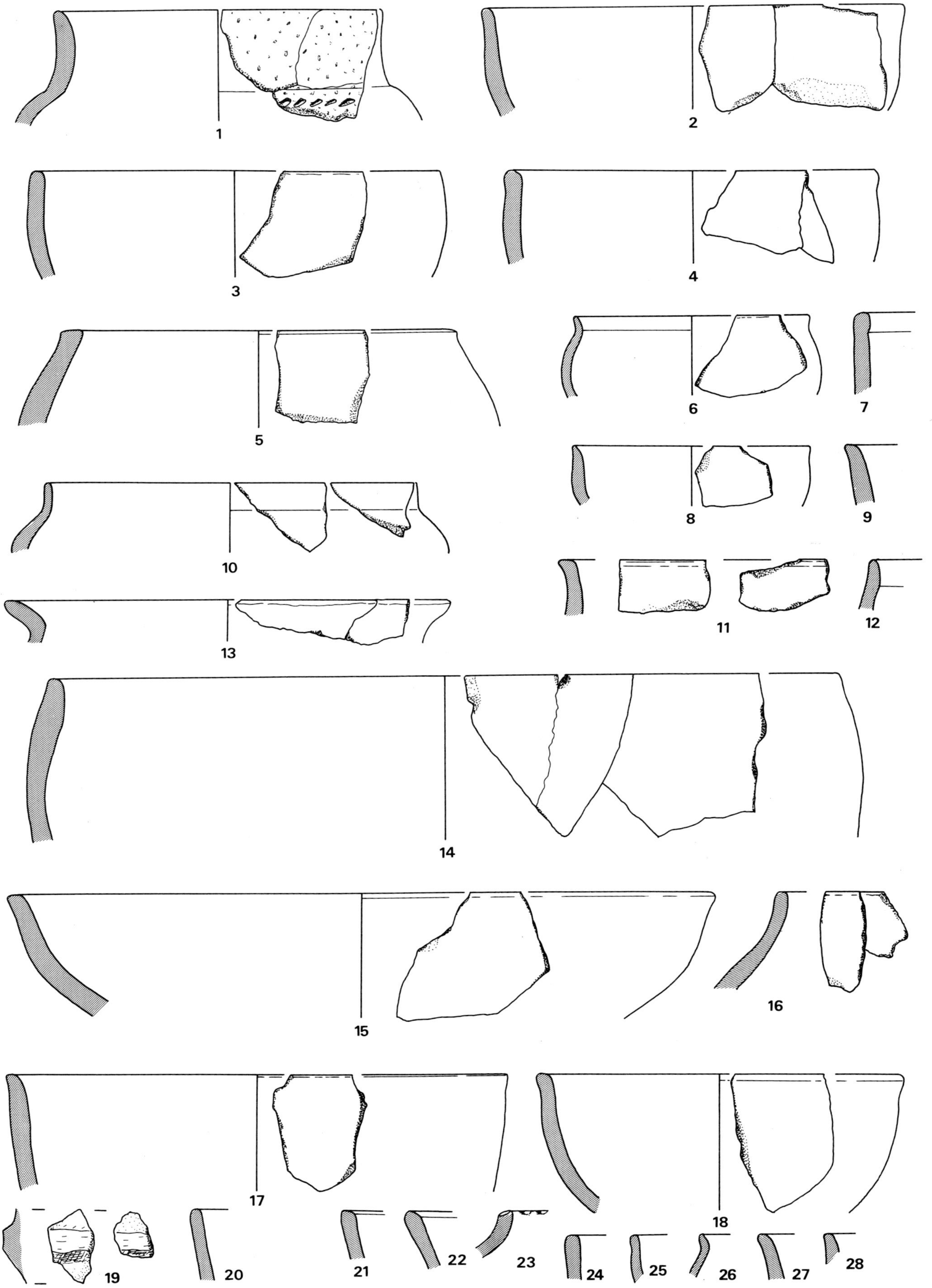

Arberg-Großlellenfeld, 1 - 28: Grube 2, Keramik, M.: 1 : 2

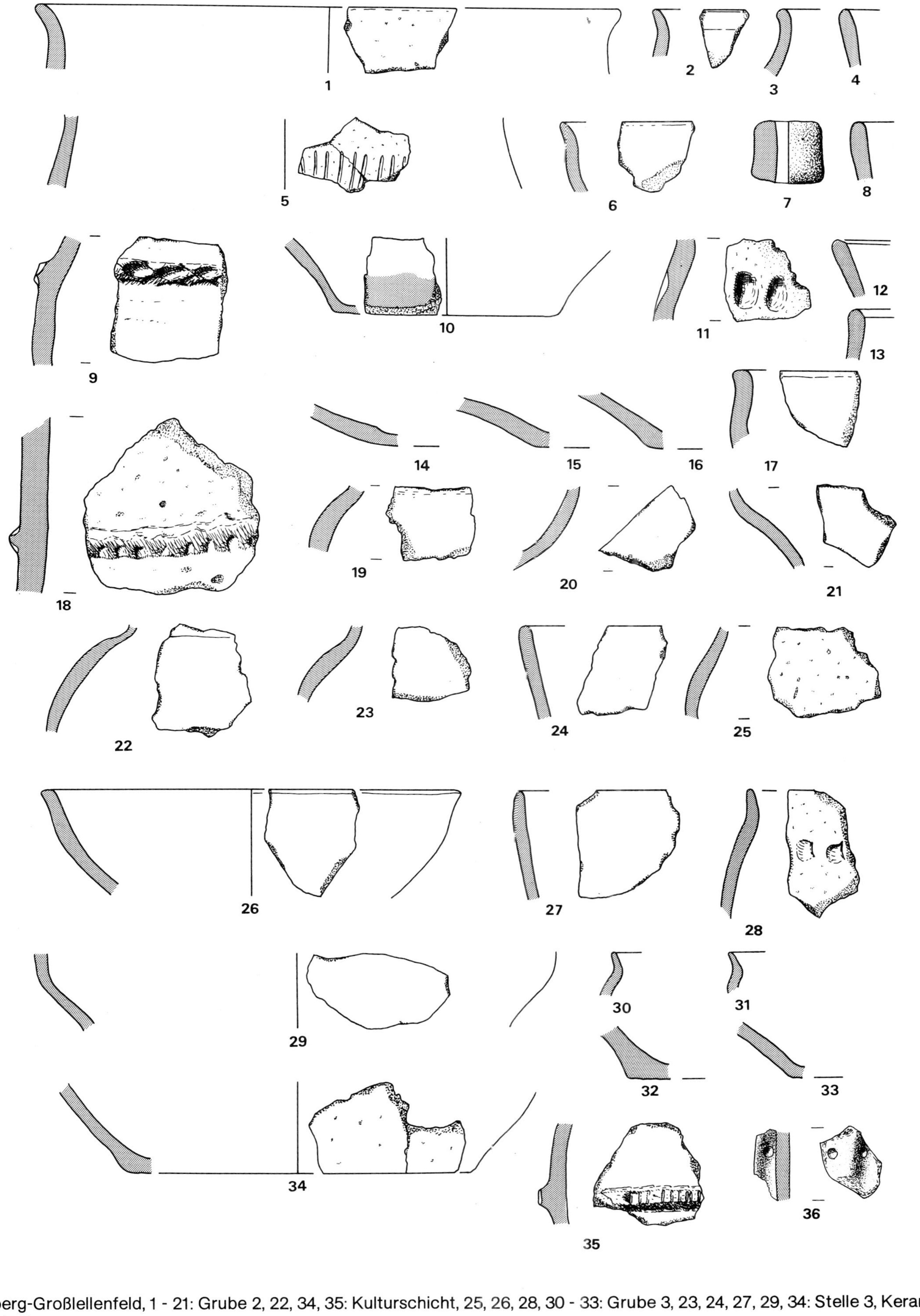

Arberg-Großlellenfeld, 1 - 21: Grube 2, 22, 34, 35: Kulturschicht, 25, 26, 28, 30 - 33: Grube 3, 23, 24, 27, 29, 34: Stelle 3, Keramik, M.: 1 : 2

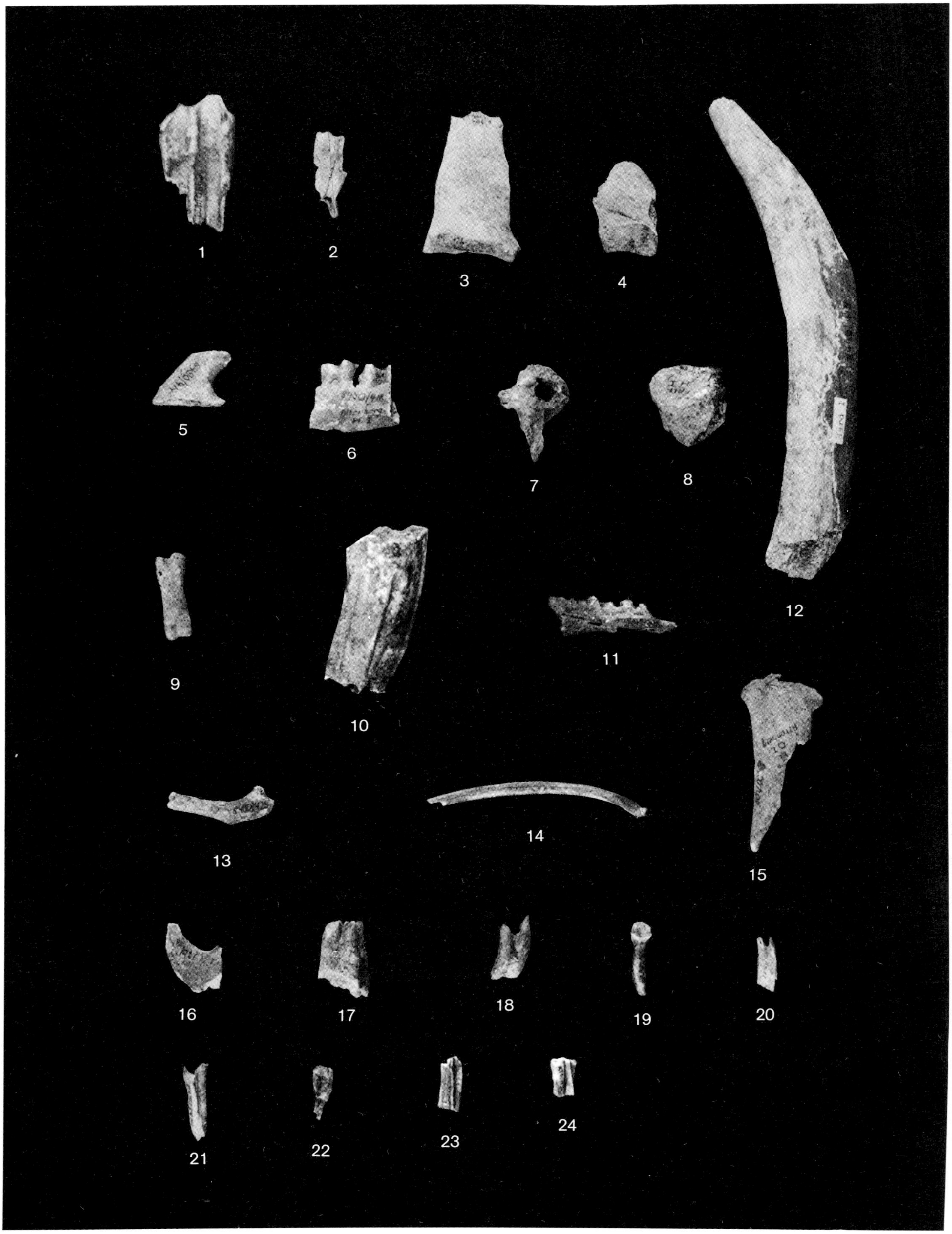

Oberasbach, Altenberg, Tierknochen, M.: 1 : 2

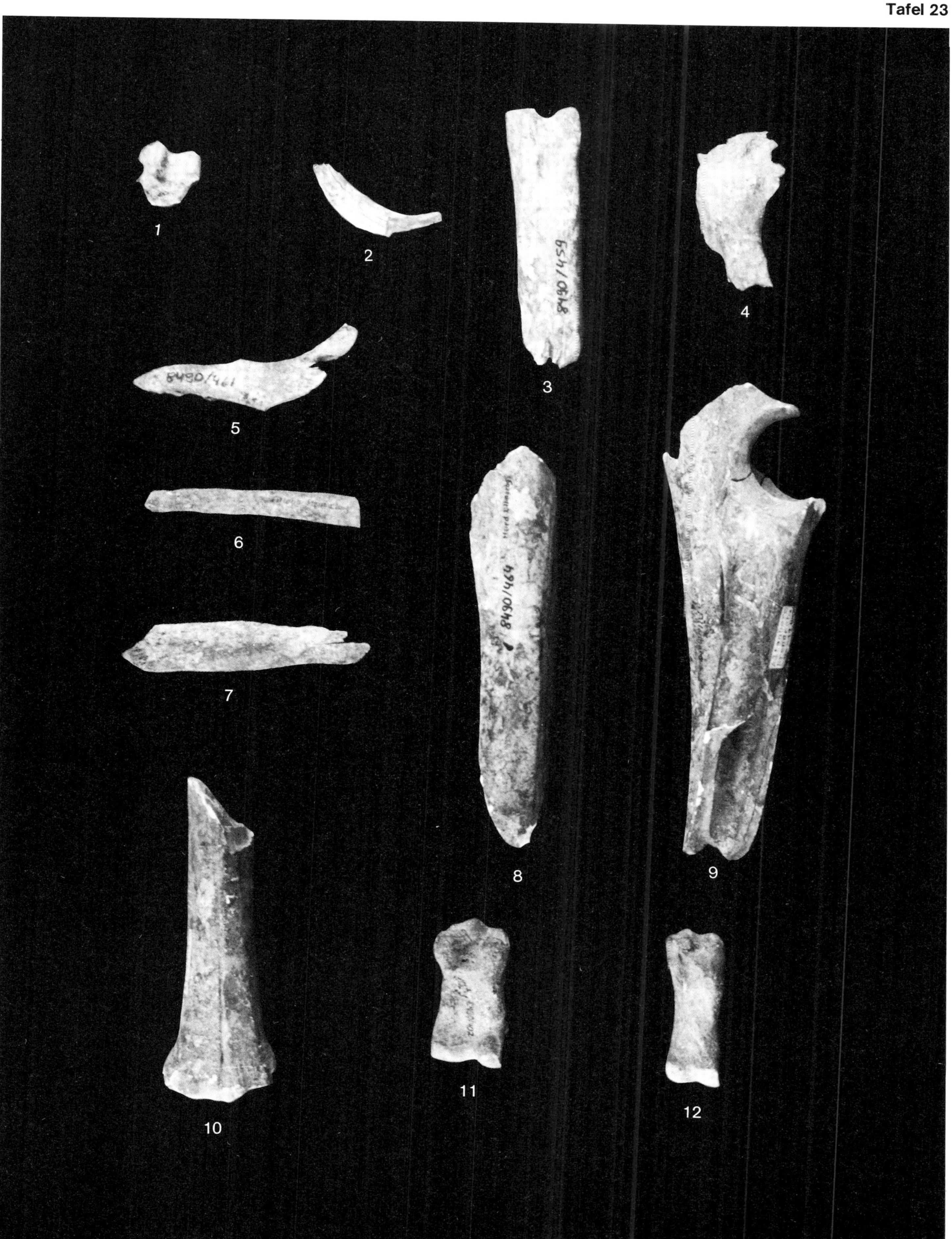

Oberasbach, Altenberg, Tierknochen, M.: 1 : 2

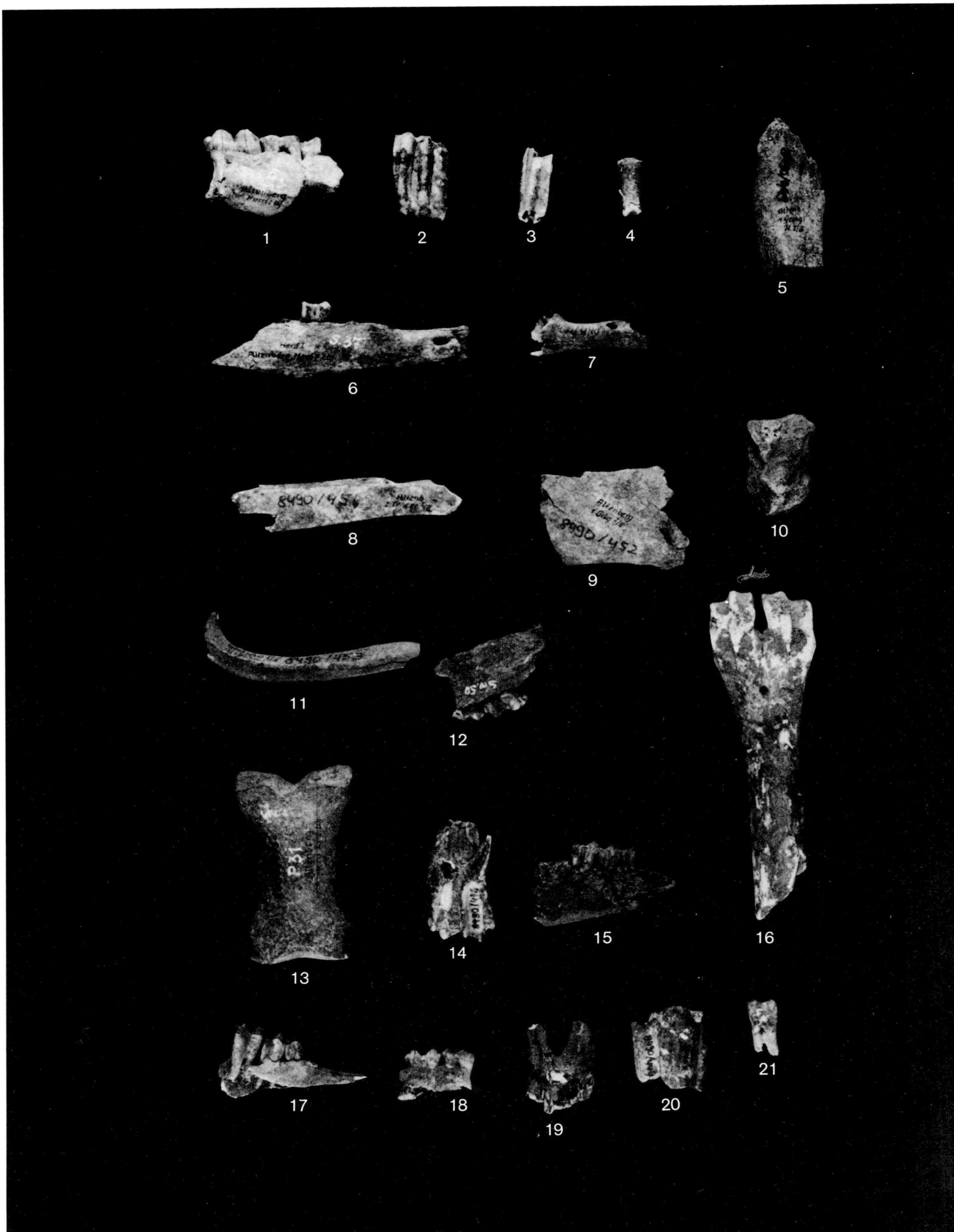

Oberasbach, Altenberg, Tierknochen, M.: 1 : 2

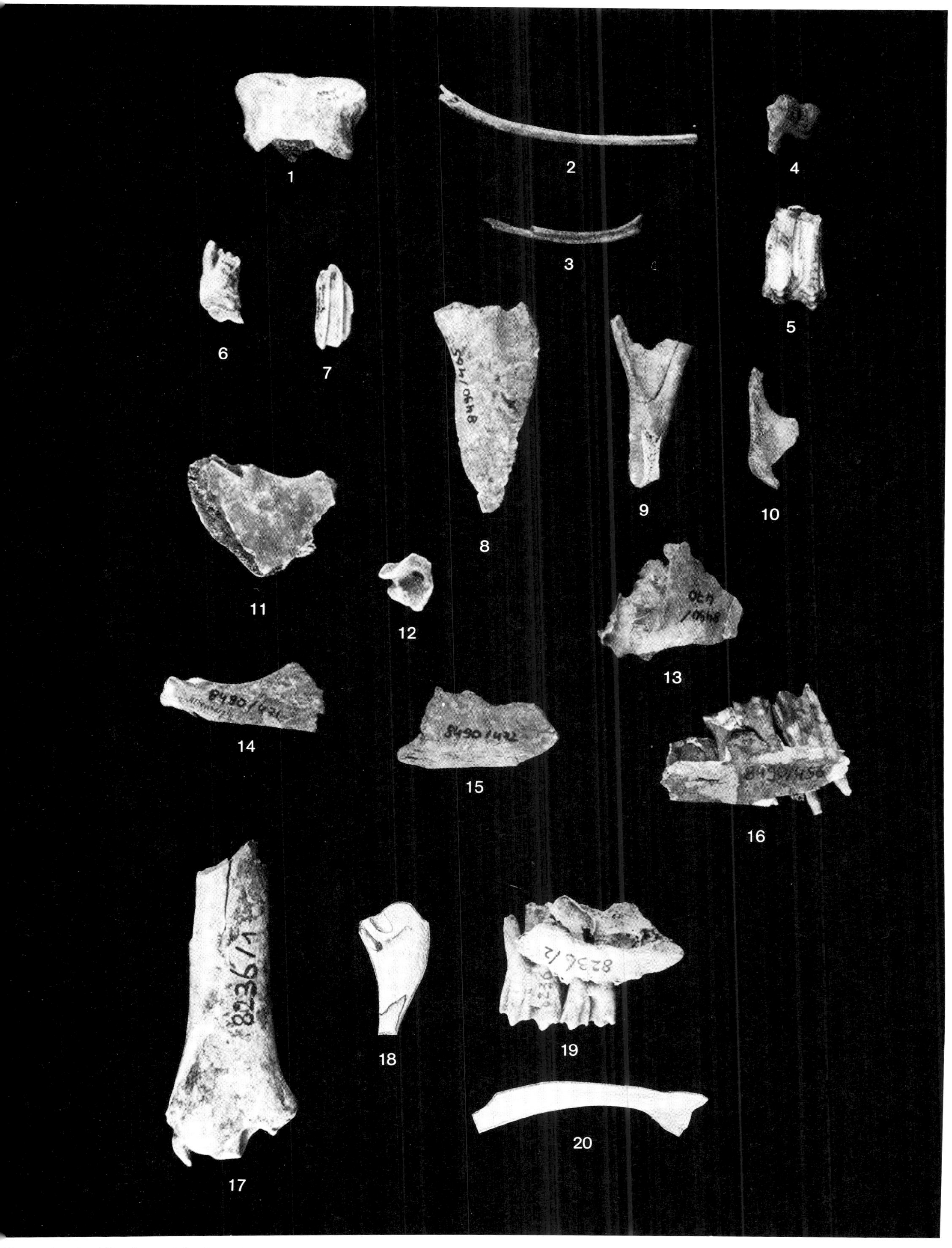

berasbach, Altenberg, Tierknochen, 1 - 17, 19: M.: 1 : 2, 18, 20: M.: 1 : 1